EL HALLAZGO

Pablo Guerra García

JAS Arqueología Editorial

Todos los derechos reservados. El contenido de esta obra está protegido por Ley. Queda totalmente prohibida cualquier forma de reproducción de la misma, sin consentimiento expreso del editor. Si necesita fotocopiar o escanear algún fragmento de esta obra diríjase al Editor www.jasarqueologia.es

Primera Edición, diciembre de 2012

© De la edición:
JAS Arqueología S.L.U.
Plaza de Mondariz, 6
28029 - Madrid
www.jasarqueologia.es
Editor: Jaime Almansa Sánchez
Corrector: David Andrés Castillo

© Del texto y las imágenes:
Pablo Guerra García

ISBN: 978-84-939295-6-5 (papel) / 978-84-939295-7-2 (electrónica)

Depósito Legal: M-38995-2012

Imprime: Gráficas Juma
Calle de los Montes de Toledo
28830 - San Fernando de Henares

Impreso y hecho en España - Printed and made in Spain

A Raquel, arqueóloga.
Mi esposa y mi inspiración, siempre.

I. Empezar de nuevo

- ¡Por fin! Qué liberación…

La salida fue precipitada, no tanto como la entrada. El tribunal, repleto de caras conocidas, esperaba en un ambiente de festejo entre los familiares, y de sopor entre los miembros del tribunal. La presencia de innumerables popes de la Arqueología era como una soga que atenazaba el cuello de Lancaster. Envuelto en un traje marrón, camisa blanca y corbata verde pistacho, el aún licenciado había defendido con uñas y dientes sus teorías y postulados como si de su propia madre se tratase. La ponencia inicial no tuvo parangón. Apenas dos rondas de "peros" y preguntas separaban a Lancaster del dictamen que le supondría ascender al Olimpo de los Doctores. Familiares y amigos sembraban la tribuna de los asistentes mientras el presidente de la mesa dictaminaba que, por unanimidad, el señor Williams pasaba a ser Doctor Williams.

Entre el público se escuchaba algún comentario que, por la acústica, Lancaster era capaz de escuchar.

- ¿Y qué hará ahora?

- No tengo ni idea. Mientras no siga los pasos de sus mentores, que haga lo que quiera…

Lancaster había empezado su afición por la Historia desde muy pequeño. Había sido su abuelo, Michael Anthony Williams quien le había inculcado una afición inusual por las culturas antiguas. A diferencia de otros niños, con sólo ocho años Lancaster pasaba las tardes de los domingos leyendo viejas historias de exploradores de África y Australia. Con doce años sus padres tuvieron que llamar a la policía, ya que el niño había tenido la habilidad de subirse a uno de los menhires de

Stonehenge, sin posibilidad de bajar por sus medios. Con los quince años cumplidos ya tenía claro que quería ir a la universidad para estudiar Arqueología.

La licenciatura fue un no parar de nuevas experiencias. Las asignaturas no acarreaban demasiados problemas para Lancaster, aunque reconoce que el primer y segundo año se los tomó con mucha, quizá demasiada, tranquilidad, hasta el punto de que su padre, Harold, le amenazó con ponerle a trabajar en la tienda que regentaba la familia. Lejos de amedrentarse, Lancaster no necesitó de las arengas de sus padres para hacer un tercer y un cuarto año espectaculares de carrera, lo que le valió el reconocimiento de varios profesores y que dos en concreto, la Dra. Lyan y el Dr. Hoover, del departamento de Arqueología Clásica, se fijasen en él como un arqueólogo muy capacitado para ejercer la profesión. No tardaron en encargarle diversos trabajos de investigación para pulir su estilo, al tiempo que comenzaba a dar sus primeros pasos en la Arqueología de campo gracias a su intervención como auxiliar en yacimientos de Francia, Italia y el Norte de África. Su periplo por esta última le permitió adquirir grandes conocimientos de cerámica. El resto de su experiencia la fue adquiriendo gracias a sus estancias en diferentes universidades europeas, estancias con las que completaba su gran obra maestra, una tesis doctoral que veía por fin luz tras seis años de estudios e investigaciones.

Mientras se mostraba en pie, delante del tribunal, no podía dejar de pensar en todo lo que había pasado durante la investigación. Se acordaba de sus compañeros en Roma, del calor de verano de Trípoli, de las playas del Sur de España o de la comida que servían en la Universidad de Bochum. Iba repasando con claridad supina un sinfín de experiencias que le habían llevado a ese punto. Le parecía increíble que hubiese sacrificado tantas cosas por un sueño. Había sacrificado muchas vacaciones con sus amigos por leer libros, escribir capítulos o revisar inventarios de materiales. Había gastado su dinero en viajes relámpago a ciudades de las que sólo ha disfrutado de sus bibliotecas y museos. Hoy defendía una tesis que le había costado una vida, pero también dos ordenadores, tres novias, cuatro traslados, diez trabajos rechazados, cien bolígrafos, mil folios y no menos de diez mil litros de cerveza.

Emoción y ovación para el defensor de la tesis y de sus directores, el Dr. Hoover y la Dra. Lyan. Desde que inició su larga trayectoria en la universidad siempre tuvo una relación excepcional con ambos. El profesor Daniel Hoover era doctor en Arqueología gracias a un excepcional trabajo sobre tipologías cerámicas en el Mediterráneo, siendo uno de los catedráticos más gloriosos de la docencia. Durante más de cinco años había enseñado a Lancaster la más pura praxis de la arqueología de campo, sus aplicaciones, sus métodos, su tecnología y la evolución de una profesión no exenta de complicaciones. Había sido su maestro de esgrima en plena batalla. Hoover tenía claro que para ser un buen arqueólogo era imprescindible conocer el paisaje y sobre todo, "patear, patear y volver a patear". No serían inútiles los consejos del viejo catedrático. Si de una cosa estaba seguro Lancaster era de que el conocimiento del medio es imprescindible para un buen trabajo global, y que sin visualizar el espacio, por muy modificado que se encuentre, es muy difícil afinar en los resultados.

También le dio tiempo de recordar el día que conoció al Dr. Hoover. Fue un diciembre hacía ya siete años.

- ¿Profesor? ¿Puedo pasar a su despacho?

- Adelante, pero sea breve. Tengo clase en cinco minutos y le aseguro que es tediosa como ella misma.

El pequeño problema con una asignatura se había convertido en una conversación sobre la diferencia entre la arqueología procesual y la pos-procesual. Si de algo se caracterizan los arqueólogos es de debatir constantemente sobre temas triviales. Naturalmente el profesor no dio su clase, pero la conversación entre ambos duró más de dos horas, prolongándose en la cafetería de la facultad y en el bar del barrio donde vivía el Dr. Hoover. Al no ser capaz de llegar por su propio pie, Lancaster decidió acompañarle. Desde ese día había surgido una muy buena relación entre alumno y tutor.

Las últimas palabras del discurso de defensa de tesis habían correspondido a la Dra. Lyan. La profesora Marie Lyan se formó en el campo de la arqueología gracias a una formación previa en prosopografía. Este campo se centra en el estudio de la evolución de los personajes históricos y en concreto, de su *cursus* biográfico. Su pasión por la arqueología le surgió con el conocimiento de los emperadores de la Tardo Antigüedad. Una vez adquirida su experiencia en campo en campañas por Italia se doctoró con un buen trabajo de investigación sobre los asentamientos rurales de la familia imperial de Honorio. Tras conocer a Lancaster durante una campaña de intervención en el Véneto, comenzó una buena relación entre ambos que culminó con la dirección de la tesis. La formación que adquiere Lancaster sobre el uso de las fuentes documentales es gracias a Marie Lyan, formación que usaría permanentemente porque "no hay campo sin un buen libro, en todos los sentidos".

- Has hecho un excepcional trabajo, pero no dejes de preguntarte cosas, y sobre todo, ante todo, y te lo pido por favor, no dejes de patear campo –Cuchicheó el Dr. Hoover mientras salían del Aula Magna.

- Estése tranquilo, profesor -Respondió Lancaster.

Por la retaguardia se apresuró la Dra. Lyan en agarrar a su pupilo del brazo, mientras los tres salían del salón de actos.

- Tú relájate unas semanas, chico, y no hagas caso a lo que te podamos decir estos viejos aburridos. Lo principal, Lancaster, es que seas fiel a ti mismo. Lo importante es que recuerdes que la arqueología es sólo un método más de investigación, y que debes acudir a otros profesionales para solventar los vacíos que te puedan surgir, vacíos disciplinares, me refiero…

- La verdad es que sí me apetece pasar unas semanas en calma, hasta que pueda centrarme en lo que quiero hacer.

- ¿Hacer? Lo que tienes que hacer es presentarte a las becas de investigación. Y hacerlo ya, no lo demores –Respondió Hoover con brusquedad.

- De eso nada. No hagas caso a este viejo agonías. Tienes tiempo hasta que salgan las ayudas. Además hay muchas subvenciones. Si no llegas a alguna, puedes solicitar otra –Contestó la Dra. Lyan con rapidez.

- ¡Eso, y de paso podrías regalarle la tesis al primero con el que te cruces! –Volvía a responder el Dr. Hoover.

- Dale un respiro, Daniel.

Fueron no menos de veinte minutos largos de conversación entre mentor y tutores sobre el pasado, el presente y el futuro. Sin embargo para Lancaster continuaba siendo un placer escucharles y hasta oírles discutir. No sabía de qué manera podía agradecer tantas y tantas horas de reuniones, de consejos, de correcciones, de ánimos y de decepciones, que habían marcado cinco largos años de investigación. Las estancias en Tesalónica, Lisboa y Bochum no podían compararse con los meses invernales escribiendo, leyendo y releyendo. Jamás cambiaría los largos ratos sentado junto a la chimenea, apagada por supuesto, de la sala de lectura de la Biblioteca Central. Aún recuerda la primera lectura nada más empezar el doctorado. Fueron las descripciones de Naville sobre el templo de Hatshepsut, que además le acarrearon la primera bronca con la bibliotecaria jefe. Ese sitio sería uno de los favoritos de Lancaster, no sólo por tener acceso a un sinfín de fondos documentales. Por ese punto acostumbraban a pasear profesores y estudiantes, entablando conversaciones o simplemente tratando de desconectar de las tensiones universitarias. Por ese inmenso almacén de sabiduría que era la Biblioteca Central tuvo la ocasión de ver circular, en una absoluta intimidad, a personajes de la talla de Lewis Binford o de Kathleen Kenyon, poco antes del fallecimiento de ésta última. Poco después tendría la ocasión de entablar buena relación con la mayor parte del profesorado.

Fueron largas tardes leyendo extractos de arqueólogos tan variados como Petrie, Irving o Amelia Edwards. Más largas se hicieron las mañanas revisando tipologías cerámicas, bibliografías y actas de congresos, con los que podía estar de acuerdo o no.

A lo lejos, en la salida del Aula Magna, una figura de corta estatura se abría paso entre catedráticos y doctores.

- ¡Ya pensaba que no te doctorarías jamás, cabronazo!

Se trataba de su buen amigo y egiptólogo Neill Mac Allister. Era imposible olvidar ese porte robusto de complexión achaparrada. A voces emitía lo que a Lancaster le parecía una evolución ininteligible de la lengua, una mezcla perfecta entre el gaélico y las lenguas perdidas de Mesoamérica. Pupilo del eminente arqueólogo Frank Cross, su trayectoria profesional en el Próximo Oriente y su investigación acerca del poblamiento en el Alto Egipto le habían catapultado a las más altas esferas del reconocimiento científico. Como buen irlandés carecía de los modales que se precisan en eventos como este. Sin embargo, desde que le conoció en Tesalónica no había habido ni un solo momento en que le negase la ayuda a Lancaster, y eso, en el mundo de la investigación, es algo que se valora de forma sobresaliente. Un potente abrazo terminaba por cruzar sus trayectorias...

- ¡Ya sabía yo que no te atreverías a ausentarte en mi defensa borracho irlandés! Y eso que no he hablado para nada de tus micénicos y demás pamplinas que os inventáis los discípulos de Harvard.

- ¿Bromeas? ¿Y perderme los canapés? Además me aburría leyendo tonterías de tíos que llevan muertos tres mil años. Oye, ¿cómo está el viejo Dr. Hoover? ¿Sigue soñando con excavar algún día en Túnez?

- Últimamente está más pendiente de su cátedra que de la investigación.

- ¿Bromeas? ¿El señor "caminante" ya no sale al campo? Tío, el mundo se acaba...

- Cómo se nota la sangre irlandesa de tus venas. No exageres. Lo que sucede es que se hacen mayores.

- Si tienes narices de decirle eso a la cara, me comprometo a pagarte todas las cervezas hasta finales de año...

- Jajaja, ni en broma haría algo así –Finalizó Lancaster cogiendo a su amigo del cuello.

Mientras se dirigían hacia la zona del convite y discutían acerca del futuro que le aguardaba al nuevo doctor, Lancaster no podía evitar pensar en lo que debía hacer a partir de ahora. Las largas horas echadas leyendo en bibliotecas y los días perdidos intentando encontrar una pieza en el museo se iban a transformar ahora en largos periodos de inactividad. Las plazas de profesor en la universidad se habían convertido en tesoros demasiado cotizados. La última conversación mantenida con la Dra. Lyan antes incluso de preparar la defensa, le había dejado un mal sabor de boca.

- Las plazas saldrán a finales de año, Lancaster, y para entonces tú aún no habrás entregado la Tesis. Tendrás unos meses de demora para los que tus predecesores ya te llevarán mucha diferencia. No va a ser fácil, tendrás que asumirlo…

De esa forma terminaba la tutora su argumento.

Lancaster no era de piedra y estas cosas le calaban muy profundo. Por momentos se mezclaban en su cabeza muchos pensamientos: el tiempo que le había destinado a su investigación, el dinero que iba a necesitar y que ya había gastado, la utilidad de sus estancias en el extranjero… En resumen, su futuro…

- ¡Eh, despierta ya, cuáquero! Quiero presentarte a un buen amigo. Este italiano tan estirado es Henry Catania.

- Tanto gusto y enhorabuena por la investigación. Un gran trabajo.

- El gusto es mío, Henry. Ha sido un duro trabajo, no te lo niego.

Frente a ambos se presentaba un hombre de unos treinta años, pero que aparentaba tener más de sesenta. Comido por el sol y con el pelo tintado de canas, Henry Catania mostraba unas facciones endurecidas con el paso del tiempo. En pocos segundos irradiaba una total seguridad en si mismo. Con mano firme se presentó a Lancaster y con una larga sonrisa le dijo sentirse agradecido de conocer a un gran doctor. Henry aún se encontraba a medio camino del doctorado. Su trabajo acerca del uso de la tierra como material constructivo en el Sahara Occidental se estaba prolongando demasiado, según él por "pequeñas rencillas tribales en la zona de estudio". Hacía dos años que había recibido un disparo durante una refriega en la frontera de Libia y, sin embargo, aún presentaba una ligera cojera en la pierna derecha.

- Eso me pasó porque los fondos no me llegaban para contratar a una escolta. Mira los alemanes, sin embargo, cómo tienen gente armada en sus yacimientos del Sur de Sudán. Es de locos –Aseguraba el italiano.

Y proseguía.

- Tenemos dinero para hacer ensayos de Termoluminiscencia, algo inaudito hace cinco años, pero no para evitar que nos maten -Esgrimía el arqueólogo.

- ¿Y aún te atreves a decir que tu tesis va a ser interesante? ¡Si te quieren hasta matar, maleante! -Culminaba Mac Allister con sorna.

Tras enumerar un sinfín de anécdotas de todo tipo los tres arqueólogos se quedaron callados un par de minutos. A Lancaster le agradaba estar en ese ambiente tan común y sencillo, alejado de una ingente marea de personas que habían asistido a su defensa, y más aún cuando observaba en la lejanía a ciertos personajes a los que no tenía ganas de saludar, como es el caso de Henrich Bakerline, director del museo. Su relación con las instituciones oficiales se había convertido en un infierno desde que Lancaster había propuesto una pequeña modificación en los reglamentos para las intervenciones arqueológicas. En su opinión los criterios para conceder permisos de intervención arqueológica se habían quedado obsoletos y, por lo tanto, no servían al fin para el que habían sido ideados. Esta propuesta, seguida de una carta remitida al Ministerio y mal interpretada por muchos, había generado un ambiente contrario a Lancaster desde el museo, las instituciones científicas, la administración e incluso la universidad. Afortunadamente la mano diplomática de su tutora, la Dra. Lyan, había conseguido apaciguar los ánimos.

- No he querido presentarte a Henry sólo para que te escaquees de hablar con esa gente. Quiero que sepas cómo se gana la vida Henry… -Aseveró Mac Allister cortando de golpe el silencio.

- En realidad no es nada del otro mundo. Soy arqueólogo pero asalariado en una empresa privada.

"¿Privada? No me cuadra". Eso pensaba Lancaster. No hacía mucho tiempo Lancaster tuvo la ocasión de conocer a otro arqueólogo, un tal Anthony Malley. Afincado en los Estados Unidos había fundado una empresa que se dedicaba a excavar yacimientos de la cultura del Cenolítico en California. Su trabajo se apoyaba en que las leyes americanas permitían la recuperación de restos arqueológicos por parte de empresas privadas, pero coordinadas por un miembro de universidad. No obstante la presencia de cuantioso capital procedente de empresas tecnológicas y de entidades bancarias permitía que algunas piezas acabasen en colecciones privadas de forma más o menos sencilla e ilícita. Esto enfurecía a Lancaster, para quien la presencia de fondos privados no era en absoluto perjudicial, si se destinaban de forma coherente y no se incurría en una mala praxis por parte de los directores. Él mismo había pedido dinero a una fundación privada para poder subvencionar parte de su viaje a Lisboa. Ese dinero pagaba la publicación de sus resultados a cambio de contar con el logotipo de la fundación en la portada del libro. "Una cosa es conseguir fondos para mejorar los resultados finales y otra bien distinta es lucrarse uno mismo o lucrar a terceros", pensaba para sí.

- ¿Qué tiene más peso en tu trabajo, Henry, lo privado o lo científico? –Preguntó Lancaster de forma directa.

- La pregunta no es si algo tiene más peso o menos. La pregunta es, ¿somos capaces de combinar filantropía con ánimo de lucro? –Respondió Henry.

- ¿De verdad quieres saber lo que pienso? –Intervino Mac Allister.

De todas formas algo no debía funcionar bien en esto de la arqueología privada. La opinión que vertían muchos arqueólogos acerca de esta dedicación no era precisamente buena. Algunas personalidades como la Doctora Irving y otros muchos colegas del departamento renegaban de este campo por considerarlo como "la enfermedad, no la cura, que hace que se destruyan los restos arqueológicos". La legislación actual en materia de Patrimonio Arqueológico deja claro que durante la ejecución de una obra debe existir una peritación arqueológica y, por lo tanto, si la ley así lo propone, ¿qué puede haber de malo? Claro está que todo depende del punto de vista. Desde la perspectiva de Henry Catania es gracias a los arqueólogos "privados", o también llamados de urgencia, porque siempre llegan los últimos a los yacimientos, por lo que "no siempre" se destruye el Patrimonio Arqueológico. Sin embargo, desde el punto de vista de la Dra. Irving, la actividad de esos arqueólogos facilita que ese sistema persista y no se cambie, "perviviendo y consintiendo la demolición de los restos que aparecen en las obras".

- Afortunadamente no ha venido la Dra. Irving, ¿verdad Henry? -Preguntó Lancaster a su nuevo amigo.

- Ciertamente. Es la persona más testaruda y obcecada que he conocido nunca. No atiende a razones y no fundamenta sus argumentos. Así es imposible mantener una discusión lógica con ella. Eso sí, cuando aparece alguna pieza importante en alguna excavación arqueológica de urgencia, ella es la primera en salir en los medios.

- Entonces, ¿de qué puñetas se queja? —Comentó Mac Allister tras un sorbo de cerveza.

- Se queja de que si hay demanda entonces hay oferta. Si la ley demanda este servicio siempre habrá arqueólogos que se ofrezcan a este servicio —Espetó Lancaster.

Este último comentario no había gustado nada a Catania, hasta el punto de detenerse en el trago de la cerveza. Tras golpear la jarra en la barra respondió con rotundidad.

- Nosotros sólo hacemos cumplir las leyes. Nosotros tenemos que bregar con las constructoras. Nosotros nos comemos los meses en el campo, en el laboratorio y en la administración. Somos nosotros los que excavamos, pero no dictaminamos. De eso se encarga la Dirección General. ¿Acaso tenemos la culpa de que los funcionarios no sepan diferenciar lo que es un yacimiento excepcional de un resto corriente? ¡Si no pisan el campo, Lancaster! Los técnicos vienen a los yacimientos, ven los resultados y se leen nuestros informes. Pero luego son sus responsables los que hacen caso omiso de nuestras conclusiones. Entonces, ¿para qué hacemos nuestro trabajo? O de otra forma te lo planteo, ¿merece la pena dejarlo todo y no seguir porque son ellos los inoperantes? –Finalizó Henry con tono desalentado.

Nada decían ni Neill ni Lancaster. Sólo escuchaban. Tras levantar la mirada al techo y sorber finalmente de su jarra de cerveza prosiguió.

- Pues no. Yo sigo ahí, excavando, publicando, investigando y obteniendo resultados que desde la universidad no conseguirían ni por asombro. Yo en seis meses obtengo resultado científico, Lancaster, y sí, he dicho científico. Y espera que hay más. Las publicaciones que sacamos quedan denostadas por una panda de incompetentes que no publican los resultados de sus intervenciones, que no presentan los informes a tiempo y que no entregan los materiales a los museos. Las comunicaciones que hacemos en los congresos son fusiladas por estos personajes que presentan ponencias de piezas excavadas hace sesenta años. Y empleamos métodos y técnicas de investigación que alguno que otro podría tildar de brujería. Y así podría seguir horas contándote cómo a los arqueólogos de urgencia se les considera como los médicos de cabecera, mientras que a los ilustres profesores de universidad se les tiene como los cirujanos del pasado…

- Impresionante. Y luego me preguntas por qué te adoro, Henry… -Comentó Mac Allister mientras aplaudía la intervención de su amigo.

- ¿Seguimos bebiendo? Creo que en aquella barra han puesto el vino… -Dijo Lancaster tras echar una rápida mirada al salón.

***

Ya en su apartamento de las afueras le dio por pensar sobre qué hacer a partir de ahora. Conocer a Catania le había abierto un sinfín de posibilidades. Obviamente no era lo que había pensado para su futuro como arqueólogo, pero las perspectivas eran tan inciertas que no perdería nada si probaba en este campo de trabajo. Las intervenciones se cotizaban al alza, principalmente por falta de fondos. Es por ello que las administraciones no daban permisos si no se entregaban unos avales al alcance de muy pocos. Lancaster procedía de una familia con un nivel económico medio. Su padre era tapicero de toda la vida, incluso había heredado el negocio de su padre, y a su vez el tapicero más importante del casco histórico, Michael Anthony Williams, era su abuelo.

Había sido su madre la que le inculcó su interés por las humanidades, sin embargo fue su abuelo quien le llevó por primera vez a un museo. Durante un viaje de vacaciones a Polonia su abuelo le pagó cinco *zloty* para entrar al Museo Etnográfico de Cracovia. Ya entonces atrajeron su atención los objetos que empleaban las culturas australianas, objetos tan simples como una piedra con la que realizaban cosas tan básicas como la harina. Las lecturas sobre el descubrimiento de las ciudades perdidas de Mesoamérica, o las publicaciones de las excavaciones en Troya terminaron por meter a Lancaster en el mundo de la arqueología. Su primer contacto directo con un yacimiento fue en Grecia. Su periplo por Atenas lo pagó íntegramente su abuelo, porque sus padres no podían asumir los costes. Allí pudo ser testigo de las excavaciones en el Ágora y en la loma Norte de la Acrópolis. Fue un claro punto de inflexión en la vida de Lancaster, tanto que a punto estuvo de no subir al avión de regreso.

Con la tesis defendida ya no quedaba otra cosa por hacer más que plantearse el siguiente paso, pero ¿cuál? Tal vez comenzar una intervención por libre, o quizá compartida con Neill o con algún miembro de la universidad. Descartada la Dra. Lyan por su aversión a la luz del sol, y descartado también el Dr. Hoover, por estar más pendiente de asuntos docentes, a Lancaster le quedaban pocos candidatos para empezar una empresa de ese calibre. Y aparte estaba la necesidad de conseguir la financiación.

La carencia de fondos en las intervenciones arqueológicas es una obviedad. Aquellos que piensan que la arqueología la financia el Estado son unos necios, pensaba Lancaster. Hoy en día está asumido que si la cultura no consigue rentar beneficios, terminará por desaparecer. ¿Desaparecer la Cultura? Eso es ridículo. Muchos compañeros del arqueólogo ponían en entredicho este presagio, porque la Cultura estaba innata en la sociedad, en los estados y en las civilizaciones. Una lata de refresco, un estilo de vestir o una expresión pueden formar parte de la Cultura, por los siglos de los siglos. Eso es cierto, pero si no ponemos los medios para que se conozcan durante los siglos venideros corremos el riesgo de que caigan en el olvido. Olvidaríamos el significado de expresiones que nuestros abuelos han usado siempre. Las generaciones futuras, inmersas en las nuevas tecnologías, perderían el contacto con objetos sencillos y desconocerían la evolución de los mismos. Sería un desarraigo terrible. Sería perder el hilo conductor de nuestra especie, para tener que empezar de cero…

Mientras paseaba por su apartamento de apenas treinta metros cuadrados, no hacía otra cosa que pensar en los pros y los contras de su actual situación. "Podría haber pensado en esto antes, demonios", pensaba para sí mismo. Mientras discernía, observaba una magnífica estantería en la que se apilaban monografías, actas y publicaciones varias de arqueología. Era lo único de lo que no se desprendería jamás de la casa, a excepción de su pájaro, Curro, un estornino medio cojo que se había atrevido a colarse en su estudio una mañana de enero. A la vez que pensaba en voz alta, repasaba los títulos que se mostraban en el canto de los libros de su estantería. Había una gran variedad de temáticas, desde Etnografía del Caribe hasta libros sobre armamento de la Segunda Guerra Mundial. Lancaster no se preciaba de ser un gran lector pero nunca rechazaba la compra de algún ejemplar interesante. Una vez que los libros entraban en su casa era entonces cuando procedía a su lectura. En su haber poseía no menos de doscientos libros distribuidos en seis baldas, prácticamente combadas en el centro por su peso. La pared opuesta a la estantería estaba dominada por objetos que había adquirido en sus viajes o regalos que le habían hecho. Así, por ejemplo, tenía suspendida del techo una hermosa guitarra española adquirida en una tienda del centro de la ciudad de Córdoba. A su lado varias herramientas ocupaban la pared, como una pequeña hoz de obsidiana que compró a un mercader del Bezesten en Tesalónica, la réplica de un sistro egipcio, regalo de su amigo Neill en su cumpleaños, o un cencerro, fruto de una inexplicable borrachera en el centro de Hamburgo. Junto a estos y varios objetos más se desplegaba un abanico de fotos de Lancaster. A decir verdad nunca había sido muy amigo de las fotografías, pero desde hacía unos años había decidido que el camino había sido demasiado duro como para no rememorarlo de alguna forma. Tenía fotografías suyas en el desierto de Atacama, junto a la fortaleza portuguesa de la Torre de Belem, sobre la grupa de una piedra en Stonehenge o apostado en el Heptapyrgion de Tesalónica. Su periplo por todos estos parajes y países le había servido para enriquecer su investigación, pero también para hacer acopio de grandes recuerdos y amigos. Eso sí, el sacrificio económico había sido considerable.

"Qué triste. La conclusión es que el dinero era necesario siempre y en todo momento". Cualquier intervención arqueológica requiere de fondos, por muy pequeña que sea, desde una prospección arqueológica hasta una excavación a gran escala. Es necesario invertir, no sólo en los sueldos de los profesionales, sino en el material de trabajo. Hace tiempo llegaron a reprocharle a Lancaster que la Arqueología era una profesión de ricos e indecentes. Tal vez no se equivocasen al decírselo, pensaba, aunque en aquel momento el resultado fue una monumental tangana en un céntrico bar de Dortmund. A Lancaster no le gustaba en absoluto que la gente pensase que por ser un campo de investigación de las humanidades no suponga un gran esfuerzo para los investigadores que se dedican a ello.

No era del todo erróneo, pensaba años después, porque muchos de los arqueólogos pioneros tenían sus propios fondos para financiar sus proyectos, o vivían de otros ingresos principales. "Aquí tenemos a uno de ellos, fíjate tú", decía en voz alta mientras ojeaba uno de los libros de su estantería. Era el mismísimo Flinders Petrie, flamante descubridor de la ciudad egipcia de Naucratis, quien no en vano recibió ciertas ayudas del capitán Mathew Flinders, su abuelo y a la vez explorador y descubridor de las costas de Australia. "No se diferenciaba mucho de mí", volvía a decirse Lancaster, a la vez que guardaba el ejemplar en su sitio. Echando un vistazo a la misma balda pudo ver otro libro interesante. "Caramba, otro privilegiado", repetía al mismo tiempo que le quitaba el polvo al canto de un segundo libro, del ilustre arqueólogo Heinrich Schliemann, un prusiano que había amasado una auténtica fortuna antes de descubrir Micenas y Troya. "Y qué me dices de este otro ilustre", volvía a balbucear mientras ojeaba un ejemplar del gran John Lloyd Stephens, a quien debemos las fantásticas descripciones de la cultura maya, y quien se empleó como diplomático de los Estados Unidos y, de paso, se encargó del proyecto del ferrocarril Trans Ístmico de Panamá. La excepción podría ser, tal vez, Howard Carter, hijo de una familia humilde y de once hermanos, quien consiguió entrar en el Servicio de Antigüedades Egipcias no sin la estimable ayuda de su mecenas Lord Carnarvon, quien financió casi todas sus intervenciones.

- Y pensar que a Catherwood le costó cincuenta dólares la parcela en la que encontró la pirámide de Copán…

- Si, Neill, pero no me negarás que los métodos han mejorado sustancialmente.

Por la tarde Lancaster había quedado con su buen amigo Mac Allister. Tras despedirse de la defensa de la tesis de Lancaster habían acordado quedar al día siguiente para comentar los detalles del día anterior.

- Nos conocemos desde hace más de diez años, Neill.

- ¿Tantos ya? Dios, ¿y cuántas cervezas habremos bebido entre tanto?

- Unas cuantas, pero no es de eso de lo que quería hablarte. Quería hablar contigo sobre el futuro.

- El futuro, dices… Ya veo por dónde vas. ¡Camarero, dos pintas! Las vamos a necesitar.

Ambos solían reunirse en un recóndito bar irlandés del centro, donde en opinión de Mac Allister se tiraba la cerveza sólo como lo hacen en Waterford. Sea cierto o no el lugar era bastante sombrío pero, sin embargo, muy acogedor para estudiantes y gente joven que busca tranquilidad y buena música.

- Lo digo en serio, Neill. No sé qué va a pasar a partir de ahora.

- ¿Has hablado con Hoover y con Lyan? A lo mejor ya tienen planes para ti en la universidad.

- Sí que he hablado con ellos, pero no me han asegurado que puedan salir plazas en la facultad. Sólo me han insistido en que solicite las ayudas de investigación. Y ya sabes al precio que están.

- Lo se perfectamente. ¿Recuerdas a nuestros compañeros de Tesalónica?

- John, Adriano, Maurice, Carol… Por supuesto.

- Pues todos ellos terminaron sus trabajos de investigación y se marcharon al extranjero. Como no salían plazas en sus respectivas universidades optaron por probar fuera. Por ejemplo Adriano está terminando un máster en París, Carol está dando clases en Wellington…

- Ya, pero yo no quiero irme fuera. Lo que yo quiero es establecerme aquí, estar tranquilo con mis investigaciones, con mi familia, con mis amistades…

- ¿Te estás escuchando? Lancaster Williams, el tío más pragmático, cerebral y objetivo que conozco, pretende estabilidad dedicándose a este mundo. ¿Tú te estás oyendo?

- Si, lo sé, por favor… Es que sólo me cuestiono por qué deben ser así las cosas.

Un par de sorbos después ambos echaron un vistazo a su alrededor. El bar en el que solían reunirse estaba vacío. Parecía una perfecta alegoría de lo que estaba por venir. Dos aceitunas después prosiguió Neill tratando de animar a su amigo.

- Mírame a mí. ¿Acaso crees que no me ha costado encontrar mi lugar?

- Neill, tú te has movido mucho más. Has probado otras cosas. Yo sólo he abrevado de la universidad. Antes no lo pensaba, pero ahora creo que tal vez me equivoqué. Tal vez debí rechazar las becas y haber combinado investigación con ocupación laboral, no sé…

- ¿Y habrías finalizado la tesis con el mismo resultado? Chico, a lo hecho, pecho. Es mejor que no pienses en lo que ya no se puede cambiar. Si has hecho lo correcto o no lo sabrás más adelante. Ayer por la mañana eras sólo licenciado, y hoy eres doctor. ¡Tómate un tiempo, hombre!

- Sí, es posible que tengas razón.

- De todas formas habla con tu padre, ¿no?

- Precisamente ayer ya me preguntó cuáles eran ahora mis planes de futuro. Y sinceramente, no me ayudó demasiado.

- Ya sabes cómo son los "viejos". Mira los míos, encantados con la vida que llevan en una pescadería al norte de Irlanda.

En ese momento una chica de cuerpo escultural, pelo largo y ojos azules pasó junto a los dos amigos, a lo que Neill respondió con un giro de la cabeza y del cuerpo entero hacia la joven, cortando de golpe su alocución.

- Y todavía se atreven mis padres a decirme que me vuelva para ayudarles. ¡Si estoy en la gloria! -Prosiguió Neill tras recuperar la posición inicial.

- Tú y sólo tú eres capaz de abstraerte de los problemas del mundo, amigo.

Dos tragos más de cerveza le sirvieron a Lancaster para seguir pensando con claridad.

- ¿Te acuerdas de Luiz Goianes? —Preguntó Lancaster a su compañero.

- ¿El portugués repipi? Cómo olvidar sus corbatas —Respondió Neill mientras se encendía la pipa.

- ¡No seas cruel, hombre! Además se lo ha trabajado muy bien. Resulta que tras doctorarse continuó su investigación ampliando los trabajos de excavación en el Valle de Coa con fondos estatales. Sus resultados fueron tan buenos que la universidad aceptó incluirle en uno de sus proyectos de investigación.

- ¿Y qué quieres decirme con eso? ¿Quieres excavar?

- Tal vez. Digamos que consigo crear un proyecto interesante, que la universidad se interesa, que consigo buenos resultados y que me ofrecen un puesto de interino. No estaría mal, ¿no crees?

- Sí, y digamos que prohíben beber whisky en Dublín, que Italia gana el Seis Naciones y que cambio una pinta por agua con gas. ¡Venga, Lancaster!

- Gracias, amigo. Me animas mucho, en serio.

- No pretendo desalentarte, pero esas cosas pasan muy pocas veces, y menos desde la universidad. ¿Tú quieres excavar?

- Naturalmente —Respondió Lancaster visiblemente cabizbajo.

- Pues entonces déjame que haga un par de llamadas. Es posible que tu futuro pase por otras puertas, que no las de la universidad.

- Miedo me das, Neill —Contestó.

- Más miedo me das tú, capaz de cualquier tontería por sacar huesos de romanos o vete a saber de qué otros monstruos —Volvió a responder Neill mientras daba varias caladas a su pipa y cogía del hombro a su amigo.

- De todas formas dime qué vas a hacer, antes de nada.

- Tú tranquilo. Voy a llamar a Henry. Ayer le diste una muy buena sensación.

- ¿Pretendes que trabaje en una empresa? Si se enterasen el Dr. Hoover y la Dra. Lyan no se lo que pensarían…

- ¿Qué pasa? ¿Eres de los famosos detractores de este sector? ¿Crees que el estado debe ser el único inversor de la arqueología? Lancaster, hazme caso, debes probarlo…

A Lancaster le hacía gracia la gente que defendía que la investigación arqueológica debía estar al cien por cien financiada por el estado. Eso no lo sostiene nadie, y además nunca sería real. La inversión privada no es mala si se hace con cabeza, o que se lo pregunten a Carter. Sin embargo Lancaster debía plantearse qué hacer con sus propias expectativas. Tenía muy claro que no iba a echar mano del patrimonio familiar para pagar sus investigaciones. Otra opción era solicitar las subvenciones que el Estado ponía a disposición de los investigadores, aunque no guardaba para sí grandes esperanzas. Ya tuvo ocasión de solicitar una de las becas para finalizar su doctorado y se la denegaron alegando falta de criterios en su investigación. Por lo tanto, Lancaster había perdido las esperanzas de disfrutar de esas ayudas que podrían haber prolongado su trabajo un par de años. Tenía muy claro que tras defender la tesis aún estaba en condiciones de ampliar su investigación, ¿pero cómo?

II. Entrando en el capital

Una semana después de la defensa de la tesis, Lancaster concertó una entrevista con la empresa Method, gracias a un par de llamadas que había hecho Neill y gracias también a la intervención de Henry Catania. Afincada a las afueras de la ciudad fue fundada hacía cinco años por Edgar Bowman, un excéntrico arqueólogo de Liverpool que comenzó su trabajo emitiendo programas televisivos en los que narraba sus intervenciones arqueológicas, a su parecer "todo un logro personal y un avance importante para la profesión". Bowman era famoso por soltar algunas perlas en los congresos y reuniones de arqueólogos como que "los jóvenes lo tienen fácil porque cuando yo empecé en esto lo hacía en mis ratos libres con un bocadillo, una botella de agua y viajando en un viejo Citröen". Esas aseveraciones le habían generado un buen repertorio de detractores, aunque también de seguidores. Lo cierto es que Edgar había conseguido salir a flote gracias a su don de gentes y a su carácter extrovertido. Ambas características le habían propiciado un sobresaliente catálogo de éxitos científicos. Su empresa había descubierto varios yacimientos en el altiplano y contaba con numerosas intervenciones de éxito en pecios submarinos de Italia. Su trayectoria se había completado con no menos de trescientas publicaciones, algunas de ellas presentes en las más importantes referencias bibliográficas del momento. Incluso la propia Dra. Irving había confirmado la importancia de la actividad laboral de Method.

En cualquier caso Method tenía en cartera a numerosas empresas de la construcción, las cuales acudían a él para llevar a cabo diferentes peritaciones arqueológicas que requería la administración. Bowman había conseguido crear un grupo multidisciplinar formado por arqueólogos, geólogos, biólogos, restauradores, geógrafos, topógrafos y documentalistas, experimentados en campos tan dispares como la reconstrucción en tres dimensiones, la epigrafía, las culturas prerromanas o la arquitectura románica europea. No había yacimiento que, en manos de Bowman, no fuese investigado en profundidad por su equipo. Si hacía falta un experto en molinos franceses era capaz de localizar a la persona adecuada. Si necesitaba a un experto en sánscrito contrataba al mejor cualificado. De esta manera se había forjado una empresa sólida cuyo prestigio se veía reforzado en todos y cada uno de los congresos a los que llevaba sus resultados.

Lancaster tenía la cita a las diez de la mañana. Una vez localizada la dirección de las oficinas se apresuró a llegar puntual. La sede de Method se encontraba en un bloque de oficinas, bastante horteras en opinión de Mac Allister. Era un edificio clásico con fachada de ladrillo visto, de tres plantas y un patio muy amplio al exterior. El acceso se realizaba por un pasillo, dejando a ambos lados dos filas de vehículos que Lancaster relacionó con la empresa. A la derecha había un hombre bastante corpulento cargando sacos, a quien no quiso distraer de su trabajo. Tras cruzar un recibidor se encontró con una recepción en la que aguardaba una administrativa. Un pasillo largo salía de este punto, dejando a ambos lados diferentes estancias, mientras que en el extremo de dicho pasillo se situaba un despacho de doble puerta, en el que se podía leer en un cartel "Dirección". Allí esperaba Bowman. Como gerente de la empresa tenía a la vista a todos los empleados de la sección de Proyectos, que quedaba a la derecha de su estancia. El almacén se encontraba en la planta de abajo y conectaba con la entrada por la que había accedido Lancaster. Por todos los lados del recibidor se acumulaban las cajas de cartón con materiales arqueológicos. No era complicado llegar a esa conclusión, ya que de una caja sobresalía un fémur de descomunales dimensiones, mientras que en otra caja, abierta de par en par, se observaban varias vasijas de loza, perfectamente embolsadas.

- Buenos días. Soy Lancaster Williams y tenía una cita con el señor Bowman.

- En seguida le atiende. Por favor, espere un momento -Le contestó amablemente la administrativa de la entrada.

Los nervios le estaban jugando una mala pasada y decidió sentarse en una silla bastante roñosa que adornaba el recibidor. Varios segundos después, y ya más tranquilo, comenzó a echar un vistazo a los alrededores, a fin de hacerse una idea de lo que podría encontrarse. Justo a la derecha del despacho de Bowman, en cuya puerta se leía claramente "Proyectos", se abría un despacho amplio en el que tres personas se mostraban enganchadas a sus ordenadores. A la izquierda del despacho de Dirección, y en frente de Proyectos, se dilucidaba un segundo despacho en el que se distinguía a otras tres más. Por el aspecto y los comentarios que Lancaster escuchaba eran sin duda arqueólogos, geólogos y restauradores que ejecutaban los informes que Method debía de entregar a la administración. En apenas cinco minutos habían salido y entrado de las habitaciones unas doce personas, con papeles, cajas, bolsas, aparatos de topografía, cepillos, carpetas, botellas… incluso un chico de corta estatura había salido de una sala con un cráneo en sus manos. A Lancaster todo le parecía la mezcla perfecta entre el paraíso y el juicio final de El Bosco.

Dos días antes de acudir a la cita Neill le había contado a Lancaster de qué forma se articulaba todo este intrincado sistema de actuaciones arqueológicas por empresas privadas. La empresa era subcontratada por las empresas constructoras, ya que la ley les obligaba a estas a realizar peritaciones arqueológicas antes, durante y después de la ejecución de los movimientos de tierra. De esta manera los arqueólogos tenían que lidiar con dos toros impetuosos. Por un lado, la constructora pagaba a Method para cumplir con lo establecido por la ley, en decir, vigilar las obras y en algunos casos excavar para recuperar los restos que pudiesen aparecer. En dichas labores iban incluidos unos informes que debían remitir a la administración, organismo competente en materia de cultura. Por otro lado, la Dirección General exigía al arqueólogo el máximo rigor en su trabajo, ya que estaba en su mano la protección de los restos que pudiesen aparecer, sin perjuicio de que la obra pudiera proseguir. Muchos profesionales del sector eran contrarios a este sistema, principalmente porque convertían al arqueólogo en un lacayo del capital y a la arqueología en súbdita de la construcción. La gran pregunta era: cómo podía ser posible que la universidad no se hiciese cargo de este trabajo.

- Puede pasar, le está esperando.

- Muchas gracias.

Lancaster recorrió el largo pasillo que separaba el vestíbulo del despacho de Edgar Bowman. A ambos lados pudo finalmente ver la configuración de los dominios de Bowman. La sección de Proyectos era mucho mayor de lo que suponía Lancaster, así como las habitaciones de la izquierda, en donde se localizaba al fondo un mostrador con instrumental de laboratorio. En un extremo se emplazaban varios microscopios y máquinas de procesamiento. En el otro extremo se situaban varias pilas de lavado y una tamizadora de gran tamaño. En el puesto se encontraban dos chicas trabajando sobre diferentes piezas cerámicas, limpiando las impurezas. Junto al puesto de restauradores, en el centro, se encontraba un hombre corpulento rodeado de mapas. Lancaster intuyó que se trataba de un geólogo, a tenor del pico de geólogo que colgaba de su cinturón. A ambos lados de la sala se apostaban dos personas más, de las que Lancaster no pudo averiguar mucho más. En la sala de Proyectos se encontraban trabajando tres personas.

Lancaster tenía la sana costumbre de templar los nervios ante situaciones inesperadas, pero no pudo hacerlo al entrar en el despacho de Edgar Bowman. Todo indicaba que en sus manos iba a estar el futuro inmediato de Lancaster. Por supuesto no era la única alternativa que tenía el arqueólogo, ya que siempre existía la posibilidad de conseguir una beca o una subvención de la universidad. Pero visto lo visto, lo más probable es que Lancaster tuviera que mendigar durante años un contrato de dos o tres meses para trabajar en algún departamento, corrigiendo exámenes y haciendo horas extras mal pagadas. Al abrir la puerta de Bowman su pulso se aceleró más aún si cabe. El despacho estaba dominado por una inmensa librería que rodeaba la estancia casi por completo, desde el suelo hasta el techo, dejando libre sólo una pared, la cual se encontraba cubierta por títulos, certificados y premios concedidos tanto a Method como a Bowman. En el centro, frente a un enorme ventanal, la mesa de Edgar dominaba todo el espacio. En uno de los extremos una pila de papeles ocultaba varios marcos de fotos situados justo por detrás, junto al ordenador personal de Bowman.

- Señor Williams, o doctor Williams, como tú prefieras, es un placer conocerte.

- El gusto es mío, Sr. Bowman.

- Te creía más mayor. Neill me ha hablado maravillas de tú trabajo, y si te soy sincero pensé que tendrías unos cuarenta y pico años –Comentaba Bowman mientras volvía a sentarse en su sitio.

- En realidad ha sido Henry Catania quien me ha aconsejado que le vea, señor Bowman. Y por favor, llámame Lancaster, porque las otras dos opciones efectivamente me hacen más mayor.

- En tal caso, Lancaster, llámame Edgar…

Se sentaron uno en frente del otro. Bowman no quería que el escritorio fuese una muralla entre ambos, por lo que salió con su silla al centro del despacho para quedarse apenas a un metro de Lancaster. La charla, lejos de ser desagradable, fue ante todo larga e intensa. Edgar iba ataviado con un polo marrón, pantalones vaqueros, gafas anchas y barba de tres días. De complexión delgada y gran altura, sus manos no cesaban de juguetear con un bolígrafo mientras dialogaba con Lancaster sobre el estado actual de la investigación, la configuración de la empresa, sobre su trayectoria y sobre las perspectivas para el futuro de la arqueología.

- Aquí, amigo mío, aquí bregamos con dos toros con los que nadie quiere bregar –Le confesaba a Lancaster tras exponerle la situación actual del sector laboral.

"¿No me digas?", pensaba para sí mismo Lancaster.

- Method surge ante la necesidad de crear una nueva tendencia y de satisfacer una fuerte demanda. Empezamos siendo tres personas y ahora mismo somos doce.

"Más bien siete u ocho", seguía pensando para sí mismo el joven arqueólogo.

- Aquí no hay favoritismos hacia las empresas constructoras, Lancaster. Voy a ser sincero contigo. Este sector es complicado y cada contrato es una batalla muy dura. Al final solemos conseguir lo que queremos, pero cada día cada licitación cuesta mucho más, y no podemos permitirnos perder un cliente. Para Method los clientes son importantes en tanto en cuanto debemos hacer el trabajo que cobramos, y hacerlo bien. Somos los abogados de las constructoras, amigo, no somos el enemigo. Si hay algún problema con el Patrimonio Histórico ahí estamos nosotros para que nos partan la cara y que no se la partan a la constructora. Algunos nos ven como mercenarios, o peor aún, como a traficantes de arte, ¿te das cuenta de lo que te digo, Lancaster?

- ¿Cómo la empresa de Anthony Malley? –Replicó Lancaster con absoluta inocencia.

- Como la empresa de Malley, por ejemplo…

Bowman sabía perfectamente lo que había sucedido con Malley en los Estados Unidos. Sabía que Malley se había lucrado gracias a la venta de antigüedades a sociedades privadas. En sus intervenciones había recibido cuantiosas cantidades de dinero por la participación de algunos estudiantes, hijos de empresarios americanos y europeos. A su vez los descubrimientos habían sido publicados gracias a pingües donaciones privadas, por lo que los beneficios habían sido multiplicados por tres. Este hecho había sido denunciado por varias asociaciones de arqueólogos, y en una de ellas se encontraba Edgar Bowman.

Tras un pequeño silencio continuó Bowman con absoluta tranquilidad. Sin duda Lancaster había llegado a la conclusión de que Edgar sabía lo que hacía.

- Aún te diré más, Lancaster. La empresa de Malley no se parece en nada a la nuestra. Ese carcamal americano pone el cazo porque no tiene ni idea de cómo funciona el comercio –Aseveró el empresario.

- Bueno, el comercio es el comercio, sea donde sea, ¿no? Además y como bien has dicho, tu empresa se preocupa mucho de conseguir clientes. No me malinterpretes, pero eso para mí también es comercio –Contestó Lancaster.

- Él sólo se preocupa de conseguir fondos para seguir excavando y de llenar las vitrinas de la colección Quincy y de otros mecenas. Excava, sí, pero no es fiel a los principios de la arqueología. Investiga porque excava, pero no publica. Restaura pero no conserva porque muchas piezas acaban en las colecciones privadas de los que le subvencionan. Y finalmente, y aquí está el quid de la cuestión, nosotros publicamos los resultados en artículos y libros, o presentando comunicaciones en congresos. ¿Acaso no ves la diferencia?

- Bueno, él también publica…

- Si, pero como podrás observar, nosotros intervenimos, nosotros investigamos las piezas que salen y las remitimos al museo. ¡Tendrás que darme la razón en esto, demonios! –Respondió Edgar con los puños en alto.

- Efectivamente, ahí está la gran diferencia –Concluyó Lancaster soltando una gran carcajada.

La charla con Edgar no había dejado indiferente a Lancaster. Method le ofrecía una posibilidad y era la de formar parte de su plantilla como técnico de vigilancia en una obra que se iba a iniciar en breve. No importaba que Lancaster no tuviese experiencia en el sector, todo lo contrario. Sin saber muy bien por qué, Edgar se había mostrado muy interesado en ese aspecto de Lancaster.

Mientras salía por la puerta principal del edificio por la mente del Lancaster se cruzaban muchas ideas preconcebidas sobre la llamada arqueología de urgencia. Por un lado quedaba difuminada la imagen de la Dra. Irving maldiciendo a los profesionales que se dedicaban a excavar en veinte días un yacimiento que debía excavarse en no menos de seis meses. También ganaba terreno en su mente la imagen de Anthony Malley y su inmoral e ilegal actividad. Por otro lado recordaba la coherencia de los argumentos expuestos días atrás por Henry Catania, quien había ensalzado las vehemencias de este campo de la investigación, y cuya correcta praxis depende de los arqueólogos que la practiquen, no de la empresa. Finalmente las palabras de Edgar Bowman aportaban mucho peso en el dictamen mental de Lancaster, ya que le había mostrado una nueva realidad, la de Method, un grupo de trabajo que le había puesto en la palma de la mano la realidad sobre la arqueología empresarial.

Una hora después de la reunión Lancaster todavía seguía dándole vueltas al asunto. No se había comprometido en nada con Method, y Bowman le había dado un par de días para pensárselo. No era una decisión fácil y eso lo sabía incluso el propio Edgar. Tras licenciarse un año antes de lo previsto en Oxford, rechazó una suculenta beca de investigación en la galería de arte del Ashmolean. A cambio tuvo la oportunidad de excavar en las estepas de Georgia durante cinco años, lo que causó un repunte de prestigio difícilmente superable. Es precisamente este acontecimiento el que fascinó a Lancaster, quien se vio perfectamente identificado. Lancaster podría conseguir en un plazo razonable alguna interesante beca de investigación en alguna institución respetable. Sin embargo lo que él quería realmente era trabajar entre trincheras, en primera fila de asientos, no como un capitán sino como un soldado raso.

"Demasiadas emociones en tan poco tiempo", pensaba. En aquel momento sólo una persona podía conseguir que Lancaster se evadiese de tanto estrés.

- ¡Amigo mío, dramas los justos! Al final lo que hay que hacer es llevar el pan a casa, y si de paso se investiga, pues que nos quiten lo bailado.

Esa misma tarde volvieron a quedar Neill y Lancaster. Para él, el irlandés no era sólo un buen arqueólogo. Era también un consejero, una vía de escape y una gran amistad. Por su parte Neill Mac Allister apenas había tenido contacto con la arqueología empresarial, aunque sí tenía muchos contactos en el sector. Un breve periodo de tiempo trabajando en la empresa francesa Visigothorum le habían valido para conocer las tripas de la arqueología empresarial. Precisamente fue en esta fase cuando tuvo la ocasión de conocer a Anthony Malley en los Estados Unidos, durante un simposio sobre culturas materiales de Mesoamérica. Fue entonces cuando Neill entró realmente en contacto con este colectivo, obteniendo diferentes versiones y opiniones. Sus andanzas por Europa y Asia le habían proporcionado los testimonios de defensores y detractores de este campo de trabajo. Además, y gracias a sus estancias en Italia y España, había participado de forma muy activa en algunos debates abiertos acerca de lo que se estaba denominando "Arqueología de Urgencia", "Arqueología de Empresa" o "Arqueología Preventiva". Casualmente le pasó lo mismo que a Lancaster al salir de Method. Naturalmente que hoy por hoy ese dilema había pasado al olvido.

La experiencia de Neill en el campo de la arqueología no necesitaba demostración alguna. Con el tiempo había conseguido incluso el reconocimiento de personas como la Dra. Lyan o el Sr. Fellows, el actual Director General de Patrimonio. Sin embargo la mentalidad de Neill era la de un irlandés sencillo y carente de ambiciones que le permitiesen llegar a la mismísima Junta de Antigüedades. Son muchas las leyendas que se cuentan del "loco Mac Allister". Durante las últimas revueltas populares de Egipto fue el precursor de un plan de protección de los enclaves de Karnac y Abu Simbel. Dicho plan lo resumía de la siguiente manera: comprar un Kalashnikov y disparar a toda persona que no contestase en inglés, francés, italiano, alemán y gaélico. Por fortuna no hubo de lamentar ningún herido. Eso sí, se vanagloria de saber cargar y disparar un arma de fabricación rusa sin perder ninguno de los dedos de la mano.

Desde que decidiera embarcarse en el mundo de la egiptología no había cesado de tener problemas con medio mundo, a la vez que el otro medio le idolatraba. El propio departamento de Arqueología Bíblica le puso al frente de una expedición arqueológica en Jerusalén Este, algo que cualquier investigador habría deseado para sí mismo. Lo que la gente no sabía era que fue mandado por expreso deseo del jefe de departamento tras un incidente en el que Neill participó tras ingerir una cuantiosa cantidad de cerveza. Sin embargo los resultados científicos de la intervención fueron tan óptimos que le valieron el reconocimiento definitivo de diferentes instituciones internacionales. Su experiencia en Israel le valió también un desliz amoroso con una libanesa que le supuso su encarcelamiento en la prisión de Armon Hanatziv durante dos días, y por supuesto la posterior extradición.

- No me arrepiento de aquello, amigo mío. Y te digo otra cosa, ¡volvería a hacerlo! –Comentaba Mac Allister entre sonoras carcajadas.

- Neill, no puedes regresar a Israel en un periodo de veinticinco años. ¿O es que ya no recuerdas lo que dijo el juez? –Respondió Lancaster.

- ¿Crees que a los irlandeses nos pueden impedir hacer o decir algo? Qué poco me conoces…

Las conversaciones entre Lancaster y Neill rara vez solían estar relacionadas con la arqueología. Las identidades nacionales, la música irlandesa y el fútbol europeo solían ser los temas preferidos de Neill.

Al principio de conocerse también trataban temas relacionados con las mujeres, hasta que cierta noche tuvieron una fuerte trifulca en un bar de Nápoles, tras calificar en público la escasa calidad de las mujeres latinas. Después de recibir los insultos del respetable y algún que otro puñetazo, dejaron de debatir sobre ese tema. Para Lancaster hablar de arqueología no suponía ningún problema, aunque a Neill no le hacía demasiada gracia, simplemente porque le gustaba desconectar de sus quehaceres rutinarios. Ambos eran bastante diferentes en ese sentido. Sin embargo de un tiempo atrás Lancaster había necesitado tratar esos temas que le preocupaban y naturalmente que Neill no iba a poner ninguna traba.

- No sé lo que debo hacer, te lo digo en serio –Comentaba Lancaster tras pedir un par de pintas.

- Acuérdate de lo que te dije antes de la reunión. Hay que buscarse las lentejas, y si queda tiempo, entonces se investiga.

- No estoy de acuerdo contigo, pero bueno…

Ambos abandonaron la barra del bar para acomodarse en una pequeña mesa situada en un sombrío rincón.

- ¿De verdad quieres que profundicemos en este tema? Pues mira, empezaré proponiéndote una cuestión básica, ¿qué es la arqueología para ti?

- ¡Vaya preguntita! ¿Tengo que repasar mis apuntes del profesor Chapman sobre Teoría de la Arqueología?

- No, eso no será necesario. Sólo quiero que me digas lo que es para ti la arqueología, así, de golpe y sin pensarlo.

Lancaster dio un largo sorbo a su Murphy´s, porque intuía que la conversación iba a ser intensa.

- ¿Y bien? –Volvió a preguntar Neill con los ojos clavados en su amigo.

- Mucha gente cree que soy un soñador, que soy un iluso y que soy un "friki" por pensar lo que pienso, pero estoy convencido de que la arqueología no es sólo un método, una profesión o una forma de ganarse la vida. Para mí la arqueología no es sólo un tema de debate en programas esotéricos ni sensacionalistas. Y desde luego no es un tema recurrente para ligar en los bares… -Expuso Lancaster mirando fijamente a su amigo.

- ¡Eso lo dirás tú! –Respondió el irlandés tras escupir su último sorbo de cerveza con una carcajada.

- No, en serio, la arqueología no es nada de lo que he dicho, es mucho más que eso. Es una forma de vida, Neill. Mi casa es un puñetero templo de la arqueología. Mi casa no tiene fotos de viajes al caribe, ni tiene fotos de mis amigos de borrachera en Ámsterdam, ni tiene un póster de Megan Fox, ni revistas de coches, ni videojuegos…

- ¿No tienes a Megan en tu cuarto? Chico, creo que tú tienes un problema y de los gordos…

- ¡Espera, déjame que siga! Mi casa tiene fotos de la Acrópolis de Atenas, tiene libros de Historia de América, tiene objetos raros de culturas perdidas hace mil años. Mi casa tiene fotos mías en el Amazonas, fotos mías con eminencias de la arqueología, fotos en lugares que nadie querría estar. Sólo tengo un póster en mi cuarto, y es de los guerreros de Xian… ¿Y sabes qué? ¡Me encanta! Es mi casa, es mi vida, soy yo. Eso es lo que creo que es la arqueología.

- Definitivamente, creo que tienes un problema –Respondió Neill mientras miraba al suelo.

- ¿Por qué? ¿Acaso es malo que tengas tu casa decorada con botellas de cerveza?

- No, claro que no, Lancaster. Pero yo no me dedico a embotellar cerveza. Aunque reconozco que habría sido un buen trabajo…

- Por favor, no seas sarcástico. Tú me has preguntado lo que creo que es la arqueología y te he contestado. La arqueología forma parte de mi vida. La arqueología es mi forma de vivir el día a día.

- Ya, si yo te entiendo. Pero entre llevar una forma de vida y convertirla en una obsesión hay una línea muy delgada, amigo mío. Además siempre es bueno desconectar un poco.

- No es una obsesión. Nadie lo comprende pero es mi pasión. Me entretengo leyendo libros de temas muy diversos, eso es para mí desconectar. En realidad mi capacidad de desconexión pasa por seguir haciendo lo que hago día a día, porque me gusta.

- Yo sólo te digo que no es bueno hacer siempre lo mismo, aunque disfrutes de ello. Lo digo porque cualquier día sucede un imprevisto, ¡qué sé yo!, algo sale mal, te llevas una desilusión y todo en lo que creías, todo en lo que se apoya tu vida, se va al garete. ¿Y qué haces entonces?

Durante unos minutos y tras el último discurso de Neill ambos arqueólogos se quedaron en silencio, momento que aprovecharon para dar varios sorbos a sus pintas y echar una ojeada a su alrededor. No acostumbraban a entablar conversaciones tan serias como la que estaban teniendo, pero la situación lo justificaba. Lancaster necesitaba que le dijesen las cosas claras, y no había mejor persona que Neill para hacerlo. A pesar de la imagen que podía dar Mac Allister, cuando debía ponerse serio lo hacía. Además se mezclaban dos alicientes importantes. El primero era que tenía el conocimiento necesario para saber de lo que hablaba, y con eso le bastaba a Lancaster. Y el segundo era la profunda amistad que les unía. A decir verdad Lancaster nunca había tenido amigos en la profesión. Ni siquiera había llegado a ese grado de confianza con sus directores de tesis, a los que tenía mucho aprecio pero con los que nunca se iría de cervezas. Ni siquiera con su padre habría tenido una conversación como la que estaba teniendo con Neill. A decir verdad Lancaster había tenido pocas ocasiones de tener buenas amistades a su lado, sobre todo gracias su trasiego por diferentes ciudades desde la juventud.

Tras rematar su cerveza, Neill prosiguió con la charla.

- Yo no te estoy diciendo que dejes de ser como eres. Yo sólo te estoy aconsejando, por lo que veo desde fuera, y por cómo veo nuestra profesión. Además, esta conversación venía a cuento porque tienes una duda que despejar, y eso es lo que pretendo. ¿Quieres que tu vida gire en torno a la arqueología? Perfecto, hazlo. Eso sí, yo te prevengo de las consecuencias. Esto no es fácil y Bowman te está abriendo una puerta. Prueba a entrar, a ver qué te encuentras.

- ¿Acaso tú ya lo sabes y no me lo quieres decir? –Replicó Lancaster.

- En absoluto, no tengo ni idea de lo que va a suceder si aceptas. Eso sólo lo sabremos cuando hayas dado el paso. Lo que sí sé es lo que va a suceder si no lo aceptas. Buscarás la manera de seguir con tu trabajo, buscarás subvenciones, rastrearás por las universidades, por las instituciones… ¿Acaso crees que si hubiese alguna posibilidad de seguir en la universidad, no te lo habrían dicho ya la Dra. Lyan y el Dr. Hoover?

Esa última apreciación cayó como una losa en la mente de Lancaster. En el fondo ya lo había pensado, pero de pensarlo uno mismo a que te lo diga alguien que te habla con absoluta sinceridad, hay un mundo.

- Si, lo sé –Contestó Lancaster con voz alicaída.

- Mira, yo sólo saco esta conclusion después de lo que me has dicho sobre tu forma de ser. Visto que tu vida gira en torno a la arqueología no creo que te rindas con facilidad, y eso puede acabar con tu paciencia, con tu forma de ser y hasta con tu salud. Por eso te decía que no puede ser bueno que no desconectes un poco de la arqueología, no me malinterpretes. Eres un buen tío y además eres bueno en lo que haces. No le des más vueltas y arriésgate a tomar esta decisión.

- ¿Crees que debería decir "si" a Method?

- No sé lo que deberías hacer con su oferta. Pero sí sé lo que no deberías hacer con tu vida. O te dedicas a otra cosa o te tomas tu profesión de otra manera. De lo contrario, créeme que te llevarás más de un palo… -concluyó Neill cogiendo del hombro a su amigo.

***

A la mañana siguiente, Lancaster decidió acudir a la universidad para tener una segunda opinión. La conversación con su amigo Mac Allister no le había dejado satisfecho del todo y creía conveniente conocer la opinión de otra persona muy importante en su devenir profesional. Muy temprano había llamado a la Dra. Lyan. Habían quedado en su despacho, poco después de un examen que la profesora tenía programado. La decisión de quedar con la Dra. Lyan surgió del propio Neill, quien le había recomendado el día anterior conocer la opinión de sus tutores. Dado que el Dr. Hoover se encontraba fuera del país, sólo le quedaba la opción de la arqueóloga belga.

- Te veo estupendamente, Lancaster. ¡Hasta más moreno, fíjate!

- Doctora, usted siempre me verá bien aunque esté hecho una piltrafa.

Desde que se conocieran en las excavaciones del teatro de Verona, en el Vénetto, la Dra. Lyan tuvo la sensación de que Lancaster contaba con una sobresaliente capacidad de reflexión y de síntesis. Fue por ello por lo que desde el principio quiso que el arqueólogo se dedicase a la prosopografía y no tanto a la arqueología de campo. Nada tenía en contra del trabajo de campo, pero lo consideraba como una atracción de fin de semana, más que una parte imprescindible de la investigación, que es lo que pensaba Lancaster. Esta dicotomía les había llevado a entablar acalorados debates en la universidad. En cualquier caso sí estaban de acuerdo en que debía existir un buen trabajo de biblioteca en cualquier investigación arqueológica.

Para Marie Lyan no era la primera vez que dirigía una tesis de arqueología. Tras licenciarse en la Universidad de Lieja se ganó el respeto de buena parte del círculo universitario por sus trabajos sobre las fuentes escritas en época tardía. Dirigió no menos de veinte tesis en poco más de quince años, aunque la tutela de Lancaster fue la que supuso mayores retos y problemas.

- ¿Recuerdas la primera vez que llegaste a mi despacho?

- Cómo olvidarlo. Usted no quiso recibirme y yo me quedé sentado en una silla medio destartalada del pasillo.

- Chico, lo siento. Me llamaste justo después de una revisión de examen.

- Ya sabe que no se lo he tenido en cuenta nunca.

Una vez acomodados ambos en el despacho de la profesora Lancaster comenzó a contarle a su tutora todo lo avenido tras la defensa de la tesis. Le contó sus inquietudes, sus miedos y sus temores. También le comentó la reunión que había mantenido con Edgar Bowman en la sede de Method y, por supuesto, le confesó que había una buena oferta de esta empresa para trabajar con ellos. La cara de la profesora daba a entender que no estaba muy de acuerdo con la participación de Lancaster en este sector.

- ¿Y qué quieres que yo te diga, Lancaster? Parece que lo tienes bastante claro –replicó la profesora con cierta molestia.

- Bueno, doctora, la verdad es que no tengo nada decidido. Por eso he venido a hablar con usted. Necesito conocer otras opiniones.

- ¿Mi opinión, dices? ¿Pero influirá en tu opinión lo que yo te diga?

- Naturalmente. No comprendo su aparente malestar…

- Parece que no tienes memoria, Lancaster. Con lo listo que eres para algunas cosas y lo despistado que aparentas ser para otras. ¿Acaso no recuerdas la bronca que tuve con ese francés estirado que defendía que la universidad no tenía capacidad económica para desarrollar ningún proyecto?

- Por supuesto que lo recuerdo. Se llamaba Frederic y trabajaba por cuenta ajena. Ambos terminaron insultándose en francés, para desconcierto de los presentes –Comentó Lancaster sin disimular una sonrisa.

- Exacto. Por lo tanto, ¿qué opinión crees que puedo tener al respecto?

- Pero doctora, en aquel caso creo que nadie estaba de acuerdo con Frederic, ni usted, ni yo, ni ninguno de los presentes. Pero la arqueología de urgencia es otra cosa muy distinta. Además estoy convencido de que la universidad y el capital privado están condenados a entenderse, incluso en el campo de la investigación.

- De verdad, Lancaster, creo que lo tienes más que claro. Y además creo que estás muy equivocado –Respondió contundentemente la doctora.

- No sé, me deja un poco desconcertado…

- Eso es porque venías con el "subidón" de haber hablado con Edgar Bowman. Mira, te voy a ser franca. Tanto el Dr. Hoover como yo somos muy contrarios a la práctica privada de la arqueología. Bueno, a Daniel lo que le molesta es no poder salir tanto al campo como lo hacen otros, pero yo estoy segura de que no puede ser bueno mezclar filantropía con ánimo de lucro. ¡Pero es sólo mi opinión, Lancaster! Te ruego que decidas lo que decidas, lo hagas a conciencia.

- Profesora, sabe usted perfectamente que tanto su opinión como la del Dr. Hoover tienen un peso especial en todo lo que pueda hacer o no hacer en mi carrera profesional. Si le soy sincero yo ya percibía cierta hostilidad por su parte con esta práctica…

- Pues entonces ya sabes lo que pienso. La universidad ha sido, es y será siempre la pionera en investigación. La falta de capital está sucediendo a todos los niveles, Lancaster. El hecho de que no te hayan concedido una beca no es porque no te la merezcas. Es por falta de financiación. Lo que no vamos a hacer es vendernos a los intereses privados.

- Sinceramente, profesora, yo no creo que haya que venderse a nadie. Además, incluso en la universidad se depende del capital. ¡Eso no me lo puede negar!

- ¡Jamás al precio que pagan los empresarios, que te quede claro! –Gritó la profesora.

En ese momento Lancaster no sabía qué hacer. Fue una salida de tono inexplicable e irresponsable por parte de la doctora. Por un momento se había derrumbado el mito que tenía Lancaster de su tutora. Ni siquiera había perdido la compostura de esa manera el día que tuvo la trifulca con Frederic. El silencio se apoderó de un despacho adornado con mapas y textos del siglo XVI y XVII. Mientras pensaba qué decir Lancaster se distraía observando la magnífica colección de libros por la que era famoso el despacho de la Dra. Lyan. Una copia del *Códice Vindobonense*, un ejemplar de *La Rama Dorada*, de James Frazer, ocupaban el pequeño escritorio de la profesora. A la derecha, la gigantesca biblioteca que alberga ejemplares de Michelet, de Oswald Spengler o de Richard Cobb. A la izquierda se acumulaban los trabajos de los estudiantes en una mesa complementada con dos sillones. Completaba la habitación un enorme póster del cuadro *Mujer Escribiendo*, de Vermeer. Aún le dio tiempo durante ese incómodo silencio de ver varias fotos de la profesora con gente que Lancaster no conocía, en lugares tan variopintos como el desierto de Sonora o a las puertas de Persépolis.

De repente, ese silencio quedó roto por la profesora.

- Mira, perdona que te haya dicho eso en un tono tan agresivo. Pero es lo que pienso, y sabes que te lo digo porque te tengo mucho aprecio, Lancaster.

- No importa, profesora. Creo que con su opinión y con las restantes, ya tengo suficiente –Respondió el arqueólogo mientras se levantaba de la silla.

- No pretendo hacerte cambiar de opinión, pero si lo hiciera no te niego que me alegraría. Y si por el contrario decides embarcarte en esta aventura, te ruego que me lo comuniques.

- Délo por hecho, no se preocupe.

- ¿Te han dicho al menos a dónde te mandan?

- Pues no, la verdad es que no me han dado detalles, ni creo que me los den hasta que no firme el contrato, digo yo.

- En tal caso, cuando lo sepas me lo comunicas también, si no te importa.

- Claro, claro, no hay ningún problema.

El arqueólogo salió del despacho de su tutora con un mal sabor de boca, y con un desconcierto total por las últimas peticiones de la profesora. "¿Para qué querrá saber a dónde voy?", se preguntaba mientras recorría los largos pasillos del departamento. Pero lo que de verdad le dolía era la postura tan hostil que había mostrado la Dra. Lyan, una persona que se caracterizaba por su coherencia y su templanza. No en vano era uno de los miembros docentes más activos, asistiendo a multitud de eventos científicos, y recibiendo la crítica de muchos profesionales quienes ven en Marie a una persona intransigente y anclada en el pasado.

***

- ¿Tú estuviste el otro día en la oficina, verdad?

- Pues si, hace dos días.

- Me pareció verte por el pasillo y entrando en el despacho del jefe. Me llamo Mariela.

- Encantado, Mariela. Yo soy Lancaster.

Los cafés de la zona centro nunca se habían caracterizado por su calidad, pero la verdad es que los de la periferia los convertían en un auténtico manjar. Media hora antes de reunirse con el gerente de Method, Bowman decidió tomar un tentempié en un local cercano. Al poco de tener delante un café caliente y un bollo de chocolate notó que alguien tocaba su hombro derecho, a fin de llamar su atención.

- Curioso nombre. Intuyo que no eres escocesa, ¿verdad?

- Casi... Soy argentina, natural del barrio de San Fernando, en Buenos Aires. ¿Y tú? No me digas que eres escocés, porque perderías varios enteros.

- ¿Tienes algo en contra de los escoceses y de Escocia?

- No, nada en absoluto. Pero como buena latina que soy entablo mejores amistades con gente latina.

- Eso es un poco clasista, ¿no te parece? –Respondió Lancaster entre carcajadas.

- Es realista, y te lo digo porque he vivido mucho tiempo en Europa.

Lancaster no había pasado por alto el físico de Mariela. A pesar de su escasa estatura tenía una mirada provocadora y una sonrisa realmente embaucadora. "Vamos, que estaba buena", como diría su amigo Neill. Y aunque Lancaster trataba de mantener a raya sus instintos más primarios, no pudo evitar inspeccionar discretamente los sobresalientes atributos físicos de la que podría ser su futura compañera.

- ¿A qué hora has quedado con Edgar? –Preguntó Mariela con total indiscreción.

- Dentro de quince minutos.

- Entonces le pillarás de buen humor. No es mala hora para verle, porque aún no ha discutido ni con los clientes ni con los técnicos.

- ¿Y tú eres…? –Preguntó Lancaster con la misma indiscreción de su nueva amiga.

- Restauradora, aunque en esta empresa te darás cuenta de que valemos para todo.

- Bueno, eso dependerá de lo que nos pidan hacer, digo yo –Comentó Lancaster mientras daba un sorbo al café.

Y prosiguió él mismo la conversación.

- ¿Y te graduaste en Argentina? Perdóname pero no conozco cómo son las universidades por allí…

- Tranquilo, no te preocupes. Allí la Universidad de Buenos Aires es la más populosa, pero a mí me gusta mucho más la de La Plata. De todas formas debo decirte que me gradué en la Escuela de Restauración de Venecia.

- Bueno, eso son palabras mayores. ¿Y llevas mucho tiempo trabajando en Method?

- Un par de años nada más. Somos dos restauradores en la empresa y no nos falta trabajo.

- Eso está bien… ¿Y qué más cosas puedes contarme de la empresa?

- ¿Qué pretendes? ¿Quieres hablar con el jefe contando con información privilegiada? Eso es trampa, Lancaster –Respondió la restauradora entre risas contagiosas.

- ¡Para nada! Es sólo curiosidad innata –Replicó Lancaster también entre risas.

- Bueno, bueno… Pues paga y tira para la oficina, que al final entre tanta tontería llegas tarde.

Por el camino hacia la oficina Mariela le confesó a Lancaster que Edgar Bowman se había empeñado en que el trabajo del arqueólogo debía estar siempre complementado por un buen trabajo de restauración.

- Esa es una gran decisión, y muy acertada, creo yo.

- Sin duda alguna, Lancaster. Si yo te contase la cantidad de barbaridades que se han hecho por donde he trabajado.

- No hace falta que me cuentes, porque yo también he sido testigo de varias atrocidades. De todas formas la gente no es consciente de que detrás de una pieza expuesta hay un gran trabajo vuestro.

- Eso se lo tienes que decir a la administración, entre otros…

A medio camino Lancaster no pudo aguantarse y le hizo la gran pregunta a su nueva amiga.

- ¿Te puedo hacer una pregunta?

- Si no es muy difícil y no es de fútbol, puedes hacerla.

- ¿Es sostenible nuestro trabajo en este ambiente de capital privado?

No me malinterpretes, no hay maldad en mi pregunta, pero me muestro aún escéptico.

- Mira, yo por lo que he visto aquí, las cosas se hacen con bastante coherencia y cabeza. No se si hay trapicheos, te lo juro. Pero en lo que a mí respecta esto es un trabajo en equipo y se respeta el trabajo de cada uno. Y por lo que respecta a las empresas, el que brega con jefes de obra, directores y técnicos de todo tipo es Edgar, y sólo Edgar.

- Ya, eso está muy bien, pero… ¿tú qué crees?

- Yo sí creo en este sistema, hasta hoy.

La segunda vez que entró Lancaster en las oficinas de Method tuvo la misma sensación que la primera. La diferencia era que ya no estaba ese personaje a la entrada, cargando sacos. Tampoco estaban las cajas de materiales apiladas en la entrada, como tampoco estaba la administrativa en la recepción. No obstante Lancaster prefirió mantenerse en el recibidor, aunque Mariela insistió en que pasase al despacho de Edgar.

- Casi prefiero esperar, de verdad.

- En tal caso dame un minuto que le digo a Edgar que estas aquí.

- Perfecto, te lo agradezco.

Dando vueltas por el recibidor también tuvo tiempo de observar, un poco más tranquilo, la decoración del interior de la oficina. Si en la primera visita se percató bien de los despachos y de algunos trabajadores de la empresa, en esta segunda visita y con los nervios templados pudo ver varios certificados de calidad colgados por distintos puntos de las paredes. Algunos de esos certificados habían sido expedidos por las más importantes universidades como Yale, Oxford, Stanford, Sorbona o Karlsruhe. Además, completaban las paredes fotografías aéreas de yacimientos como Pompeya, Hierápolis o Tudmir. Un póster alargado de grandes proporciones de la Gran Muralla de China adornaba el vano de la doble puerta del despacho de Edgar. Mientras un par de teléfonos sonaban constantemente en recepción también se percató el arqueólogo de la presencia de varias impresoras y faxes en uno de los despachos.

- ¡Lancaster! Pasa por aquí…

Edgar había aparecido no de su despacho, sino de una de las habitaciones que quedaba a la derecha. En ese espacio era donde se encontraban trabajando varias personas en diferentes proyectos. Así, después de estar tranquilo en el recibidor, el trayecto entre este punto y el despacho de Edgar se le hizo mucho más largo y tenso que en la primera visita. Lancaster tenía clara su respuesta, pero el hecho de que Edgar le esperase en la misma puerta, y el hecho de haber recabado tanta y tan variada información sobre su futuro, le había generado una situación de tensión inaguantable, tanto que incluso tras terminar la entrevista aún desconocía la decoración del susodicho pasillo. Sólo sabía que el suelo estaba forrado con una moqueta de color marrón, ligeramente desgastada por el centro. Una vez dentro del despacho, Bowman procedió a llevar a cabo el mismo protocolo que en la primera visita de Lancaster. Sacó su silla de detrás del escritorio y se sentó en frente de la silla de su invitado. Todo este devenir de dudas y nervios llegaba a su final.

- Perdona que no te haya recibido nadie, pero Anne se ha cogido el día.

- No te preocupes, tranquilo.

- Bueno, pues estamos aquí después de dos días. Antes de que me digas nada quería preguntarte una cosa.

- Adelante, dispara.

- Vamos a ver. Un doctor como tú, que en poco tiempo podría estar dando clases en la universidad, con publicaciones y estancias en el extranjero, ¿por qué quiere acabar aquí, trabajando en la arqueología de empresa?

La pregunta de Bowman desconcertó definitivamente a Lancaster. No tenía ni idea del por qué de la pregunta. Tal vez Neill habló con Catania. Y éste a su vez le transmitió a Edgar las dudas de Lancaster. O quizá fuese la Dra. Lyan, y de ahí su interés por saber si le mandaban a algún sitio en concreto. Hasta sería posible que la misma Mariela le hubiese dicho a Edgar que Lancaster dudaba de la fiabilidad del sistema. En condiciones normales Lancaster le habría contestado lo que realmente piensa, que necesita seguir investigando y que la situación en las universidades no es la idónea. Pero ante tanta presión no sabía si responderle que su sueño era acabar en Method, que no le quedaba más remedio que acudir a este sector del negocio, a pesar de los consejos de la Dra. Lyan, o que la investigación le importaba un pimiento pero que necesitaba el dinero para sobrevivir.

- La verdad, Edgar, es que no tengo ni idea de qué contestarte… -Respondió Lancaster entre balbuceos.

- Jajaja, perfecto, eso era lo que quería escuchar. Sabes, aquí entra gente que me cuenta unos argumentos de por qué quieren entrar en Method, dignos de película de Hollywood.

- Pues te digo la verdad. Estoy tan tenso que se me han olvidado hasta mis apellidos…

- No te preocupes, que a eso te puedo ayudar yo. Sólo necesito saber tu respuesta a la oferta que te hice –Preguntó Bowman acercándose a medio palmo de Lancaster.

- Pues mi respuesta es que sí, Edgar. Acepto.

- En tal caso, Dr. Williams, bienvenido a Method. Déjame que te enseñe la que va a ser tu segunda casa.

Ya mucho más calmado, Lancaster salió por la puerta del despacho de Bowman por detrás de él. El primer giro a la derecha les daba acceso a la sección de Proyectos, esa sección que veía Lancaster desde el recibidor a duras penas. Ahora sí podía ver completamente el espacio que ocupaban varios ordenadores y trabajadores.

- Estos personajes que dicen que trabajan son Stefan Kuyt, Andrew Carroll y Jackson Simons, arqueólogos todos y miembros del departamento de proyectos. Se encargan de hacer vigilancias, redactar proyectos y documentar los restos que aparecen.

- Mucho gusto en conoceros –Saludó Lancaster uno a uno.

- Tu sitio estará aquí con ellos, en concreto tendrás este puesto, aunque estarás más tiempo en la obra que por aquí.

Como los nervios ya habían desaparecido, a Lancaster le parecía todo perfecto, incluso una especie de planta que trataba de adornar la habitación. Los ordenadores estaban dispuestos a lo largo de tres de las cuatro paredes, dando los trabajadores la espalda al centro de la sala donde se situaba una mesa redonda. En las paredes, a medio metro de altura de los ordenadores, se situaban las estanterías con libros, cuadernos y carpetas repletas de documentación de las obras. Cada una de ellas tenía una etiqueta con las referencias de la obra y los directores. En una cuarta pared se situaban dos impresoras y un fax, junto a la salida. En los pocos huecos de la habitación estaban colocados otros certificados similares a los que se encontraban en el recibidor. En total había siete ordenadores para cuatro personas. Lancaster intuyó entonces que la plantilla de Method debió ser mayor no hacía mucho tiempo. Por debajo de los escritorios se situaban varios muebles de cajones, que correspondían a cada trabajador. Stefan se situaba el primero y a su derecha quedaban Andrew y Jackson respectivamente.

- Ven, sigamos con la visita –Le dijo Bowman a Lancaster cogiéndole del brazo.

La entrada en la habitación que quedaba a la izquierda del despacho de Bowman se produjo tras un pequeño incidente. Al entrar ambos en la sala chocaron de bruces con Elle Alexanderson, provocando que perdiese el equilibrio y que precipitase al suelo un cuenco repleto de agua.

- ¡Cuidado, por dios! –Reprendió Elle a los dos arqueólogos.

- Perdona, Elle, no te vimos salir. Mira, te quería presentar a este nuevo compañero...

- Vale, vale, encantada. Si no te importa luego nos contamos la vida, que tengo mucho trabajo –Respondió Alexanderson con bastante brusquedad.

- Elle Alexanderson, restauradora y como puedes observar, todo un encanto —Bromeó Bowman mientras se alejaba Elle a toda prisa.

- Creo que Mariela no necesita presentación, ¿verdad?

- En absoluto, ya he tenido el gusto.

Al fondo de esta sala se encontraba un mostrador de gran envergadura, que abarcaba todo el ancho de la sala. En él trabajaban las restauradoras. Contaban para ello con una pila de agua, un microscopio y varios aparatos de precisión, así como tres baldas sobre el mostrador con tarros de productos químicos. Mariela se situaba en un extremo mientras que Elle se colocaba en el otro. Se encontraban limpiando varias piezas de metal y cerámica. Lancaster seguía encantado con lo que estaba viendo. Le gustaba todo, incluso pasó desapercibido el gesto feo de Elle a la entrada de la sala. Mariela por su parte mantenía el mismo aspecto físico incluso con la bata de trabajo. En un lateral quedaba un compañero más que aún no conocía Lancaster.

- Mira, Lancaster. Quiero presentarte a una de las joyas de la corona, Lewis Cooper, nuestro geólogo.

- Es un placer, Lewis.

- Bienvenido a nuestra humilde morada, y mucha suerte en esta casa de gente chiflada.

- Lewis, me gustaría que te quedases con Lancaster y que le explicases los detalles de la obra. También explícale cómo funciona esto de los permisos y enséñale lo que queda de la oficina, que yo tengo una reunión en media hora.

- Eso está hecho… -Respondió el geólogo.

Tras esta conversación con Lewis, Edgar cogió del hombro a Lancaster y se lo llevó al extremo de la sala.

- Esto es todo lo que te voy a pedir a partir de ahora, Lancaster. Quiero sinceridad, quiero madurez y quiero seriedad en el trabajo. No somos máquinas pero sí quiero gente que le guste la arqueología. Y sobre todo, ante todo te pido, que si tienes algún problema alguna vez, me lo cuentas.

- Por supuesto, Edgar. Y ante todo gracias por darme esta oportunidad.

- Aprovéchala, Lancaster. Te pido eso y lo de antes también.

Tras estas palabras, Edgar le dio una palmada en la espalda a Lancaster y salió de la sala, dejando a Lancaster ensimismado con las instalaciones. Lewis tenía su ordenador en un lateral de la sala. Sobre su cabeza se levantaba un mueble-estantería con varios libros de geología, así como una colección muy completa de mapas geológicos. Adornando las esquinas de las baldas destacaban varios bloques de yesos, calizas, granitos y algún que otro trilobite. Frente al geólogo y disimulando el gotelé, se encontraba un póster de Metallica y otro de Duke Ellington. Lewis Cooper era geólogo desde hacía más de veinte años. Por su aspecto jamás habría supuesto Lancaster que se trataba de un geólogo reputado. De melena canosa hasta los hombros y gran calvicie en el centro del cráneo, Cooper ya había acariciado la fama gracias al rock. Sus actuaciones con algunos grupos de primera línea le habían valido un gran renombre en el mundo de la música. Durante años había afinado su arte con la guitarra, mientras compensaba su trayectoria laboral con una tesis doctoral de alto nivel.

- Aquí las cosas son sencillas, no te estreses. Sobre todo pregunta, chico, pregunta todo lo que necesites saber.

- Tranquilo, Lewis, dalo por hecho.

- ¿Más tranquilo, guapo? –Preguntó de repente Mariela dejando su instrumental sobre la encimera.

- Sí, la verdad es que ya estoy un poco más relajado.

- ¿Cuándo os han dicho que empezáis? –Volvió a preguntar la restauradora.

-Aún no hay una fecha exacta, pero supongo que en un par de días o tres podremos empezar la guerra –Respondió el geólogo.

- ¡Ah!, ¿pero vamos a estar juntos en la obra? –Preguntó Lancaster con total inocencia.

- Naturalmente, chaval. ¿O crees que te vas a librar de mí ya de primeras?

- No, no, si lo pregunto porque no sé nada de nada sobre la obra, ni lo que tengo que hacer, ni cuánto tiempo, ni lo que debo llevar…

- Tú no te preocupes que ya te pondré al tanto de todo lo que tienes que llevar. Además nos vamos a ir todos a desayunar, que ya es hora. Mariela, pregúntale a tu amable compañera si quiere venirse, que yo saco de los pelos a los tres fantásticos –Concluyó Lewis tras coger su chaqueta.

Era obvio que los tres fantásticos eran Stefan, Jackson y Andrew. Los tres ya se encontraban fuera de la oficina esperando al resto. De camino a la cafetería, Lancaster tuvo ocasión de entablar una interesante conversación con Stefan y Jackson. El primero era natural de Ámsterdam. Llevaba seis años en Method y durante ese tiempo se había ganado el afecto de Bowman. Además de llevar el control arqueológico de una línea de ferrocarril, le encargaban el estudio del material de época romana, medieval y de conflictos bélicos. Era un tipo muy discreto pero de conversación agradable. Se había graduado en la universidad de Leiden para después pasar varios años trabajando en campos de trabajo de Alsacia, excavando yacimientos de la Edad de Hierro centroeuropea.

Por su parte, Jackson era natural de un pequeño pueblo de Ohio. Con apenas catorce años se mudó a Palo Alto, en California, para finalmente graduarse en Humanidades en la universidad de Stanford. Su especialidad eran las culturas mesoamericanas, aunque tras pasar una temporada en Alemania se decantó por profundizar en las grandes guerras europeas.

- ¿Llevas mucho en esta empresa?

- Lo suficiente como para saber que esto no es sostenible.

Mientras tomaban café en una cafetería próxima a las oficinas de Method, Lancaster tuvo ocasión de escuchar las primeras voces discordantes con el sistema "empresa-capital", voces que procedían, ni más ni menos, de un trabajador contratado. Antes de seguir con la conversación se aseguraron de que contaban con la discreción necesaria. Al fondo del local Lewis charlaba distendidamente con Elle, Mariela y Andrew.

- Imagino que antes de dar el paso habrías hablado con bastante gente sobre lo que debes o no hacer… -Preguntó Jackson a su nuevo compañero, mientras troceaba un bollo en varias partes.

- Pues si, no se cómo has llegado a esa conclusión, pero si –Respondió Lancaster sorprendido.

- Todos hicimos lo mismo, chico –Volvió a contestar Jackson entre carcajadas.

No tenían demasiado tiempo para conversar sobre el tema, porque los trabajadores de Method tenían apenas quince minutos para el descanso del desayuno. Lancaster quiso saber a qué se refería Jackson cuando dijo que ya había visto lo necesario. En cuanto a Stefan no había problema en que escuchase la opinión de Jackson. Entre ambos existía una gran confianza. El propio Stefan había pasado por una mala experiencia con Method hacía unos años.

- Imagina esta situación. A una empresa que apenas consigue contratos le encargan un trabajo bien remunerado. Sus arqueólogos tienen que vigilar los desmontes para levantar un edificio que, casualmente, será la sede central de la constructora. Hasta aquí todo bien, ¿no?

- Si, comprendido por ahora –Respondió Lancaster, muy interesado en lo que estaba contando Jackson.

- Pues bien, todo marcha fenomenalmente. Incluso la constructora se compromete a adjudicarle a la empresa otro trabajo en un futuro. Todo idílico, ¿verdad? Bueno, pues resulta que a falta de un mes para concluir la obra, ¿adivinas lo que sucede?

- Ni idea. ¿Rompen con el contrato?

- Frío, frío… Mosaicos, muros, cerámica a espuertas…

- ¡Un yacimiento! –Gritó Lancaster de forma inconsciente.

- Sí, y no un yacimiento normal. De época romana, un asentamiento con complejo termal incluido. Vamos, un pelotazo…

- Bueno, pero en ese caso no hay discusión –Dijo Lancaster.

- No, no hubo discusión… -Reflexionó Stefan, quien se había mantenido en silencio durante toda la conversación.

Tras un corto silencio que aprovechó Jackson para dar el último sorbo a su café, prosiguió su argumento.

- Efectivamente, nadie discutió lo que había que hacer. No lo discutió la constructora, ni la empresa contratada, ni siquiera los técnicos de la administración. Se tomaron cotas topográficas y prosiguieron las máquinas con su trabajo –Concluyó Jackson.

Lancaster, que en ese momento se disponía a terminar también su café, se quedó pasmado, con la taza suspendida a dos centímetros de su boca entreabierta. Dejando su taza nuevamente en el plato no podía creer lo que estaba escuchando.

- ¿Me estáis diciendo que se permitió su demolición sin apenas documentar los restos encontrados? –Preguntó Lancaster con perplejidad.

- Pues sí, eso es lo que te estoy diciendo.

- No me lo creo.

- Pues créetelo. Ni siquiera llegaron a comunicar los restos. La administración sabía que había algo pero se fió del criterio de la empresa que hacía el seguimiento. Y naturalmente para ésta, no había nada destacable.

- ¿Nada destacable? ¿Y los restos? ¿Qué hicieron con los restos? ¿Qué hicieron con los materiales? ¿Qué dijo la constructora?

- ¿Qué va a decir la constructora? Nada. Vamos a ver, si es muy fácil. Los arqueólogos se vendieron. Localizaron unos restos que habrían supuesto la paralización de la obra pero no lo hicieron. ¿Por qué? Porque habrían puesto en peligro el contrato de la obra siguiente. Se reunieron unos y otros y decidieron que los restos no eran importantes. Los técnicos de la administración sólo tuvieron que escuchar la conclusión del director.

- ¿Y el director, qué tiene que decir de todo esto? –Preguntó Lancaster con indignación.

- Nada. Simplemente dijo que a su criterio no había ningún resto susceptible de ser recuperado.

- Sólo una pregunta, y por favor sed sinceros, ¿esa empresa era Method?

Ni Stefan ni Jackson contestaron. Tan sólo se limitaron a mirarse y a pagar las consumiciones. Al segundo de hacerlo Jackson respondió a Lancaster.

- No. Method no era la empresa implicada.

- ¿Y puedo saber su nombre? –Volvió a preguntar Lancaster.

- Creo que para tu primer día ya has tenido muchas emociones –Comentó Stefan con una sonrisa.

De camino a la oficina Lancaster no podía dejar de pensar en lo que había hablado con Jackson y Stefan. Empezó a hacer algo que no quería hacer, y era pensar si se había equivocado en su decisión de embarcarse en la nave de Method. Era una de las cosas que quería evitar a toda costa, ya que podría influir en su motivación personal y en el resultado de su trabajo. Pensaba en muchas personas. Pensaba en Anthony Malley y su negocio que tantas veces había criticado. Pensaba en Henry Catania, tal vez uno de los implicados en tan deleznable actuación. Incluso pensaba en la Dra. Irving, la profesora que tantas veces le había insistido en que el sistema de las empresas de arqueología no funciona.

Mientras caminaba junto a Lewis, Jackson se le acercó por detrás y viendo que estaba muy pensativo le cogió del brazo para decirle una sola cosa:

- Tranquilízate, que no todo el mundo es así, pero deberás estar preparado para cualquier cosa.

III. Comienzan las obras

Al final Cooper tenía razón. Después de tres días de tensa espera Edgar llamó a Lancaster para comunicarle que la obra comenzaba y que tendría que prepararse. Lo primero que tenía que hacer era volver a las oficinas de Method para firmar varios papeles, entre otros su contrato laboral y el proyecto que debían entregar en la Dirección General. Además, Lancaster tendría que saber algunos datos como por ejemplo las características de la obra, la duración y los posibles yacimientos que pudiesen estar afectados.

Después de arreglar los papeles Bowman se reunió con Lancaster y con Cooper, a fin de poner en común los problemas que pudiesen surgir y para hacer una lectura de la obra. Se trataba de una nueva carretera que enlazaba la interestatal con varias poblaciones en auge demográfico. El proyecto estaba financiado por el Estado, pero casi todas las competencias recaían sobre administraciones menores. La constructora era una de las mayores del país y había tenido que bregar durante más de un año para conseguir el contrato. Casualmente Edgar mantenía una buena relación con algunos consejeros. No obstante Method tuvo que seguir los cauces habituales de contratación, rebajando cuantiosamente el presupuesto hasta que finalmente le adjudicaron el proyecto. La carretera seguía el mismo trayecto que un pequeño cauce fluvial, encajado en un amplio valle con explotaciones agrícolas a ambos lados del río. Por la parte alta del valle abundaban los bosques de pequeño tamaño. La obra afectaba tanto a la parte alta del valle como a la baja. Por abajo discurría la carretera mientras que por la parte de arriba quedaban proyectadas las salidas y las variantes. En conjunto, los trabajos de desmontes eran bastante abundantes.

Una vez terminada la charla con Bowman, Lewis había quedado con Lancaster al día siguiente para ir a la obra y para presentarse al personal. Las instrucciones que le habían dado al arqueólogo eran bastante claras. El control arqueológico de los movimientos de tierra consistía en controlar de forma más o menos regular a la maquinaria que se dedicase a extraer, remover, desplazar o aportar tierras, sea cual fuere su naturaleza, procedencia o destino. Eso suponía varios aspectos que el arqueólogo debía de tener claro. Por un lado tendría que estar en constante comunicación con los miembros directivos y ejecutivos de la obra, principalmente con el jefe de obra, los jefes de producción y con el responsable de Medio Ambiente, ya que la arqueología estaba dentro del mismo módulo de ejecución que la vigilancia medio ambiental.

Por otro lado Lancaster debía conocer también las características geológicas y topográficas de la zona de actuación. Para eso ya había recibido una buena lección de Lewis Cooper. Cooper tenía el propósito de ayudar a Lancaster en todo lo referente a la geología de la obra, ya que para éste era primordial conocer las características del sedimento que iba a ser afectado. Este asunto se lo había dejado bien claro a Bowman antes de firmar el contrato.

Al día siguiente habían quedado en una céntrica plaza del centro de la ciudad. Cooper vivía por la zona. La obra estaba a unos treinta kilómetros a las afueras.

- Aquí no hay mucha complicación, ya lo verás.

- Define complicación, Lewis –Respondió Lancaster con tono sarcástico.

- Nada, simplemente si ves que aparecen gravas a menos de medio metro de la superficie, ¡alerta roja, amigo! Por debajo de los dos metros te encontrarás de todo, arcillas, limos y demás guarrerías geológicas de las que no tendrás que preocuparte. Y si la tierra por encima de metro y medio es muy oscura es que alguien se ha desprendido de la mierda de su casa –Explicó Cooper.

- Sabes, es la mejor descripción estratigráfica que me han dado en la vida. ¿Qué haces aquí y no dando clases en la universidad?

Finalmente llegaron a la entrada de la obra. El trayecto se había hecho muy corto. Lancaster le había contado al geólogo la historia de la tienda que regentaba su padre. Mientras Lewis le había dado toda una lección sobre la evolución del jazz en Nueva Orleans. Las casetas estaban junto a la entrada, en donde se erigía una garita de control. El aspecto del paisaje era bastante descuidado, con algunos edificios derruidos a los lados de la actual carretera comarcal. El objetivo de la nueva carretera era mejorar el tránsito de los vehículos y facilitar el acceso de las poblaciones a la nueva autovía del estado, que recorría el país de Norte a Sur.

Ambos bajaron de la furgoneta que le había facilitado Method a Lewis, y se dispusieron a dar un corto paseo por los alrededores del punto de inicio de la obra. Lancaster ya iba ataviado con ropa de campo y un gorro de tela. Por su parte, embutido en una chupa de cuero bastante corroída por el sol, pantalones de camuflaje y botas de montaña, Lewis se movía por las cumbres laterales como pez en el agua. Desde fuera se veía a un geólogo que disfrutaba como un niño con las imperfecciones geológicas. No dejaba de deleitarse con las dolomías y con las facies que inundaban ese paisaje. Lejos de aparentar un animal dócil su voz era suave y profunda. Nadie diría que esa voz dulce estaba encerrada en el cuerpo de un hombre que se había atrevido a subir los Montes Dolomitas en bicicleta y que, sin éxito, trató de coronar el lago Tsomgo Sikkim en el Himalaya. Y naturalmente nadie se atrevería a decir que ese hombre era un verdadero mito del rock…

- Por parte de la constructora creo que vamos a ser los animales exóticos de la obra, ¿me entiendes? No supondremos ningún problema hasta que no encontremos algo que a ellos les suponga un problema. Es como tener una cacatúa… muy bonita y muy graciosa, pero algo repugnante cuando se trata de recoger los excrementos –Confesaba el geólogo mientras subían por una de las laderas.

- De todas formas, Lewis, nosotros sólo hacemos cumplir la ley.

- Alma de cántaro… -Reflexionó el geólogo tras escuchar a su compañero.

Y prosiguió Lancaster.

- A ver, quiero pensar que ellos ya tienen en cuenta que podría pasar algo.

- Del dicho al hecho hay un trecho, Lancaster.

- Ya, claro, pero algo similar les podría pasar, por ejemplo, con la seguridad en obra. Tienen que tener a los vigilantes porque así lo impone la ley, pero si hay algún accidente, pues tendrán que acatar los reglamentos, digo yo.

- ¡Sí, sí! Pero si un carpintero se corta y se le pone una venda. Si un obrero se abre la cabeza se le manda al hospital. Incluso si la "palma" alguien, quiera Dios que no, el seguro empapela al jefe de obra, pero la obra sigue adelante con otro jefe de obra. Ahora bien, ¿y si aparece aquí un resto de esos de los que te cagas encima? Imagínate la escena como te la cuento: tú paras la obra, aquí viene todo el mundo, se paralizan las máquinas y se detiene la ejecución. Sin embargo el jefe de obra sigue en su puesto, ahí, postrado en su despacho pendiente de ti y de tus movimientos, de lo que haces y de lo que no haces, de tus fallos, al acecho de tu imagen…

- Lewis, me estás acongojando –Dijo Lancaster no sin soltar una sonora risotada.

- ¡Esto es una jungla, amigo mío! Y las fieras son peligrosas. Ándate con ojo y desconfía de esta gente. Bueno, de ésta y de la administración…

Esa última frase había pesado como una losa. "¿Cómo podría ser posible que la administración no se pusiese de mi parte? ¡Pero si dependo de ellos!", pensaba el arqueólogo mientras regresaba al vehículo de Cooper. Mientras Lancaster arreglaba unos papeles en las oficinas de la obra Lewis aprovecharía para cargar de combustible la furgoneta. Habían quedado después para desayunar. El geólogo tenía que revisar unos cortes geológicos mientras que Lancaster ya tenía trabajo en el inicio de la obra, junto a la entrada. La maquinaria había comenzado al Sur, cerca de unos farallones muy machacados por unas canteras. Allí debía encontrarse con la máquina para supervisar el inicio de los desmontes. Al principio la excavación comenzaba con una pequeña extracción de poco más de medio metro, pero al rato ese cajeado se convertía en un gran desmonte de cinco metros de profundidad.

La primera observación de Lancaster era obvia: "si el cazo extrae más de cinco metros cúbicos en cada cazada, ¿cómo puñetas voy a ver el material arqueológico?" Gran pregunta teniendo en cuenta que a ese cazo se le unirían en un futuro otros seis cazos más, correspondientes a seis máquinas trabajando al mismo tiempo en varios tajos. Con el tiempo Lancaster iría aprendiendo los trasiegos de la obra, así como algunos conceptos clave. A las máquinas llamadas giratorias se les unían unas segundas llamadas moto-niveladoras, las cuales retiraban unos veinte centímetros de profundidad por tres metros de largo gracias a uña que tiene cada máquina.

Por lo tanto el ejército de destrucción lo componían las máquinas giratorias, las moto-niveladoras y lo completaban los soldados de infantería: las mixtas. Estas máquinas contaban con un brazo articulado que zanjea poco más de ochenta centímetros de ancho, eso sí, a una velocidad realmente endiablada. Si alguien juntaba a cinco de esos bichos en línea te podías olvidar del paisaje original... Finalmente y a la par que se iban terminando las extracciones se ejecutaban los hormigones, sin apenas tener tiempo de observar los perfiles y el fondo de las zanjas. En resumen, era una guerra total.

El control arqueológico también supone para el técnico del seguimiento conocer a la perfección las diferentes ejecuciones que se tienen previstas. Este objetivo sólo se consigue si se conoce bien el proyecto. La planimetría y los datos de obra los debe aportar la constructora, quien a su vez debe informar al técnico de la planificación prevista para los movimientos de tierra. A cambio, el arqueólogo deberá respetar las normas de seguridad y acatar las órdenes que le remitan los jefes de producción. Al fin y al cabo se trata de un recinto restringido en el que se ejecutan trabajos que en muchos casos acarrean un alto riesgo. En cualquier caso Lancaster, como técnico de seguimiento, dependía directamente del director de la intervención, que en ese caso era Bowman.

***

- ¿Qué, sale algo?

- ¿Perdón?

- ¡Que si sale alguna cosa, hombre!

Por la parte posterior de la maquina que estaba vigilando Lancaster había salido un personaje de escasa estatura pero fornido como un tronco de roble. Totalmente calvo y masticando un palillo de gran tamaño, se había puesto junto al arqueólogo sin que éste se percatase de su presencia.

- Pues no sale nada, la verdad. Pero bueno, aquí estamos pasando el rato –Respondió Lancaster con humor.

- Chico, pues para estar aquí pasando el rato, ¿no sería mejor estar en el bar acompañado de un buen puñado de cervezas?

- Pues no te diría que no. Por cierto, soy Lancaster, el arqueólogo de la obra.

- Mucho gusto. Yo soy Hammer, el encargado de la maquinaria. Ya sabía que eras el "arcólogo". Bueno, lo sabía yo y creo que el resto del personal.

- Arqueólogo, Hammer, el arqueólogo.

- ¡Pues eso, el que mira las piedras! –Respondió Hammer a carcajada suelta.

A Lancaster no le pareció mal tipo el tal Hammer, salvo por el aliento que desprendía, semejante a una agria mezcla de vino avinagrado y de madera humedecida, procedente de su palillo. Vestía un mono de trabajo colmado de manchas de grasa y unas botas cuya puntera estaba destrozada. Entablaron una larga conversación sobre muchos temas, aunque el más enriquecedor fue cuando Lancaster intentó explicarle el por qué de su trabajo y el por qué de la importancia de recuperar y conservar los vestigios del pasado.

- Pero vamos a ver, chaval. ¿Me estas diciendo que el viejo molino de mi abuelo, que heredó de su padre, es un resto de esos que llamas "arcotógicos"? –Rreguntó el obrero con cara de sorpresa.

- Sí, eso mismo te digo.

- ¡Pero si está "destartalao"! Qué cosas me dices... -Espetó el maquinista entre carcajadas.

- Sé que es difícil de entender, pero piensa que las generaciones futuras tienen derecho a saber cómo se hacían cosas tan básicas como el pan, el aceite, el...

- Ya, ya, si eso está muy bien. Hombre, el molino de mis abuelos debe ser muy antiguo. Por lo menos tiene cien años, vamos, ¡de los "árabes" como mínimo!

Lancaster comenzó a tener un ataque de risa tras escuchar las barbaridades que decía el bueno de Hammer. Y continuó hablando el operario.

- Hace unos años coincidí con otro "arcólogo" como tú, en la construcción de un dique. Resulta que las máquinas encontraron unos huesos, que yo creo que eran de pollo. Bueno pues al final pararon ese tramo de la obra, vinieron unos tipejos como tú y se pusieron a escarbar en el sitio. ¡Y fíjate qué suerte tenían, que salían todos los huesos metidos en agujeros!

- Hammer, eso no es exactamente así –Confesó Lancaster mientras le caían lágrimas de risa.

- ¿Cómo que no? ¡Hay que tener un tino importante!. Y dime una cosa. Los tesoros que sacáis, ¿qué hacéis con ellos?

- Todos los restos arqueológicos los mandamos al museo. Nos lo impone la ley…

- ¿Todos? Me tomas el pelo. O sea que no te quedas con nada, ni con una moneda de oro ni con los anillos…

- Con nada de nada, Hammer. Además lo que sacamos suele ser cerámica, huesos, piedras… Ni oro, ni plata ni nada por el estilo –contestó Lancaster.

- ¡Anda ya! ¡Si vosotros estaréis forrados! –Insinuó Hammer mientras escupía su palillo desintegrado a masticadas.

- Tienes que creerme. Los tesoros ya no existen. Y si alguna vez apareciesen, ¡pues habría que cumplir la ley…!

- Vamos, no me hagas reír –Espetó Hammer sumido en carcajadas.

Pasado un rato Hammer tuvo que ausentarse para supervisar una de sus máquinas. Tras varias horas delante del punto de extracción Lancaster, pasó por diferentes momentos de locura pasajera, durante los cuales no fue capaz de reprimir la risa. En un par de cazadas le había parecido ver un gran trozo de teja. Sin embargo esa imagen le había durado menos de dos segundos, justo lo que el maquinista había tardado en descargar su cazo y volver a cargarlo nuevamente. Lancaster alargó el brazo como gesto de sorpresa y de atención, a la vez que veía cómo el presunto elemento volaba en varios pedazos y que se generaba un enorme agujero en su lugar de origen. Para mayor confusión del arqueólogo ésto sucedió unas seis veces más. Al final Lancaster creía ver huesos, cerámicas, muros y hasta una vaca dorada. Con un poco más de tiempo llegó a la determinación de que había visto caballitos de mar, un barco de dos mástiles y hasta al viejo Dr. Hoover, echándole la bronca…

- No ha salido nada pero me lo he pasado bomba viendo cómo mi labor no vale un carajo… -comentaba Lancaster con una larga sonrisa.

- Veo que ya te vas acostumbrando al ritmo de trabajo. Cuando lleves años en este negocio serás capaz de ver piezas a varios kilómetros. ¡Qué digo!, serás capaz de llamar con la mente al maquinista y hasta podrás comerte un bocadillo mientras delineas un plano –respondió el geólogo mientras daba un sorbo al café.

Entre risas y chismorreos varios apenas pudieron Lancaster y Cooper desayunar a un ritmo normal, sin atragantarse varias veces con las galletas. Mientras, contaba Cooper que su trabajo era quizá menos activo en obra. Debía revisar los perfiles cuando aún estaba la maquinaria trabajando. Entre sus obligaciones no estaba la de supervisar la maquinaria, salvo casos excepcionales. Sólo tenía que documentar la geología existente en la obra y tomar alguna muestra de sedimento. De todas formas el trabajo de ambos estaba muy relacionado, ya que en los pliegos y en el proyecto constructivo se incluía el trabajo de un arqueólogo y un geólogo.

Tras desayunar y volver al punto de extracción la situación había cambiado por completo. De las dos giratorias que había al principio sólo quedaba una, mientras que otra moto-niveladora se había puesto a trabajar por delante de la primera, abriendo por lo menos trescientos metros cuadrados en apenas una hora. "A este ritmo terminan la obra en dos semanas", pensaba mientras fotografiaba los montículos de tierra que generaba la máquina. El material de trabajo con el que contaba Lancaster se lo había aportado íntegramente la empresa: una cámara fotográfica, un casco, un chaleco, unas botas de seguridad y un teléfono móvil. El vehículo se lo iban a facilitar la semana siguiente. Mientras tanto tendrían que apañarse Lewis y él con una vieja furgoneta. No obstante para Lancaster todo esto era un auténtico lujo, ya que por desgracia no eran muchas las empresas que tenían ese tipo de detalles con sus trabajadores.

Pasaron los días y el arqueólogo se iba encontrando cada vez más cómodo en su nuevo trabajo. Todos los días recibía una llamada del director de la intervención y jefe, Bowman, para saber de primera mano cómo se estaba adaptando Lancaster y cómo iba la obra. Esos gestos eran bien considerados por el técnico.

- Mañana tienes tu furgoneta en la oficina. Dile a Lewis que te lleve durante el desayuno y ya la recoges.

- Gracias, Edgar. Allí estaré.

Tener vehículo de empresa era un lujo del que poca gente podía estar orgulloso. No obstante el aspecto del vehículo que le habían alquilado era muy inquietante. Era un coche todo-terreno que por extrañas circunstancias carecía de todos sus tapacubos. La mitad del revestimiento del volante había desaparecido. Media palanca de cambios quedaba colgando del mango, mientras que uno de los espejos retrovisores estaba reforzado con cinta de embalar. El exterior de la carrocería era un cuadro aparte. Apenas quedaban embellecedores en el chasis exterior, a la vez que algunos restos orgánicos pegados al capó completaban esa visión traumática que tuvo Lancaster. En cualquier caso, "a caballo regalado no le mires el diente", y para el arqueólogo era mejor tener eso que nada. Cada día tenía que recorrer no menos de ochenta kilómetros desde su casa hasta la obra. Y una vez dentro de la obra tenía que hacer las rutas necesarias para ver cada uno de los tajos activos. En cuanto al material informático, Bowman le había prometido un ordenador portátil.

Una bonita mañana y mientras observaba un desmonte recibió una llamada que le pilló por sorpresa.

- ¿Qué tal, amigo mío? ¿Cómo lo llevas?

- Me alegro saber de ti, Henry. Pues mira, por fortuna aún sigo vivo.

- Ya lo veo, ya…

Henry Catania había aprovechado un pequeño descanso en su trabajo. Actualmente Catania se encontraba vigilando las obras de dragado en la bahía del puerto militar. Llevaba no menos de siete meses en los que apenas había encontrado nada de interés, salvo un viejo Renault de hacía veinte años, hundido a tres metros de profundidad. Henry no estaba acostumbrado a llamar, no por falta de amistades, sino porque se consideraba un hombre más bien reservado y prudente. Pero con Lancaster estaba preocupado por ver cómo había sido su adaptación a un mundo laboral totalmente desconocido para él. Además Mac Allister ya se había encargado de informar al italiano sobre los nervios de su amigo y sobre sus dudas acerca de la rigurosidad de este campo. Neill remató la faena describiendo a Lancaster como un hombre que pierde los nervios fácilmente ante las adversidades.

- Neill exagera, Henry, te lo aseguro. Sí es verdad que todo esto es diferente con respecto a lo que yo conocía. De todas formas llevo muy poco tiempo aquí como para hacer un balance positivo o negativo. Pero vamos, creo que no me voy a aburrir… –Comentaba Lancaster en medio de un ensordecedor ruido de máquinas.

- ¿Aburrirte? No me hagas reír… De todas formas no bajes la guardia y no te confíes, ¿me escuchas? –Replicó Henry en tono más serio.

- ¡Tengo coche de empresa, Henry! ¿Qué te parece?

- Tremendo, has empezado fuerte, ¿eh?

- Bueno, la verdad es que me tienen en palmitos, eso no lo niego.

- Eso está bien. ¿Y la obra? ¿Qué tal es el jefe de obra?

- No le conozco todavía. A decir verdad no conozco a nadie en la obra, salvo a Cooper, mi compañero.

- ¿El viejo rockero es tu geólogo? Buena compañía. Pero tranquilo, que pronto empezarás a recibir visitas…

La charla entre ambos duro varios minutos. Mientras tanto Lancaster no dejaba de observar los movimientos de tierra de una moto-niveladora y de una giratoria. Ambas estaban trabajando en apenas cien metros cuadrados. En cualquier caso Catania no tardó mucho en cortar la llamada de Lancaster, consciente de que no debía distraerle en sus quehaceres. Tras finalizar la llamada, el arqueólogo decidió echar una ojeada al resto de la obra y a las zonas que aún no estaban afectadas por la maquinaria, a fin de asegurarse de que en la obra no se estaba realizando ninguna excavación no programada. Ese fue uno de los consejos más incisivos que le hizo en su momento Bowman: supervisar la obra de cabo a rabo, aun sin haber trabajo programado, con el objetivo de ir siempre por delante de las máquinas y adelantarse a los acontecimientos. Aunque los informes técnicos previos no especificaban ningún yacimiento afectado, siempre era mejor asegurarse dos veces.

***

- Puedes descargar las fotos en este ordenador y luego te explico lo que hay que hacer.

- Perfecto, gracias Andrews.

Después de haber desmontado más de veinte mil metros cúbicos de gravas y arcillas la constructora había decidido detener la maquinaria para empezar a "taludar" parte del terreno afectado. Eso significaba que una legión de camiones iba a volcar zahorras, gravas y arenas para crear lo que es la plataforma de la carretera. Para esa parte, Lancaster no era necesario…

Tras comunicarle a Bowman el estado de la obra, éste le pidió a Lancaster que regresase a la oficina para descargar las fotografías que había hecho durante los días pasados. Además las necesitaban, pues tenían que hacer el informe mensual que tanto la administración como la constructora les estaba solicitando.

- No tengo ni idea de cómo se hace ese informe.

- No te preocupes. Yo te explicaré cómo hacerlo, es muy sencillo.

Por culpa de un camión volcado a la entrada de la ciudad, Lancaster tardó cerca de dos horas en llegar a las oficinas de Method. Allí apenas había nadie, salvo Anne en la recepción, Elle en el laboratorio de restauración, Andrews y Cooper, que también había decidido abandonar el tedio de la obra. Bowman había tenido que acudir a una reunión con el Director General de Patrimonio, el Sr. Fellows. No obstante, antes de salir ya había dejado órdenes concretas. Le había encargado a Andrews que ayudase a Lancaster en la elaboración del informe mensual.

- En el informe tienes que adjuntar varias cosas. La primera es poner los antecedentes legales de la obra. Para esto puedes coger el capítulo correspondiente del proyecto inicial. Es un rollo pero hay que incluirlo –Le comentaba Andrews mientras manipulaba el nuevo ordenador de Lancaster.

- ¿Hace mucho que haces estos informes?

- Ya no recuerdo cuándo fue el primer informe que hice. De todas formas siempre es lo mismo. Sólo tienes que haber hecho bien el seguimiento y el resto es pan comido.

- ¿Y crees que estos informes los lee alguien?

- ¿Sinceramente? No lo creo… -Contestó Andrews bajando los ojos al teclado.

"Pues qué bien me siento", pensaba Lancaster mientras montaba fotos en el anejo del informe. Al parecer una de las partes más importantes del informe era el catálogo fotográfico que los arqueólogos debían incorporar a la descripción de los trabajos.

- Es la prueba irrefutable de que has hecho el seguimiento –Comentaba Andrews.

- Ya, ¿pero y si se lo encargo a alguien de la obra para que las haga?

Andrews giró su mirada hacia Lancaster, y lo cierto es que puso cara de poco amigos.

- No me malinterpretes, Andrews. Son dudas que tengo. Que haya fotos o no en el informe no creo que sea suficiente para saber si el técnico hace su trabajo o no. Además, ¿cómo saben que las fotos son de la obra, y no de otra?

- Mira, la verdad es que no me planteo las cosas que tú sí te estás planteando. Y creo que lo mejor que puedes hacer es trabajar como se te exige, hacer los informes como se tienen que hacer y no plantearte tantas cosas. Esto es así y punto –Respondió Andrews con cierto tono hostil.

Por unos segundos Lancaster se quedó bloqueado.

- Oye, que yo no pretendo dudar de la fiabilidad de estas cosas, ni pretendo molestarte con estas cuestiones.

- No lo dudo, pero es mejor que te adaptes a este sistema, porque no hay otra manera de trabajar –Comentó Andrews, mientras abandonaba el puesto de Lancaster.

Andrews había abandonado incluso la sala, a la vez que entraba en la misma Clarence Pettersen, el encargado del almacén de Method. Por sus manos pasaba todo el material arqueológico que la empresa recuperaba en los diferentes yacimientos, así como de los seguimientos de obra. Clarence se presentó a Lancaster el mismo día de la firma del contrato, eso sí, con mucha prisa, ya que tenía que cargar una furgoneta con material arqueológico destinado al museo provincial. En aquel momento no tuvieron mucho tiempo de charlar.

- Te falta una descripción de los trabajos que se han hecho –Dijo Pettersen tras mirar discretamente la pantalla de Lancaster.

- Ah, pues tienes razón. Es que me lo ha escrito Andrews en una hoja, pero su letra me resulta ilegible.

- No te preocupes. Ponlo antes de las fotos y luego el plano. Con eso es suficiente.

- Oye, te lo agradezco. ¿También te toca a ti hacer estos informes?

- No, yo sólo me encargo del material. Lo lavo, lo embolso, hago los inventarios y finalmente los embalo para mandarlos a los museos. Lo del informe es por lo que me cuentan Jackson y Stefan.

- Pensaba que sólo Andrews hacía los informes –Preguntó Lancaster con curiosidad.

- ¡Que va! Aquí a los técnicos os toca hacer de casi todo –Respondió Clarence con humor.

Tras terminar el informe y dejárselo en la mesa a Edgar, ambos fueron a tomar una cerveza antes de volver a casa. Resultaba que Clarence no era exactamente arqueólogo. Había trabajado durante su infancia en los almacenes de la Sala Crowners, una de las más selectas galerías de subasta de antigüedades del país. A lo largo de más de veinte años habían pasado por su mano obras de autores como Vermeer, Algardi, Mengs o Soroya, siendo el encargado no sólo de inventariar las obras, sino de almacenarlas con seguridad. Su trabajo en Method resultaba imprescindible. Desde su llegada a la empresa nunca había estado tan ordenado el almacén y, por supuesto, las entregas a los museos se habían hecho siempre con extrema puntualidad.

- A mí también me aprietan, no te creas… -Comentaba Clarence mientras sorbía su cerveza.

- ¿Y a quién no? –Le respondió Lancaster.

La fase final de cualquier intervención con presencia de materiales arqueológicos es el estudio de las piezas recuperadas. Dicho estudio incluye la limpieza, la restauración y el inventario. Éste es un listado de todas y cada una de las piezas cerámicas, óseas o metálicas, el cual debe ser entregado al museo correspondiente. Las piezas deben ir debidamente embolsadas, etiquetadas y embaladas.

- Oye Clarence, ¿alguna vez se han extraviado piezas desde que estás en Method...?

- ¿Piezas dices? ¡Jamás! Hemos llegado a extraviar cajas enteras... -Respondió Clarence entre risas.

Lancaster soltó una carcajada a la vez que sorbía su cerveza, con lo que provocó que ésta saliese disparada de su boca como si de un aspersor se tratase.

- ¿Lo dices en serio?

- Naturalmente. Y eso que Method no suele ser culpable de esos extravíos, es más bien la coincidencia de varias casualidades nefastas.

- ¿Y cómo os percatáis de esa falta?

- Normalmente es el museo quien nos dice que falta algo. Cada vez que llevamos material a sus almacenes comprueban que todo está en regla, comprobando que se corresponde lo que entregamos con el inventario.

- ¿Y si el inventario está erróneo?

- Entonces, amigo mío, es cuando te metes en un lío importante.

Durante más de dos horas Clarence y Lancaster estuvieron hablando sobre temas diversos. Trataron de evitar hablar de Method, y no fue complicado. Resulta que Clarence conocía a Marie Lyan, la tutora de tesis de Lancaster. Fue durante la preparación de una exposición de arte chino en la Sala Crowners cuando ambos se conocieron. La Dra. Lyan era la coordinadora de la exposición. Clarence, como responsable de los almacenes, tenía que preparar las piezas que iban a ser expuestas. Tras varios meses de organización ambos llegaron a entablar una buena amistad.

Día tras día el trabajo de vigilancia arqueológica se sucedía sin ningún percance destacable. Lancaster mataba el tedio diario con problemas habituales de una obra de esa envergadura. Por ejemplo, cierto día se desplomó una viga de ingentes proporciones sobre la plataforma de la carretera, afortunadamente sin causar ninguna víctima. Lo emocionante fue, por un lado, ser testigo del desplazamiento de una espectacular grúa para retirar el mamotreto, y la monumental bronca entre encargados y capataces sobre quién había tenido la culpa. Al final, el culpable fue el maquinista porque se había distraído observando de reojo las fotos de una revista de picante contenido. Otro día la emoción la puso un gamo de edad temprana, quien incauto se había colado en una zona de mucho personal de trabajo. El espectáculo comenzó cuando carpinteros y albañiles se empeñaron en cazar al animal con intención de cocinarlo con patatas. Naturalmente fueron incapaces de capturarlo, a la vez que recibían una nueva reprimenda de los capataces por abandonar sus puestos de trabajo. Al final todas estas anécdotas pasaban por la intervención de los capataces.

Por norma general el aspecto de estos personajes era de hombres de campo, rudos, de aspecto perjudicado y con una sonora voz ronca. En la obra había por lo menos siete capataces y tres encargados. Lancaster ya conocía a uno de los capataces, Hammer. Este tenía el aspecto de un enano del *Señor de los Anillos*. Sin embargo cuando se juntaban todos era como estar en otro planeta, o en otra dimensión, ya que era imposible entender una sola palabra de lo que se decían unos a otros. Tanto los operarios de la constructora como los trabajadores de las asistencias debían acudir a los capataces y a los encargados en caso de necesitar alguna cosa. Cada día Lancaster se reunía con Hammer para saber cuál era la previsión de los trabajos para el día. Por supuesto que era rara la ocasión en la que coincidiese la previsión con la realidad.

***

Al cabo de un mes Lancaster ya se había hecho al ritmo de trabajo de la obra. Los movimientos de tierra y los desmontes iban a muy buen ritmo. Gracias a una vehemente climatología la maquinaria podía transitar por la traza y por los terrenos colindantes. Así mismo, no había surgido ningún problema con las asistencias, no sólo por la arqueología sino también por el Medio Ambiente. La asistencia técnica, al igual que hacía Lancaster, recorría la obra inspeccionando que las cosas se hiciesen bien. La nueva carretera atravesaba tres arroyos potencialmente peligrosos en cuanto a aves acuáticas y, por lo tanto, debía haber cierto control. Esas eran las cosas que no gustaban a las constructoras. Así mismo, debían asegurarse que la constructora no hiciese barbaridades. En la plantilla había dos ornitólogos, dos agrónomos y un ingeniero industrial. Todos estaban encargados de controlar que las ejecuciones siguiesen los parámetros de la memoria, lo que producía encontronazos frecuentes con los encargados y con los jefes de producción. Era habitual encontrar a Günnar, un ornitólogo sueco de más de dos metros, discutir a grito pelado con algún maquinista que se había metido en alguna zona de puesta de huevos.

A la vez que se veían ambientalistas y biólogos, también se dejaban ver ingenieros de montes y forestales, pertenecientes a la asistencia técnica general. Este grupo coordinaba la actuación de la constructora con las distintas subcontratas, a fin de que la ejecución cumpliese con los requisitos del proyecto. Así, por ejemplo, no se podía poner cualquier tubo, sino los específicos del proyecto. Lo mismo sucedía con la piedra empleada, el hormigón o la distribución de aliviaderos y pozos. Las fijaciones de seguridad de la obra debían estar en su sitio, algo que vigilaban los coordinadores de seguridad y de lo que informaban luego a la asistencia técnica general. En principio Lancaster no tenía que informar a nadie que no fuese a Bowman, pero en un par de ocasiones la asistencia técnica le había solicitado información de su trabajo. Fue el propio Bowman el que le dio luz verde, ya que Lancaster sólo era el técnico de la vigilancia.

"Todo es surrealista". Cada día, Lancaster solía sentarse en un afloramiento de rocas junto a la obra para tomar el bocadillo. Mientras se relajaba tenía la ocasión de fijarse en la organización de la obra y en cómo funcionaban las personas que en ella trabajaban. Era en esos momentos cuando se acordaba de algunas sociedades antiguas que se articulaban por medio de pactos de fidelidad y hospicios. Por fin, en uno de esos momentos de relax, pudo ver al que era el jefe de obra. Sabía que era él pues se lo habían descrito. Además no era muy complicado, pues andaba rodeado de personas o conduciendo un formidable vehículo todo terreno. "Igualito que el mío", pensaba el arqueólogo mientras se reía al ver cómo el jefe de obra, metido en su templo sagrado motorizado, daba órdenes a los jefes de producción. Casi nunca salía de la oficina. Ésta se situaba en un punto intermedio de la obra.

En el segundo nivel de esta compleja sociedad estamental se encontraban los jefes de producción. Estos entraban y salían del recinto con sus coches de alta gama. Era gracioso, a la par que doloroso, ver cómo circulaban por una zona de piedras, maltratando sin piedad sus vehículos. En cualquier caso los jefes de producción corrían raudos a hablar con los encargados, los terceros del *ordo senatorial*. Sin duda iban equipados con vehículos más roñosos, pero más adaptados al terreno. Al contactar con los jefes de producción y, una vez hechos los gestos propios de la devotio, corrían despavoridos en busca de los capataces, los cuartos en el escalafón. Si el prototipo de los encargados de la obra era cómico, el de los capataces era simplemente dantesco. Desde su trono de berrocal, Lancaster era testigo de la función completa. Los capataces además solían compartir vehículo: tres o cuatro hombres de más de noventa kilos, embutidos en pequeñas furgonetas. Sólo imaginar la entrada y salida del coche resultaba grotesco. Gruñían con frecuencia y solían masticar palos de madera, cigarros u otros derivados y, por supuesto, habituaban golpear las capotas de los coches en pleno arrebato de furia. Los capataces buscaban como auténticos sabuesos a los peones, los últimos de la escala social y sin duda, los más perjudicados. Toda esta cadena de furia acumulada se termina concentrando en la numerosa plantilla de peones y oficiales, culpables siempre de los más simples y absurdos problemas. Carpinteros, albañiles o encofradores formaban el grueso de un orden social al más puro estilo del Alto Egipto. En cualquier caso, para el arqueólogo esas escenas eran mejores y más divertidas que cualquier programa de televisión.

Tras varias semanas de hastío, Lancaster recibió la visita de Bowman. Iba acompañado por Lewis Cooper, quien le había recogido a la entrada de la obra. Hay que recordar que Edgar tenía un coche de alta gama y, al contrario que otros personajes, no consentía destrozarlo al meterlo en la obra. Por otro lado había que "remolcarle a todos los lados", como comentaba Cooper en privado. Bowman había decidido visitar a Lancaster para valorar con sus propios ojos la evolución, tanto de la obra como del propio técnico, a pesar de que éste ya le había confesado varias veces que se encontraba muy a gusto.

- Buenos días muchacho. Ya veo que te has hecho a la perfección al puesto. Es más, me ha dicho Cooper que incluso has disfrutado. Ahora sólo te falta que me descubras el mosaico y partimos la pana –Comentaba Edgar mientras cogía a su pupilo del hombro.

- Va a estar algo complicado lo del mosaico, Edgar, pero haré lo que pueda –Contestó el arqueólogo esbozando una larga sonrisa.

- ¡Bueno, al menos sigues vivo! –Replicó Bowman seguido de una sonora carcajada.

"¿Vivo? Me conformo con que termine la obra y no me despeñe", pensaba para sí mismo Lancaster, mientras paseaba junto a Cooper y Bowman por la obra. De vez en cuando era bueno que los técnicos de campo explicasen a sus jefes el devenir de la obra, los plazos, los tajos más avanzados e incluso dónde se encontraba el mejor restaurante de la zona. Era una manera de demostrarle al director que no sólo estaba controlada la obra sino sus alrededores, sus entresijos. Muchos arqueólogos pensaban que entablar amistad con el personal de la obra era algo inútil e impropio de titulados superiores. Una completa chorrada en opinión de Lancaster, ya que el contacto con los capataces, con los encargados en incluso con los peones suponía una fuente de información muy valiosa. Para los detractores de esta comunicación sólo valía lo que el jefe de obra pudiera informar a los arqueólogos. A esas alturas Lancaster tenía claro que lo único que tenía validez era lo que le pudiese comunicar un currante de campo, y no un oficinista. Por aquel entonces Lancaster aún no conocía al jefe de obra, un tal Martins. Bowman si había tenido el gusto de conocerle en una de las reuniones de alto nivel.

En opinión del dueño de Method el jefe de obra era un individuo que sabía lo que quería. No obstante Lancaster sabía que había demasiadas incógnitas aún como para fiarse de un personaje que apenas había pisado la obra. Durante la vista de Edgar el recorrido por la traza se había desarrollado con rapidez, y aún así el director quería visitar algunas zonas complicadas. Saliendo de la obra y en sentido Sur, Bowman llevó a ambos a una plataforma natural, formada por afloramientos graníticos y desde la cual se podía divisar perfectamente buena parte del valle en el que se encontraban. A lo lejos la ciudad se ocultaba detrás de una calima generada por la contaminación y por el humo de un centenar de chimeneas que se habían arraigado al Este de la urbe. Abajo, a pocos metros de donde se encontraban, discurría la obra o, al menos lo que hasta ese momento habían excavado las máquinas, las cuales aparecían ante sus ojos como pequeños tanques de juguete, seguidos de cerca por una infantería formada por encofradores, soldadores y oficiales de primera. De repente, y como si su cuello quisiese actuar por su cuenta, Lancaster miró al suelo. Era como si un poder divino le hubiese obligado a mirar la superficie que estaba observando. Todo ese maravilloso paisaje que estaba ante sus ojos quedó en segundo plano cuanto observó que el suelo estaba invadido de fragmentos de cerámica, lítica y algún que otro hueso. Bowman les indicó que debían descender un poco por la colina. Después de tragar saliva y de evitar despeñarse tras un ligero tropiezo, Lancaster avisó a sus compañeros de lo que estaba viendo con perplejidad.

- Sí, sí, lo sé. Estamos sobre un depósito de material del Neolítico, ¿crees que estas cosas se me pueden pasar a mí? –Contestó Bowman mientras cogía varios fragmentos de industria lítica.

- ¡Pero Bowman, si hay más trozos de cerámica que matojos de tomillo! –Comentaba el joven arqueólogo mientras recogía también piezas del suelo.

La imagen de Lancaster era absolutamente cómica. Mientras cogía, una, dos y hasta cinco piezas de cerámica a la vez, tres de ellas se caían al suelo. En el intento de evitar perderlas Lancaster a punto estuvo de caer de cabeza loma abajo. Cooper tuvo que evitarlo en dos ocasiones, agarrando a su compañero del brazo. Y no sólo perdía las cerámicas que recogía, También se le iban cayendo las gafas, la cartera y hasta la libreta que guardaba en un bolsillo de su camisa. Sin percatarse de que perdía su equipación, Edgar iba por detrás recogiendo las cosas que perdía. Toda esta escena provocó que Cooper rompiese a reír a carcajadas, contagiando a su vez a Bowman. Finalmente y tras balbucear unas veinte frases sin sentido, Lancaster se acercó a su jefe para compartir con él una preocupación.

- ¡Pero si apenas hay veinte metros de este yacimiento a la traza de la obra! –espetó Lancaster mientras se aceleraba su pulso por momentos.

- ¿Veinte dices? No llega ni a diez… -aseveró Cooper desde lo lejos y sumido entre carcajadas.

Y prosiguió Lancaster tras mirar con desconcierto a Cooper.

- Vamos a ver… Pero vamos a ver… Edgar, que llevo aquí casi dos meses y no me habías dicho nada. No, no, ¡rectifico! Me dijiste que el yacimiento más cercano estaba a poco más de cinco kilómetros. Y hoy me traes aquí, y me dices que estas cosas no se te pueden pasar a ti. ¡Pero si las máquinas están a diez metros de este maremagno de material arqueológico…!

- ¡Qué dices de diez, a cinco metros, chaval! –replicaba Cooper desternillado de risa.

- ¡Cállate, joder! Escucha Edgar, yo soy nuevo en esto pero no me cabe en la cabeza que no se hayan previsto sondeos o desbroces en la zona de obra próxima al yacimiento. ¡Si esto está invadido de material! –terminaba Lancaster mirando alrededor como un poseído, y en tono casi de sollozo…

Mientras Cooper se retorcía de risa en el suelo, Bowman pensó que ya era el momento de terminar con el mal momento que estaba pasando su técnico.

- Cálmate, Lancaster... Yo sigo manteniendo que el yacimiento más cercano está a unos cinco kilómetros de la obra. Insisto, lo sigo manteniendo. Ahora quiero que vengas un segundo.

Mientras bajaban por la falda Este de una suave loma Lancaster seguía mirando al suelo. Observaba la cantidad tan ingente de material que asomaba, incluso ya inmoral, pues los fragmentos de lascas de silex se amontonaban unos con otros. Los núcleos laminares eran más abundantes que las cagadas de conejos, mientras que las láminas con retoques parecían recién sacadas de una vitrina de museo. Se podían apreciar hasta las extracciones tan meticulosas que hicieron tan famoso al periodo del Neolítico europeo. La cerámica no se quedaba atrás en lustre. Los bordes con decoración ungular eran tan claros como si de un libro abierto se tratase. Esa decoración la realizaba el alfarero con las uñas cuando la pasta aún estaba fresca. Por su parte, las zonas centrales de ollas y cuencos, lo que técnicamente llaman galbos, asomaban por doquier. Mientras que iban caminando se tropezaban con las cerámicas bruñidas, unas piezas de fantástica factura realizadas con un tratamiento que les confiere un brillo espectacular. Para no variar Lancaster seguía tropezando con casi todos los salientes de la loma. No cesaba de observar esa ensalada de piezas que asomaban desparramadas a lo largo de toda la colina. Eso sí, y hablando de la colina, a Lancaster le pareció muy extraña la forma de dicho promontorio, ya que arrancaba de una terraza fluvial para terminar en una meseta sin un solo resto de vegetación. A lo lejos ascendía Cooper, a quien los años no pasaban en balde. No obstante paliaba su retraso con alguna sonora carcajada, para las cuales Lancaster no encontraba el motivo de la guasa.

Una vez hubieron llegado a las faldas del promontorio, de más de cien metros de diámetro, se alzaba ante ellos un impresionante agujero de no menos de treinta mil metros cuadrados. A los lados se hallaban varias naves industriales y una docena de máquinas que aparentaban llevar varios años paradas. En el exterior de ese agujero, el cual tenía varios metros de profundidad, se levantaban un sinfín de promontorios de arenas y gravas, de diferentes tamaños. En ese momento cayó en la cuenta Lancaster de que se encontraban ante una cantera de gravas. Le seguía pareciendo que esa cantera estaba demasiado cerca del yacimiento que acababa de visitar. Entre la obra de Lancaster y la subida al promontorio no había más de diez metros, mientras que entre éste y la cantera la distancia era más o menos similar. Pensaba para sí mismo la suerte que había tenido el yacimiento, al quedar encajado entre dos actuaciones tan agresivas. O al menos, eso pensaba Lancaster...

- Esta, amigo mío, es la cantera de Sheller Down, no se si te suena de algo. Se empezó a explotar hace cinco años. Al año de haber comenzado se paralizó su actividad por orden de un juez –Le explicó Bowman a Lancaster, una vez estaban los tres reunidos en la parte alta.

- Pues qué suerte, ¿verdad? Porque de seguir adelante en la extracción se habría llevado por delante el yacimiento de ahí mismo –Aseveró Lancaster.

Tras unos segundos de silencio en los que Lancaster esperaba una contestación, Bowman agachó la cabeza y se sentó en un bloque de granito que asomaba junto a ellos. Invitó a Lancaster y a Cooper a que se sentaran con él, y prosiguió no sin poner cierto gesto de contrariedad.

- Te equivocas, chaval. Eso que hemos visto no es un yacimiento.

- ¿Perdón?

- Lo que has escuchado. Pero vamos, que no me creo que no te hayas percatado de la ausencia de vegetación. Me cuesta creer que te asombren unos depósitos de lítica tan artificiales. Y sobre todo me asombra que no me preguntes cómo es posible un asentamiento del Neolítico en un cerro a la intemperie, sin recursos cercanos y a no menos de dos kilómetros del punto de agua más próximo... -le recriminó Bowman.

- Entonces ya me podrás decir qué es lo que hemos visto hace un momento y de donde procede tanto material arqueológico, porque desde luego no ha venido del cielo –reprendió Lancaster ya totalmente desorientado.

- Efectivamente, ese material procede de un yacimiento fantástico, y lo tienes aquí delante –Dijo Bowman.

- ¿Delante? ¿Delante de qué?

- Aquí mismo… -Terminó diciendo Bowman mientras apuntaba con su dedo índice el interior de la cantera.

En ese momento invadió a Lancaster un intenso deseo de bajar abajo y prender con fuego las naves, la maquinaria y todo aquello que estuviese vinculado con la cantera. De inmediato comenzó Bowman a contar la historia de la cantera de Sheller Down. Al parecer los dueños de la explotación minera habían pedido todos los permisos, habidos y por haber, para iniciar la explotación en ese punto. Como condición, la administración les pidió realizar antes una peritación medio ambiental y arqueológica, ya que se encontraban en plena vega fluvial y por lo tanto, en una zona de alto riesgo. La precitación ambiental se desarrolló sin ningún contratiempo, salvo la presencia de un par de parejas de pato que casualmente habían desaparecido por causas desconocidas durante su seguimiento. Los informes medio ambientales habían sido positivos para la ejecución de la explotación de gravas.

La peritación arqueológica iba a ser de otra manera. Los estudios previos habían sacado a la luz un yacimiento de época Neolítica, desconocido hasta el momento. Por su parte los técnicos de campo habían comunicado el hallazgo tanto a los directores de la intervención como a los dueños de la cantera. Con el plazo casi cumplido remitieron los informes pertinentes a la Dirección General. Dicho informe presentaba un yacimiento de más de dos hectáreas de superficie, con amplias zonas de talla y consumo de animales domésticos. Eso se supo por la aparición de grandes manchas negras con abundantes fragmentos de hueso animal. Acompañaban a este hallazgo pequeñas manchas que se identificaron con chozos o cabañas de mediano tamaño. Nunca antes se había encontrado un yacimiento de tales magnitudes y con un material arqueológico de ese empaque. Incluso los materiales fueron enviados a expertos de Alemania y Francia para el estudio de la fauna y la lítica.

- ¿Pero se llegó a excavar? –Interrumpió Lancaster con miedo a escuchar la respuesta.

- Ni un solo centímetro… -Respondió Bowman con sequedad.

Al conocer el dictamen de los arqueólogos los dueños de la cantera se postularon de forma muy hostil. Recelosos del dictamen de los técnicos, mantuvieron varias reuniones con los directores de la intervención. Algo inaudito sucedió. Mientras los técnicos terminaban de redactar el Informe Final con el dictamen, la Dirección General dictaminó que los restos encontrados carecían de interés arqueológico, y por lo tanto la cantera podía iniciar su trabajo de extracción. No tardaron ni medio día en desbrozar las tres cuartas partes de la superficie del yacimiento, arrasando la mayoría de las estructuras…

- No me lo creo, lo siento, no puedo… -Decía Lancaster entre suspiros mientras narraba los hechos Bowman.

Continuaba contando Bowman que mientras se publicaba la resolución de la Dirección General, los técnicos de campo habían presentado una demanda judicial contra los directores arqueólogos, contra la Dirección General y contra los gerentes de la cantera, por negligencias y daños contra el Patrimonio Arqueológico. Ese acto de rebeldía les supuso el despido y la inhabilitación durante tres años por parte de la administración. No podían pedir permiso ni para una simple consulta de Carta Arqueológica. Para cuando el juez les dio la razón las máquinas habían destruido el noventa y dos por ciento del yacimiento. El único testigo de su existencia era ese montículo que habían ascendido. Era, simple y llanamente, la terrera de una de las extracciones que se había producido…

- Y así es como ha transcurrido la arqueología por estos parajes, amigo mío… -Concluyó Bowman mirando a su alrededor.

- Es inaudito. Lo digo en serio. Sólo espero que esos empresarios sinvergüenzas no vuelvan a tener la opción de tener ni una tienda de golosinas. Y en cuanto a los directores, en fin, sólo espero no tener la oportunidad de conocerlos. Y desde luego creo que los técnicos podían haber hecho algo más, incluso antes de presentar la denuncia, ¡qué se yo! Hay mil formas, llamando a la prensa, a los medios de comunicación, saboteando la maquinaria…

- No digas bobadas, Lancaster. Con el tiempo te darás cuenta de lo complicado que es el sistema. Tiene sus pautas. Uno no puede hacer la guerra por su cuenta –Respondió Bowman cogiendo del hombro a Lancaster.

- ¡Qué sabrás tú, Edgar! Eso no se sabe hasta que no está uno en situación –Le recriminó Lancaster mientras miraba a la cantera apesadumbrado.

- Más de lo que crees, amigo. Yo era uno de esos técnicos…

Tremenda historia. Bowman y Cooper se habían marchado porque el geólogo tenía que revisar varios perfiles. Por su parte Edgar tenía que asistir a una reunión en el museo. Lancaster había preferido quedarse un buen rato mirando la cantera desde lo que antes era un impresionante yacimiento del Neolítico, y que ahora se erigía como un "ingente montón de escombros". Por su cabeza discurrían pensamientos dispares. Se preguntaba a sí mismo qué podía suceder si en su obra apareciese un yacimiento. Pensaba cómo podría reaccionar si era destruido por culpa de unos intereses personales. Por otro lado, pensaba que en su caso el director era Bowman, y habida cuenta de los antecedentes no creía que fuese a comportarse como sus predecesores. Además había sido despedido por su denuncia. Estaba convencido de que Bowman nunca le contaría a Lancaster quiénes habían sido los directores que habían cometido ese acto despreciable. Lo que si le contaría poco después era que los jueces nunca culparon a los arqueólogos y sí a los gestores de la cantera. Por lo tanto, eran ellos los que tenían la sartén por el mango. Ni siquiera los empresarios que contratan están a salvo de arqueólogos sin escrúpulos. Ni siquiera los yacimientos están a salvo de los malos profesionales que sólo piensan en el lucro. Por lo tanto, ¿qué falla? ¿Dónde está el problema? Si los técnicos de la Dirección General hubiesen visitado el yacimiento nada de eso habría sucedido, luego ¿es inoperante la administración? Por otro lado, si los directores dicen que los restos no son importantes, ¿por qué no va a fiarse un funcionario del dictamen de un arqueólogo? Y finalmente quedan los empresarios, que lejos de pretender perder dinero, tienen como fundamento sacar el máximo rendimiento a sus inversiones. Si la administración no les penaliza, a pesar de los dictámenes de los arqueólogos, ¿qué necesidad tienen ellos entonces, de contratarlos para una peritación que pueden ahorrarse?

Lancaster volvió a uno de los tajos activos, para vigilar una enorme giratoria. De su cazo salían tierras de uno color marrón, mezcladas con abundantes residuos urbanos. Trozos de ladrillos, tuberías y un fragmento de lavadora se depositaban a un lado del desmonte. De nuevo y en pleno apogeo de trabajo el teléfono exigía su inmediata atención. Era de nuevo Bowman.

- Hola chaval. Tres cosas rápidas. ¿Cómo está la obra? ¿Hay mucho trabajo? Y sobre todo, ¿cómo estas tú?

- La obra está muy tranquila, apenas se mueven las máquinas y yo… bueno, digamos que ahora mismo echo de menos mi antiguo trabajo de reparador de frigoríficos… -contestó Lancaster tratando de quitarle leña al asunto.

- Bueno, pues en ese caso vete a casa, anda. Hoy ha sido un día intenso para todos.

- Muchas gracias, Edgar, te lo agradezco. La verdad es que sí, me iré a casa…

IV. El hallazgo

- Mañana vamos a empezar el vaciado en uno de los laterales del farallón. Te lo digo para que lo sepas.

- Te lo agradezco, Thomas. Allí estaré.

Los meses habían transcurrido sin ningún percance, salvo la localización de un nutrido grupo de bicicletas sepultadas en un agujero. Sucedió una mañana muy fría, tras retirar una capa de tierra de unos cincuenta centímetros. No era el hallazgo más deseado para un arqueólogo, pero al menos le había supuesto salir de la rutina cotidiana de ver máquinas. Eso sí, había probado la paciencia de los encargados de la obra y hasta dónde era capaz de alterar la tranquilidad en las oficinas de la constructora.

-¡Claro! No sabemos nada de ti en semanas y de repente, una mañana fría como su padre, nos llamas a todos porque has parado las máquinas. ¿Qué crees que vamos a pensar?...- Le comentaba Hammer entre risas mientras charlaba con el arqueólogo y con Thomas.

No tardó Lancaster en percatarse que se trataba de una falsa alarma. Todo terminó solucionándose con unas cuantas fotos, y con la documentación de un inmenso basurero que durante los años sesenta se había formado ilegalmente junto al arroyo. Afortunadamente para todos, en ese margen del río no se habían cumplido las predicciones de Lancaster y Bowman. En opinión de ambos las zonas de rivera guardan una buena cantidad de restos arqueológicos relacionados con la producción pre-industrial, tales como molinos, batanes, canales, pozos o acequias. Además no era inusual encontrar restos de antiguos puentes, de calzadas o pequeños edificios relacionados con el aprovechamiento del

agua. Éstos eran términos muy complicados de asimilar por la mayoría de las personas. Para el personal de obra un simple cobertizo no era más que una simple choza sin ningún tipo de interés histórico.

- Explícame lo de la "esnología" esa, porque no me ha quedado muy claro... –Preguntó Hammer mientras almorzaba junto a Lancaster.

- Vamos a ver cómo te lo explico... Los elementos etnográficos forman parte de nuestra historia porque son estructuras de nuestra cultura y tradición como la arquitectura, el arte del pastoreo o la agricultura –Respondió el arqueólogo.

- Mi padre era pastor. ¿No le estarás llamando viejo, verdad?

- ¡No hombre! Lo que quiero decir es que objetos como los arados, los carros o las acequias fueron empleados por nuestros abuelos para sobrevivir. Y por lo tanto forman parte de nuestra historia. Eso es la etnografía, o por lo menos la parte material...

- ¿Y como sabes tú que esto es un chozo? ¡Si son cuatro piedras mal puestas! –Volvió a preguntar el operario mientras observaba un montículo de piedras en el lateral de la traza.

- No es exactamente un chozo. ¿Sabes lo que es una paridera?

- Ni pajolera idea…

- Pues es un recinto cerrado en el que se aislaba a los animales preñados para que diesen a luz. Son cosas que antaño eran necesarias para la vida común y que hoy en día no se dan por los adelantos técnicos. Pero eso no significa que debamos olvidarlos pues forman parte de nuestra cultura, ¿lo comprendes?

- Sinceramente, creo que tenéis mucha imaginación –contestó Hammer girando la cabeza de lado a lado y con cara de absoluta perplejidad.

Para Lancaster era muy complicado cambiar la mentalidad de las personas. Tampoco era su intención. Sin embargo no se cansaba de intentar hacerles comprender el valor histórico de estructuras como los pozos, o de conceptos como etnografía. Para la mayoría de sus compañeros en la obra una simple casa de laboreo no podía impedir el avance de las máquinas, porque claro, "eso no tiene oro", "eso no es de los romanos" o "¿eso tiene cien años? Entonces no tiene ningún valor...".

Cada día que transcurría se presentaba como un reto más para Lancaster. El joven doctor se veía, día a día, en auténticos retos personales al tratar de explicar a operarios de maquinaria la diferencia entre romano y románico, entre lo que es una piedra y un hueso, o por qué los egipcios no habían llegado a invadir Inglaterra. Para Lancaster no era una tragedia el haber acabado en semejante situación, todo lo contrario. Sin embargo recordaba con nostalgia sus tardes de lectura en la sala central de la biblioteca, o revisando inventarios cerámicos del museo. Ironías de la vida, sin duda. Había pasado de encontrarse en la Sala Central del Museo de Atenas, documentando piezas del Imperio Medio, a encontrarse en medio de una inmensa llanura aluvial, observando cómo las máquinas retiraban una capa tras otra de vertidos infectos. Había pasado de debatir con arqueólogos de todo el mundo a entablar conversaciones con encofradores sobre el origen extraterrestre de las pirámides. Sin embargo Lancaster estaba encantado. No lo podía explicar, pero al terminar su jornada y al llegar a su casa echaba de menos los trasiegos de la obra. A excepción del ruido infernal de las máquinas, anhelaba las conversaciones con Hammer, Thomas y con Cooper.

A menudo, y tras recorrer la traza, Lancaster se daba cuenta de que su trabajo consistía en cumplir con un expediente más absurdo que lógico. Cada día se cumplía escrupulosamente el mismo protocolo de saludos. Desde su caseta, situada en la entrada de la obra, hasta el lugar de las máquinas, cada día se cruzaba con no menos de cinco asistentes de obra, los cuales le saludaban lanzando ráfagas desde sus vehículos. "Voy a supervisar el volcado de hormigón, luego te veo", decía el asistente de Control de Calidad. "Voy a inspeccionar el vaciado de la plataforma Este", comentaba el coordinador de seguridad. "Me han dicho que revise una bomba de extracción que se encuentra cerca de un nido de rapaz", le gritaba el asistente de Medio Ambiente. Todo el mundo asistía en algo, era increíble. Sin embargo no fueron pocas las ocasiones en las que Lancaster era testigo de verdaderas atrocidades, desde el vertido de fuel en un arroyo hasta el desplome de un talud que casi mata a dos operarios. Al final esos altercados, por muy dantescos que pareciesen, terminaban en un simple tirón de orejas para los encargados, que eran al final los únicos que trataban de mantener cierto orden dentro de la obra.

- La maquinaria aún no ha llegado. Imagino que estará al caer.

- No te preocupes. Echaré un vistazo a esta zona y de paso tiraré alguna que otra foto.

Lancaster acababa de llegar al punto en el que debían comenzar varios desmontes potentes. Allí sólo se encontraba Thomas, quien observaba la lontananza desde el borde de un terraplén. Thomas era el encargado de los movimientos de tierra de la orilla izquierda del río que atravesaba la obra. Era un tipo de complexión delgada, medio calvo y con unas manos tan robustas que serían capaces de cargar un capazo de cincuenta kilos. Gracias a él Lancaster estaba informado de casi todos los movimientos de tierra en ese lado del río. Se había ganado su confianza, ya que Thomas era un apasionado de la numismática. Al principio Lancaster pensó que se dedicaba a la lectura de manuales de monedas. Con el tiempo pudo saber con horror que era un aficionado a los detectores de metales. No le dio demasiada importancia, aunque sí trataba de explicarle la naturaleza delictiva de sus actos. Sin embargo mantuvieron interesantes conversaciones acerca de las emisiones romanas en plata que según Thomas, "plagaban la faz de la tierra". Para el arqueólogo, Thomas era lo más parecido a una bomba de precisión de la que él mismo era el portador del detonador, ya que darle demasiada información supondría avivar sus ansias de búsqueda de metales. Los "detectomaníacos" eran una auténtica pesadilla para Lancaster. Eran una lacra para el Patrimonio Arqueológico, ya que no sólo se apropian de un material histórico, sino que en ocasiones existía una predisposición al lucro, algo que a Lancaster le sacaba de sus casillas. Las discusiones con Thomas sobre los detectores de metales nunca acababan con la sangre en el río, aunque el arqueólogo siempre terminaba con un insoportable cansancio mental. Los argumentos de Thomas para defender el uso de los detectores de metales se basaban en el abandono de los restos, abandono que a su juicio era permitido por los investigadores y por la administración.

- ¿Quién si no iba a tratar mejor a las piezas, un simple labrador o un coleccionista como yo que las limpia, las cataloga y las guarda correctamente? –Preguntaba Thomas con absoluta seguridad.

- Esa no es la cuestión, Thomas. Cuando haces tus dichosos agujeritos estás deteriorando un yacimiento.

- No estoy de acuerdo, porque como sabrás hay una capa superficial de entre cuarenta y seseta centímetros de profundidad. Esa capa cubre los yacimientos. Yo en principio no estoy deteriorando nada…

- ¿Pero qué dices? ¿Cómo puedes saber si hay cinco, diez o setenta centímetros? Eso no lo puedes saber. Además hay yacimientos muy cercanos a la superficie. Y aunque estén a dos metros de profundidad estas extrayendo un material que pertenece al yacimiento, ¡no a ti! –Aseveraba con rotundidad el arqueólogo.

- ¿Y qué? Si no lo hago yo lo hará otro. Y de lo contrario acabarán en los almacenes de un museo, cogiendo polvo y abandonadas a su suerte. Yo al menos, las tengo expuesta en unas vitrinas estupendas. ¡Tendrías que verlas, amigo mío!

- Pero vamos a ver, Thomas… Los museos son los únicos espacios destinados a almacenar el material arqueológico. No lo digo yo, lo dice la ley. Y si están en los almacenes es porque no se puede exponer todo, absolutamente todo. ¿Crees que los almacenes son como los que hay aquí, en la obra? Son espacios preparados para…

- ¡Para nada, Lancaster! Están ahí para cobrarte por ver arte. ¿No dices que es patrimonio de todos? ¿Por qué tengo que pagar por ver piezas que cada uno podría tener en casa?

- ¡Pues porque tus piezas no las puede ver todo el mundo, Thomas! ¿O vas a poner un horario en tu casa para visitas?

- Hombre, si las visitas son femeninas…

- Ya sabía yo que terminarías frivolizando. Siempre me haces lo mismo –Replicó el arqueólogo con tono desesperado.

- Al menos yo no me dedico a vender, como sí hacen algunos que conozco…

- ¡Pero que es ilegal, demonios!

Definitivamente este tema enfurecía profundamente a Lancaster hasta límites insospechados. Luego terminaba admitiendo que le venía de maravilla entrar en esos combates dialécticos. Aunque nunca llegaba a enfurecerse con Thomas, es cierto que en el futuro podría encontrarse con otros expoliadores, con los que tendría que mantener más que palabras. A pesar de los argumentos que le explicaba el encargado, Lancaster seguía convencido del daño que hacía el furtivismo al Patrimonio Arqueológico. La rigidez de las leyes no impedía que se siguiera practicando el uso del detector de metales por muchos puntos del país.

Después de intercambiar con Thomas comentarios sobre el tiempo y la calidad de los denarios republicanos, Lancaster decidió darse una vuelta más por una zona que estaba pendiente de desmontar. Los perfiles laterales formaban varias lenguas de arena muy fina, intercalada con una arena más gruesa. Este detalle ya había sido observado meses atrás por Cooper. La anchura de la banda de desmonte no tenía más de sesenta metros. Calculando la cota de excavación, la profundidad a la que tendría que llegar la máquina era de unos cinco metros, bastante profundo pero aparentemente negativo en cuanto a restos arqueológicos. Lo normal era que no apareciese nada, ya que en la orilla opuesta los resultados también habían sido negativos. En ese lado ya se encontraba una enorme pilotadora agujereando el subsuelo. La pilotadora era como un enorme sacacorchos con el que se preparaban los pilares para futuras estructuras de altura. El ruido que emitían esas máquinas era infernal.

Antes del inicio de los desmontes Lancaster prefirió inspeccionar otras zonas de la obra. Precisamente el Dr. Hoover, su mentor, le había insistido en la necesidad de patear campo. Mientras observaba la superficie del terreno recordaba esos largos paseos que Hoover y él se daban por el campus o por las campiñas del Norte. Para la edad de su mentor era una verdadera proeza recorrer más de veinte kilómetros, subiendo y bajando cerros, mientras se fotografiaban cuevas y se apuntaban datos en el cuaderno de campo. Precisamente uno de los momentos que recordaba con mayor cariño fue cuando en una de esas campañas encontraron en su recorrido a un individuo con detector de metales, al que el Dr. Hoover espantó a pedradas. Fue en aquellos momentos en los que Lancaster aprendió de primera mano lo que tenía que observar y lo que no.

- ¿A ti qué te parece esta mancha? -Preguntaba el profesor mientras señalaba un manchurrón negro plagado de cardos.

- Creo que se trata de un hogar –Respondió Lancaster con cierta inseguridad,

- ¡Justifícamelo!

- Bueno, hay algo de ceniza. Por su aspecto podría haber servido para el consumo de carne.

Lancaster daba vueltas alrededor de la mancha mientras argumentaba sus teorías, al tanto que el Dr. Hoover fruncía el ceño a cada comentario de su pupilo.

- Prosigue, prosigue… -Decía el Dr. Hoover mientras masticaba con ferocidad una pequeña espiga.

- Bien, pues yo diría que por las dimensiones ha podido albergar al menos a tres comensales. Y por la situación, junto a un río, debió pertenecer a un grupo de trashumantes, pastores quizá, quienes se detuvieron para comer junto al río, de donde obtenían el agua para el consumo –Esbozó Lancaster apuntando a un pequeño riachuelo que corría a pocos metros.

- Bien, bien, continúa…

- Además creo que la hoguera estuvo encendida varias horas, sobre todo porque tiene bastante potencia y el color de los carbones es más grisáceo… -Señaló Lancaster, ya con absoluta seguridad en sus palabras.

Tras terminar su alocución Lancaster se situó frente a su mentor, en el mismo borde de la mancha. Un largo silencio fue aprovechado por el Dr. Hoover para observar profundamente a su alumno, mientras éste miraba a su alrededor a fin de no olvidar ningún detalle. Después de escupir la caña que masticaba, Hoover regaló a su alumno la contestación que se merecía.

- Bravo, muy buenas apreciaciones las tuyas. La verdad es que habrías dado en el clavo de no ser porque anteayer mismo estuve aquí quemando unos rastrojos.

"Vaya mierda", pensó Lancaster. En ese momento sintió un odio profundo hacia ese venerable profesor, mientras sentía cómo le caía una gota de sudor del tamaño de un melocotón por la espalda. Hoover continuó hablando a la vez que cogía del brazo a su pupilo.

- Como se dice en nuestro argot, "te has columpiado" tratando de quedar bien. A veces las cosas son mucho más sencillas de lo que crees. No des las cosas por solucionadas porque te creas el "rey del mambo", porque no todo está en los libros. Para empezar no hay hueso, por lo que de consumo de carne olvídate. Para continuar los pastores nunca o casi nunca consumen carne, porque no pueden permitírselo y no es rentable para doce horas en el campo. Además, ¿dónde has visto pastos aquí? ¿Tú llevarías a tu ganado a la ribera de un río? Agua sí que tienen, pero comida, nada de nada. Por cierto, has acertado en las dimensiones de la hoguera, pero no por el número de comensales sino porque empleé queroseno en el encendido, y ¡claro está!, eso arde como mil infiernos. Y finalmente el color de los carbones es más grisáceo porque lo que había aquí era un pequeño arbusto de troncos frescos y anchos. Eso hizo que tardase en prender y que la madera cogiese calor -Argumentó el profesor dando vueltas alrededor de la mancha, en compañía de Lancaster.

- Pues que bien -Respondió el arqueólogo pensando en el ser tan inútil en el que se había convertido en apenas cinco minutos.

- Bueno, no te preocupes. Cuando seas padre comerás huevos... Además me basta con que te hayas quedado con lo que te he dicho. Y ahora invítame a un café, que me lo merezco –Concluyó el profesor esbozando una larga sonrisa.

En esto consistían las lecciones de campo que impartía el profesor. Una lección tras otra le enseñaba a observar lo que a su alrededor se mostraba, desde una acumulación casual de piedras hasta el cauce de un riachuelo. A su pesar, Lancaster nunca había tenido ocasión de llevar a la práctica esas lecciones, principalmente porque hasta la fecha no hubo ocasión para ello. Sin embargo desde que comenzaron los trabajos en la obra había intentado aplicar los conocimientos que le había enseñado el Dr. Hoover sobre el medio. A lo largo de varias semanas Lancaster se había recorrido de arriba a abajo la traza e incluso los alrededores de la misma. Había inspeccionado los afloramientos rocosos en busca de grafitos o marcas de cantería. Había analizado meticulosamente las posibles alteraciones de la superficie, buscando hornos, cuevas o pozos semienterrados. Incluso había tomado una muestra en un perfil buscando restos de talla lítica. Nada en absoluto había logrado, más que conseguir que en la obra le llamasen "el olisqueador".

Por fin la máquina se había puesto en marcha. Desde uno de los laterales se postraba Lancaster, observando cómo cazada tras cazada una excavadora del tipo de las "giratorias" extraía el sedimento. Cada uno de los cazos desmontaba un total de cinco metros cúbicos. Obviamente de esa forma era complicado que el técnico pudiese ver nada, a no ser que fuesen piezas del tamaño de un zapato. No obstante Lancaster debía estar ahí. Una vez transcurridos cinco minutos de observación volvió a sonar el teléfono.

- ¿Qué pasa, chaval? ¿Cómo va la cosa por ahí?

Era otra vez Bowman. Cada cierto tiempo se interesaba por el trabajo que se estaba desarrollando en la vigilancia. Era consciente de que los resultados estaban siendo negativos en cuanto a restos arqueológicos. Eso probablemente ya lo sabría incluso antes del inicio de los trabajos. En cualquier caso le gustaba estar al corriente del trabajo de Lancaster, y por supuesto interesarse por su técnico. A cambio regalaba a Lancaster algunos detalles sobre los trabajos que se estaban haciendo en el museo, los hallazgos que se estaban produciendo en otras obras, o los contratos que podría conseguir Method a medio plazo. Eso era bueno para el futuro de Lancaster, ya que de ser cierto podría haber trabajo para los años venideros.

- Por aquí todo tranquilo, Edgar. Hoy mismo han empezado a trabajar en el lado opuesto del río, pero si es como el otro debería estar limpio. No obstante me quedaré diez minutos más echando un vistazo hasta ir al pozo Sur -Comentaba Lancaster al director.

- Ya te dije que esa zona debería estar liberada. Los mapas indican que ahí hay un enorme vertedero. En esa explanada han estado echando porquería durante veinte años... –Contestó Bowman.

- Sí, sí. Aquí en los cortes se ven varias bolsadas de relleno. Ya veremos cuando suba la máquina por un pequeño cerro que hay más adelante. De todas formas...

De repente la mirada de Lancaster se clavó en la explanación que estaba haciendo la máquina. Sin pronunciar ni una sola palabra más a Bowman, Lancaster pulsó el botón "Colgar" de su teléfono y salió disparado hacia la parte delantera de la máquina, donde en la cabina se encontraba un operario que miraba con asombro algo que había aparecido en el perfil. Ni siquiera había hecho falta el gesto de Lancaster, con la mano en alto, para que la máquina se detuviese. Frente a ambos, frente al arqueólogo y frente a la máquina se presentaba una enorme mancha cenicienta de color negro oscuro. Dicha mancha se metía por debajo del perfil que la propia máquina estaba generando, y por lo tanto se perdía por debajo de ésta. Sin embargo lo que había dejado perplejo al maquinista, llamado amistosamente Bull, era una cosa que sobresalía del centro de la mancha, de forma circular y parcialmente rota por los dientes del cazo. Era una especie de olla cuyo color naranja desentonaba por completo con el negro de la mancha. Lancaster se postró frente al perfil, entre la máquina y el enorme agujero que ya estaba creado. Parpadeó un par de veces, no porque no se creyese lo que estaba viendo, sino porque se le había metido polvo en los ojos. No quería perderse ni un solo detalle de lo que se le acababa de presentar. Por unos segundos comenzó a recordar las palabras de su viejo profesor, el Dr. Hoover. En su cabeza se mezclaban unos deseos irrevocables por llamar a todo el mundo y hacer público un gran hallazgo. Aún no sabía qué tipo de hallazgo era, pero ansiaba llamar a todo el mundo y paralizar la obra. Pero por otro lado recordaba los errores que había cometido en el pasado. No quería equivocarse. Prefería reprimir esa ansia que le invadía y analizar con detalle las características de la mancha. Para empezar, algo había que decir a su compañero operario.

- ¡Eh, Bull! Despabila y retira el cazo, que voy a bajar. Y llama a Thomas porque creo que se nos acaba de joder el día...

No sin cierta dificultad pudo Lancaster descender hasta la mancha, la cual se encontraba a unos dos metros y medio de la cota de superficie. "Como me vean los de seguridad me cortan las orejas", pensaba mientras descendía por el talud. A lo lejos ya veía a Bull hablando por teléfono y haciendo aspavientos, tratando de explicar a alguien lo que había encontrado. La mancha que tenía a sus pies Lancaster era homogénea y con los límites bien marcados. El color negro de los carbones y las cenizas inundaban su interior, diferenciadas de la matriz arcillosa de la geología. En ese momento rememoró nuevamente las lecciones que le dio el Dr. Hoover sobre lo que no debía dar nunca por hecho. Sin embargo, en esta ocasión se presentaban algunas características que ni siquiera el viejo profesor podía pasar por alto. La primera era que en la mancha ¡había huesos!, medio carbonizados y en buen estado. Algunos de ellos pertenecían a mandíbulas de animales grandes, quizá caballos. Otros huesos eran de animales pequeños. Un par de fémures sí eran reconocibles, sobre todo por las grandes bolas de la cabeza que sobresalían del perfil. También se diferenciaban algunos trozos de costillas de gran tamaño. Aunque era pronto, Lancaster no encontró ningún fragmento procedente de humanos.

La segunda característica era la presencia de cuantiosos fragmentos cerámicos de color oscuro. De todos ellos destacaba una pieza cerámica casi completa, complementada por una tapa igualmente de cerámica. Ambas se encontraban más o menos en el centro del manchurrón. Tras tomar algunas muestras de la cerámica y del hueso, Lancaster se apresuró a tomar una buena serie de fotografías. Las dimensiones de la mancha eran descomunales, al menos en la parte visible que había dejado la máquina. Con una forma alentejada, tenía no menos de veinte metros de longitud y unos dos metros de altura desde la base. El sedimento del interior estaba muy suelto. Bastaba con pasar la mano por el perfil para que se precipitasen abajo, tanto la ceniza como algunas piezas de dentro. Al momento observó cómo el maquinista seguía hablando por el teléfono, ya más tranquilo y reclinado en su asiento.

Una vez fuera de la zanja tomó una decisión complicada. No la tomó a la ligera. Había sopesado todas las posibilidades, incluso las imposibles. Sin embargo, estaba convencido de que la decisión iba a ser correcta. Sacó el teléfono y procedió a llamar al director de la intervención.

- Edgar, perdona que te haya colgado antes, pero creo que tenemos aquí un lío de narices… –Balbuceó Lancaster aún con los nervios a flor de piel.

- A ver, sorpréndeme…

Lancaster describió con pelos y señales todo lo que había visto: la mancha, las cerámicas, los fémures, las mandíbulas y las ollas de barro mal cocido. Bowman escuchaba con atención, sin interrumpir a su técnico. Una vez que Lancaster concluyó la explicación le recordó que debía seguir con el protocolo que le había enseñado semanas antes. Este protocolo consistía, tras la detención de las máquinas, en el balizamiento del área arqueológica y el fotografiado de la misma. Después tendría que realizar un buen levantamiento topográfico del hallazgo, delimitándolo con cotas X, Y y Z. Finalmente tendría que recoger una buena muestra de fragmentos. Mientras Bowman le explicaba todo este procedimiento Lancaster no podía evitar sudar como un gorrino en el mismo desierto. En tanto que apuntaba lo que su director le decía, Lancaster sentía que su camiseta se quedaba pegada al cuerpo por el sudor, a la vez que alguna que otra gota se precipitaba de su nariz al cuaderno. Finalmente la última frase de Bowman alteró más aún si cabe, los nervios de Lancaster: "prepárate porque te va a tocar lidiar con todos".

No obstante Lancaster se sintió aliviado cuando Edgar le prometió que iba a visitarle ese mismo día y, de esa forma, ver con sus propios ojos los restos que había encontrado su técnico. Hasta entonces debía informar a la plantilla de la obra lo que había sucedido. Una máquina paralizada suponía mucho dinero perdido tanto para el propietario como para la constructora. Eso pasaba primero por informar a toda la cadena de mandos, empezando por Thomas, el encargado de ese sector. Precisamente él mismo se aproximaba a gran velocidad por el mismo lado del río donde se encontraban Lancaster, la máquina y el hallazgo. Tras detener el vehículo justo en el borde del agujero, descendió del coche a la vez que hablaba por un teléfono al que le faltaban varias teclas. Se acercó a Lancaster y le regaló un par de cachetes en el hombro, con tal fuerza que casi tira al suelo al arqueólogo.

- Dime que hemos encontrado un tesoro y mañana nos vamos al mejor restaurante del centro de la ciudad. Porque iremos a medias, ¿no?... Al fin y al cabo ha sido una de mis máquinas la que lo ha encontrado –Confesó Thomas mientras miraba el hallazgo frunciendo el ceño.

- Me parece Thomas que tendrás que esperar un poco más para eso. Sin embargo sí que te voy a pedir que retires la máquina, porque aquí no se va a poder excavar más por ahora –Le contestó Lancaster a la vez que apuntaba datos en su cuaderno.

- Pero vamos a ver, chaval ¿Acaso me vas a parar el tajo por un manchurrón de heces con un enorme botijo en el centro? –Concluyó Thomas con cierta crispación.

- Pues sí, tengo que pedirte que detengas esta máquina.

- ¿Y no puedo seguir la excavación aquí? Mira, si sigo por la derecha de tu mancha no molestaré nada… -Aseveraba el encargado apuntando a un lado del hallazgo.

- No, lo lamento. Hay que dejar un perímetro de seguridad de por lo menos veinte metros desde el centro del recinto.

- ¿Veinte metros? No van a poder ni circular los camiones. ¿No ves que cortas este camino? –Indicaba nuevamente Thomas señalando una senda que discurría junto al perfil.

- Lo siento de verdad, Thomas. No lo digo yo, lo dice el procedimiento.

- ¿El procedimiento? No me fastidies…

De repente Lancaster temió que sucediera lo que tantas veces le habían prevenido sus amigos Henry Catania y Mac Allister. "Todo son buenas caras hasta que paras la obra", recordaba el arqueólogo a la vez que Thomas abroncaba a Bull por alguna causa que desconoce. De todas formas estaba convencido de que había tomado la decisión adecuada. Ni siquiera la visita de Edgar Bowman le haría cambiar de opinión. Lo que estaba viendo no era consecuencia de ninguna hoguera reciente ni de un vertedero. Eso era un nivel arqueológico que debía proteger primero para documentar después. Tampoco le daba importancia a las palabras de Thomas. En realidad comprendía perfectamente la reacción del encargado. En su lugar es posible que reaccionase de igual manera, o peor. Mientras mantenía esa acalorada discusión con Thomas comenzó a sonar su teléfono nuevamente. Era Bowman.

- Oye, Lancaster, soy yo nuevamente. No pretendo discutir contigo y me fío de tu criterio pero, ¿tú estas seguro de que merece la pena parar la maquinaria? Mira que muchas veces creemos que vemos algo y al final nos engaña la vista.

"Caramba, parece que me ha leído el pensamiento", pensaba Lancaster. Pero los nervios del principio habían pasado y eso se notaba en el tono de su voz.

- Edgar, estoy convencido de que es necesario documentar bien esto –Sugirió Lancaster con contundencia.

- Bueno, bueno, ya te he dicho que me fío de ti. De todas formas he hablado con el jefe de obra. ¿Has llegado a conocerle?

- No, la verdad es que no he tenido la ocasión.

- Pues ahora la vas a tener. Se llama Martins e imagino que te llamará o te visitará en algún momento. Yo ya le he explicado el procedimiento, de modo que no tienes por qué preocuparte. Eso sí, trata de ser razonable con él y explícale de forma sencilla lo que ha salido. Y bajo ningún pretexto te enfrentes a él, ¿queda claro? –Concluyó Bowman con seriedad.

- No habrá ningún problema, Edgar. Te lo aseguro.

"Al fin asoma la cabeza", pensaba Lancaster mientras su jefe le arengaba sobre cómo comportarse ante el jefe de obra. Después de semanas rondando por sus dominios, ahora era cuando tenía interés por conocer al arqueólogo de su obra. Estaba seguro de que conocía a todos y cada uno de los asistentes de la obra. Sin embargo daba la impresión que el arqueólogo era un condimento de la ejecución. Era lo más parecido al perejil: tanto si se usa como si no se usa, el resultado es sabroso… Sin embargo, y a raíz del nuevo descubrimiento, parece que el arqueólogo había pasado de ser el perejil al aceite. Dependía de su criterio el que ese formidable tajo avanzase o no. Todos estos días pasados el arqueólogo había visto decenas de desmontes. Había visto como las zanjas atravesaban la traza de par a par. Pudo ser testigo de la retirada de cientos de toneladas de tierra, viendo cómo cada día desaparecían los cerros que quedaban en medio de la futura carretera. Durante toda esa debacle y desaparición del paisaje, nadie se había preocupado del trabajo de Lancaster, salvo obviamente su jefe. Ningún trabajador de la obra se había planteado la verdadera utilidad del técnico. Esto no significaba que se sintiese agraviado ni ninguneado. Guardaba una buena amistad con algunos capataces, encargados y personal de obra. Sin embargo esa buena relación nunca iba más allá de las bromas y del sarcasmo con el que trataban la labor de Lancaster. Ni siquiera los jefes de producción se habían preocupado siquiera de saber si el arqueólogo cumplía con los horarios de obra. De haber tenido algún percance sólo habría sido socorrido por los operarios más cercanos.

Minutos después de terminar la llamada con Edgar una humareda de polvo se aproximaba al punto donde se encontraba el arqueólogo. A los pocos segundos la humareda había desaparecido, dejando ver a un numeroso grupo de vehículos todo-terrenos que se habían detenido a unos cien metros. Bull y Thomas, que fumaban junto a la máquina, propulsaron sus cigarros al unísono. Por momentos comenzaron a asomar varias figuras humanas. Una de ellas, ataviada con casco y chaleco, iba a la cabeza y dirigía el grupo. Por detrás de ésta surgían en el horizonte no menos de una docena de figuras más. Efectivamente, se trataba del jefe de obra Martins y su séquito.

Jefes de producción, asistentes, ayudantes, dirección de obra y hasta la secretaria se habían acercado para ver el hallazgo. Todos juntos aparentaban una perfecta formación de tortuga de la legión romana, sólo diferenciada por el color amarillo chillón de los chalecos reflectantes. Una vez que se encontraban más cerca se podía distinguir mejor el físico de Martins. Se trataba de un hombre de unos treinta y pocos años, de aspecto cuidado, pelo corto y gafas de sol al estilo aviador. Con pantalón de pinza, botas de obra de las caras y camisa de cuadros se acercó a Lancaster y, con fuerza, le estrechó la mano, girándola ligeramente hacia dentro. Tenía una altura semejante a la de Lancaster, aunque era más corpulento. El encuentro entre ambos iba a suponer, sin duda alguna, un punto de inflexión en la relación del arqueólogo y la constructora. Eso lo sabía Lancaster pero, ¿lo sabría Martins?

- Buenas tardes. Soy el jefe de obra Martins y usted debe de ser el señor Williams, el técnico de arqueología de mi obra –Dijo mientras zarandeaba la mano de Lancaster y golpeaba el hombro opuesto, en un gesto de cierta amabilidad.

- Encantado, señor Martins. Pero puede llamarme Lancaster –Respondió el arqueólogo.

Lancaster tuvo una extraña sensación. Pese al anterior sentimiento de abandono y desinterés que creía haber hacia su persona, de pronto sintió que durante todo este tiempo la constructora había estado controlando cada uno de los pasos que había dado. No era por el saludo cordial de Martins. Era una impresión personal del arqueólogo, para quien el jefe de obra había pasado de ser un animal mitológico a un ser humano como él…

- Hechas las presentaciones, Lancaster, me gustaría que nos explicases lo que ha aparecido aquí. He hablado con Bowman y me ha comentado que tú eras la persona más indicada para explicar qué son estos restos –comentó el jefe de obra mientras se dirigía al lugar del hallazgo.

- Será un placer –Asintió Lancaster mientras le acompañaba hacia el talud donde se encontraban los restos.

Sin duda ese iba a ser el primer gran reto de Lancaster en la obra. Debía hacer al pie de la letra lo que le había enseñado Bowman y aparcar temporalmente sus emociones. El resto del personal que acompañaba a Martins se situó por detrás de ambos. Lancaster dio un rápido vistazo mientras comentaba las vicisitudes del hallazgo. Se percató de que estaba frente a una docena de personas que le miraban atentamente y que esperaban una explicación razonable de por qué había detenido una máquina cuyo alquiler por horas resultaba muy costoso. Debía explicar al jefe de obra de qué se trataban los restos que habían aparecido y por qué eran tan importantes. Al fin y al cabo, su trabajo consistía en evaluar cualquier resto que pudiese aparecer, y en tal caso obrar con suficiente diligencia. Además no debía entrar en conflicto con la constructora, tal y como le había insistido Bowman minutos antes, algo que no era nada fácil si tenía en cuenta que la empresa estaba perdiendo dinero por varios frentes. Además debía contar con las consecuencias de que los restos tuviesen cierta relevancia. Ello no sólo supondría un percance en la producción de la obra, sino un maremagno de documentación a entregar a la administración. Naturalmente después habría que iniciar las labores de rescate de los restos. Lancaster no podía dejar de pensar en esos aspectos, y, sin embargo, no tuvo problemas en las primeras explicaciones que estaba dando a tan ilustres visitantes.

Les explicó que se trataba, en su opinión, de los restos de un asentamiento de casi tres mil años. Ese tipo de yacimientos se caracterizaban por la presencia de silos y fondos en donde se acumulaban cerámicas, huesos y útiles industriales.

- ¿Silos? ¿Eso es como un almacén? –Preguntó Martins con interés.

- Sí, pero excavados en el suelo.

- ¿Y cómo sabes que son silos y fondos de esos? –Volvió a preguntar el jefe de obra con más intriga todavía.

- Por el color negro... Destaca del naranja natural porque es material orgánico descompuesto... -Explicaba Lancaster mientras su acompañante miraba con incredulidad.

- Bueno, bueno... ¡Si tú lo dices! –Espetó el ingeniero.

Los acompañantes de Martins también hicieron varias preguntas sobre el hallazgo, a cual más obvia. "¿Puede aparecer oro?", "¿por qué se conservan tan bien los huesos?" o la tan temida pregunta: "¿esto se puede solucionar en una semana?". Tras concluir la ronda de preguntas, con resultados dispares, la mirada de Lancaster se volvió a cruzar con la de Martins.

- De acuerdo, Lancaster. Tú nos dirás qué hacemos ahora –comentó el jefe de obra mientras miraba al suelo con cierta resignación, pero con un aparente tono de vehemencia.

- Debemos actuar con prontitud, eso seguro.

- Define prontitud –Replicó tajantemente el jefe de obra.

Lancaster tragó bien saliva y lanzó su explicación sin temor alguno.

- Yo seguiría abriendo a la altura de esta cota para saber exactamente las dimensiones de estos restos y saber con lo que nos enfrentamos –Contestó Lancaster con absoluta tranquilidad.

- Claro, con nuestra máquina, ¿verdad? ¿Y quién va a pagar el combustible? ¿Vosotros? ¿El museo? Porque al final a quien jodéis es a quienes ponen los dineros para construir... –Contestó uno de los acompañantes del jefe de obra, a grito pelado.

Se trataba de Lionel Chambers. Chambers era jefe de producción. De aspecto campechano y descuidado, Chambers se encargaba de solucionar todos y cada uno de los problemas que iban surgiendo en la obra. Era el perfecto perro de presa para un jefe de obra, ya que solventaba los percances antes incluso de que llegasen a oídos de Martins. Tenía un buen conocimiento en materiales de construcción y, sin embargo, para él todos los que no eran ingenieros eran unos acomodados en la cadena de ejecución. Para Chambers los geólogos, los biólogos e incluso los topógrafos eran unos aprovechados que se ganaban el sueldo a costa de unas leyes ilógicas e insostenibles, que encarecían las construcciones y dificultaban la finalización de las mismas.

- ¡Calma Chambers! –Contestó Martins al escuchar las quejas de su subordinado.

Prosiguió Martins una vez que el jefe de producción se había calmado.

- Lancaster, necesito que me digas exactamente cuánto tiempo necesitas para saber qué es esto. Y por favor te pido que no te andes con rodeos. Si son dos días, pues dos días. Y si son dos meses, pues dos meses. Pero quiero una fecha ya mismo –Argumentó Martins mientras miraba fijamente al arqueólogo y le agarraba por los hombros.

- Pues veamos... –Comentó Lancaster tratando de mantener la calma, mientras observaba con nerviosismo la superficie.

Jamás había detenido una máquina y no se había parado a pensar qué hacer en esos casos. "¿Cómo voy a saber hasta dónde llega el yacimiento sin excavarlo?", pensaba para sí mismo mientras comenzaba a ponerse nervioso. Era la primera vez que no sabía qué hacer ni qué decir. Cuando estaba a punto de perder la calma y confesar que no tenía ni pajolera idea, inesperadamente alguien le echó una mano...

- Yo diría que en un par de semanas esto está listo, ¿no, jefe? –Sugirió a lo lejos el maquinista Bull, mientras apoyado en su máquina excavadora masticaba con ansias un palillo.

Para Lancaster ese rápido gesto de Bull era mucho más que una ayuda. El maquinista le había demostrado no sólo que sabía manejar la maquinaria, sino que podía fiarse del operario en diferentes aspectos. Sin duda ese cable que le acababa de echar era un gesto inequívoco de que Bull había visto a Lancaster en un verdadero problema. El arqueólogo se sintió mucho más que aliviado. Ahora ya sabía qué plazo debía darle al jefe de obra, y no dar pie a que le pudiesen destripar personas como Chambers.

- Sí, sí… En diez días laborables les podría dar una explicación de lo que tenemos por delante –Continuó Lancaster, con la sensación de que estaba a punto de desmayarse.

- Que así sea. Hagamos una cosa… -Continuó Martins, mientras cogía nuevamente al arqueólogo y se alejaban del resto del grupo.

Tras acercarse al perfil en el que aún asomaban las piezas cerámicas y los huesos, el jefe de obra continuó hablando, con un tono sosegador.

- Escúchame bien, Lancaster. Te quiero aquí como un clavo, dirigiendo la máquina y delimitando lo que esto sea… Me has dicho diez días laborables, Lancaster, ni nueve ni doce. De modo que la máquina es tuya hasta que finalices el trabajo, ¿queda claro? –Comentó el jefe de obra.

- Clarísimo, Martins…

- Espera, aún no he terminado. Y esto quiero que quede más claro aún. Nosotros por nuestra parte haremos todo lo que nos digas que hagamos, pero cumple con tu trabajo, ¿he hablado con claridad? –preguntó Martins mientras miraba fijamente a Lancaster.

- Con claridad supina, Martins. No se preocupe. De todas formas creo que debería hablar con Bowman, ya que él es el director y…

- Por supuesto que hablaré con él. Pero mientras tanto no pierdas más el tiempo y saca lo que tengas que sacar de aquí –Concluyó Martins, cortando en seco a Lancaster.

Sin saludo final y tras dar un giro brusco, Martins y su guardia personal abandonaron la zona de trabajo. Nadie se giró para echar una ojeada a los restos. ¿Nadie? Sólo uno, el jefe de producción Chambers, quien espetó en voz alta un comentario de burla dirigido a los restos que seguían asomando por el corte. Una vez que el grupo de visitantes estaba ya alejado, Lancaster se acercó a Bull para darle las gracias por el cable que le había echado.

- No me las tienes que dar, jefe. Además siempre me han gustado estas cosas de los árabes, los bárbaros y toda esa gente que estuvo por aquí dándose mamporros a troche y moche.

- Lo que tú digas, pero me has sacado de un lío importante —Aseveró el arqueólogo, mientras daba un abrazo al maquinista.

Tras separarse del abrazo, Bull cogió una nueva pajita del suelo para comenzar a triturarla a bocados. Y continuó hablando…

- Te voy a decir una cosa: después de joderle la vida al "cara perro", ¡me voy ya contento a casa!

El "cara perro" al que se refería Bull era, ni más ni menos que Chambers. Daba la casualidad de que en una anterior obra, en concreto durante la ampliación del aeropuerto, Chambers y Bull habían coincidido en la fase de los movimientos de tierra. Allí se encontraba trabajando una arqueóloga que se encargaba de hacer el trabajo de Lancaster, a saber, vigilar la maquinaria y documentar los restos arqueológicos que pudiesen surgir. Al parecer Chambers hizo de la existencia de la arqueóloga una auténtica pesadilla, con constantes amenazas si descubría algo o poniendo mil pegas durante toda la ejecución. De esa manera se ganó el apodo por parte de todos los miembros de la plantilla. Al final no se documentaron restos, no porque no los hubiera, sino por las repercusiones que pudiese sufrir la arqueóloga.

***

- Es normal que pasen esas cosas, te lo aseguro —Comentaba Bowman mientras observaba en su ordenador las fotografías que había hecho Lancaster.

- Pero esas cosas deben denunciarse, Edgar. No podemos permitir estar al amparo de gentuza como ésta. Nosotros somos los técnicos arqueólogos, por lo que deben respetarnos porque sólo estamos haciendo cumplir la ley. Tú mismo me lo dijiste una vez, ¿no es cierto? —Aseveró Lancaster con rabia.

- Cierto, muy cierto.

Tras el hallazgo Bowman había ordenado a Lancaster volver a la oficina para hacer los preparativos. Para evitar dejar la obra sin vigilancia, Cooper se había responsabilizado de controlar las dos máquinas que estaban activas. Ya en la oficina salieron a su encuentro Jackson y Mariela. Ambos estaban al corriente de lo que había sucedido. Cuando algo así sucede, la rutina de las empresas se rompe por completo. Edgar ya había avisado que no quería distracciones. Obviamente no había conseguido su objetivo.

- ¿Qué ha pasado? ¿Qué es lo que ha salido? ¡Cuéntanos, por dios…! -Preguntó Jackson con claros signos de emoción contenida.

- Aún no lo sé, Jackson. Es pronto –Respondió Lancaster.

- ¿Pronto dices? Pero alguna idea tendrás, ¿no? –Volvió a preguntar Jackson, cada vez más cerca de Lancaster.

- Vamos, vamos, "Jackie", no atosigues a nuestro héroe –intervino Mariela mientras se partía de risa y retiraba a Jackson de la faz de Lancaster.

- Entiendo tu emoción, Jackson, pero lo único que tengo es un enorme manchurrón con cerámicas y huesos. Yo diría que es prehistórico… -Comentó Lancaster, a la vez que mostraba la bolsa en la que guardaba las piezas que había recogido.

Como si de una bandada de pájaros hambrientos se tratase, tres pares de manos se metieron en la bolsa de forma precipitada y sin orden. A Jackson y Mariela se les había unido Pettersen, quien estaba escuchando la conversación desde un segundo plano. Cada uno sacó una pieza, menos Jackson. Gracias a sus manos de marinero había conseguido sacar cinco cachos de cerámica de considerable tamaño. Los tres se quedaron observando las piezas. Aunque tenían tierra y estaban humedecidas, no fue impedimento para que comenzasen a debatir sobre aspectos formales y materiales de los fragmentos. "Es una arcilla muy bien decantada", "la terminación es maravillosa" o "hay pocos fragmentos como este en el museo" eran algunos de los comentarios que Lancaster podía escuchar de sus compañeros. Él, sin embargo, se mantenía en silencio. Aún tenía en la cabeza todo lo que había sucedido en las últimas tres horas. En su cabeza aún seguía la imagen de la enorme mancha asomando por el perfil. Como si de una secuencia de fotogramas se tratase, veía en diferido el inmenso cazo de la máquina de Bull arrasando con la superficie, mientras que de su interior se precipitaba una lluvia de fragmentos de hueso. La imagen del jefe de obra tampoco abandonaba su cerebro. Le veía inmóvil, quieto frente a él y con la mirada clavada en el entrecejo del arqueólogo. Tampoco se podía quitar de la mente las críticas de Chambers. Esos fotogramas pasaban a gran velocidad por delante de los ojos de Lancaster, pero eran tan reales que ni siquiera se dio cuenta de que Edgar Bowman le estaba llamando a su despacho. Sólo un ligero empujón de Mariela le hizo volver de semejante trance.

- ¿Estás bien? –Le preguntó la restauradora mientras le acompañaba al despacho de Edgar.

- Si, gracias. Es que estoy un poco agobiado, pero nada grave –Replicó Lancaster.

- Bueno, si quieres luego podemos tomarnos unas cervezas…

- ¿Estas tratando de ligar conmigo? No se si será bueno que los arqueólogos y las restauradoras intimen…

- No sólo es bueno. ¡Es sano! –Contestó Mariela tras darle un cachete en el culo a su compañero.

Al entrar en su despacho Edgar ya tenía preparada toda la documentación de la obra. Con los planos sobre la mesa, ambos tenían que decidir de qué forma empezar con el desbroce controlado de la superficie que quedaba del yacimiento. Ante todo, lo más importante era ser solvente y a la vez, evitar a toda costa que sucediese lo mismo que en Sheller Down.

- Imagino que sabrás la situación en la que nos encontramos, ¿verdad? –Preguntó Edgar a su trabajador, rompiendo el hielo.

- Me hago a la idea. De todas formas, me gustaría comentarte una preocupación que tengo…

- Adelante, dispara.

- Necesito saber que las cosas se van a hacer bien. Quiero decir que me niego a que pase algo parecido a los que sucedió en Sheller Down o en el aeropuerto. El expediente debe respetarse. Y al arqueólogo se le debe respetar también. Y cuando hablo de respeto al arqueólogo no me refiero a que te respeten a ti, que ya tienes el respeto ganado. Me refiero a que respetéis mi criterio…

Tras unos segundos de silencio, Bowman cerró un libro que se encontraba a su lado. Se colocó las pequeñas gafas de utilizaba para leer de cerca y alzó la vista para mirar fijamente a Lancaster.

- Verás, no todo el mundo en este sector entiende lo que hacemos. Margaret, que así se llamaba la arqueóloga del aeropuerto, no soportó la tensión de la obra –Respondió Bowman a la vez que se acomodaba en su sillón.

Prosiguió hablando con seriedad, pero esta vez clavando la mirada en el plano de la obra, abierto de par a par y que ocupaba prácticamente toda la mesa.

- La obra, Lancaster, es tensión. Es un problema tras otro, pero también es capacidad de solvencia de esos problemas. Mira, en la obra hay mucho "perro viejo". Son personas que llevan la tira de años en la construcción y que no van a permitir que un pipiolo como tú les dé órdenes, les digas que por aquí no pueden transitar, o les prohíbas excavar acá. Pero tú tienes permiso para eso, eso es lo único que debes saber. Tú mantente firme, serio y resolutivo. Es la única forma de hacer bien el trabajo y de salir indemne de aquí –Concluyó Edgar dando un golpe fuerte sobre la mesa.

Tras una pausa Lancaster continuó el diálogo.

- Me da la impresión de que esto es una guerra, Edgar. Yo soy arqueólogo, y no policía.

- Efectivamente eres arqueólogo, y por lo tanto debes hacer arqueología, pero preventiva, Lancaster. Esto es Arqueología Preventiva y, en consecuencia, previenes de destrozos, pérdidas, deterioros….

Cuando alguien previene de algo siempre hay dos factores: el "bueno", o el factor preventivo; y el "malo", o el factor a prevenir. ¿Entiendes lo que trato de explicarte?

- Sí, creo que sí... –Contestó Lancaster a su jefe, con cierta inquietud.

- Bueno, pues entonces "pelillos a la mar". Enséñame eso que dices que has encontrado, que hay que ponerse manos a la obra... -Concluyó Edgar, poniendo sobre la mesa varios documentos más.

La reunión se prolongó más de tres horas. Por la tarde Lancaster estaba exhausto. Al llegar a su casa no quería escuchar nada que estuviese relacionado con la arqueología. Bueno, no del todo. Tal vez necesitaba oír una buena dosis de ironía y sarcasmo relacionado con su profesión. Necesitaba algo que le relajase y que le ayudase a dejar de pensar en todo lo que se le venía encima. Necesitaba a su amigo Neill.

- ¿Estas de coña? Nervioso, dice... -Espetó Neill tras dar un eterno sorbo a su tercera pinta.

- Pues sí, nervioso. Tú no conoces al jefe de obra. Ni a su séquito... -Respondió Lancaster observando a su alrededor.

- Tú tampoco has conocido a mi padre. Conseguía ordeñar una cabra con guantes de esparto...

- No seas animal. Sólo te digo que empiezo a sentir la tensión que no he sentido en ningún momento desde el inicio de la obra. ¡Y sin avisar!

- Tú ya sabes lo que tienes que hacer, Lancaster –Resolvió el irlandés con un tono más serio.

- ¿Pero cómo voy a saberlo? Tú lo sabes. Cuando excavamos tenemos un yacimiento bien situado. Sabemos, más o menos, las dimensiones. Nos da tiempo a documentarnos sobre los precedentes, e incluso hacemos prospecciones antes de intervenir. Aquí no tenemos esa ventaja, y eso me pone nervioso.

- No te creas. Cuando empezamos a excavar, ¿qué esperamos encontrar? Tú no lo sé, pero yo espero encontrar cualquier cosa menos lo que debería aparecer. Eso nunca se sabe…

- Pero al menos tenemos la oportunidad de tratar de adelantarnos a los hechos, ¿no crees?

- No, no lo creo. Ningún libro te va a decir qué encontrar. En cualquier caso los libros te pueden indicar cómo buscar. Ni Hodder, ni Renfrew ni Gamble te van a mostrar la verdad. Entonces, ¿para qué nos ponemos etiquetas?

- Bien dicho… -Culminó Lancaster, tras un buen trago de cerveza.

Ambos hablaron hasta que las manillas del reloj sobrepasaron la media noche. Entre tanto Lancaster consiguió quitarse de la cabeza sus preocupaciones. Sin embargo le surgió una nueva, gracias a un comentario de su amigo Mac Allister.

- ¿Cómo es posible que no estuviese ese yacimiento en carta? No lo entiendo.

- Yo tampoco…

Desde la última reforma de la legislación sobre Patrimonio Histórico, las administraciones locales tienen la posibilidad de catalogar sus yacimientos arqueológicos y sus monumentos históricos. Esa catalogación venía haciéndose desde hacía más de veinte años. Los arqueólogos han rastreado las localidades y han realizado amplios listados de entornos de interés histórico. Precisamente la zona en la que se encontraba la obra de Lancaster contaba con una de las más precisas cartas arqueológicas. ¿O tal vez no era tan precisa? Previamente al inicio de la obra Bowman había revisado la carta junto a Lancaster y en ese punto no se hallaba ningún yacimiento. Y desde luego, dadas sus características, era imposible no verlo. Lancaster no había caído en cuenta de su presencia. Como venía siendo habitual en su rutina, solía supervisar las áreas antes que la maquinaria. En ese caso no había visto nada extraño porque la máquina de Bull se había situado de un día a otro. Tampoco era excusa. Sin embargo, lo que más le preocupaba al arqueólogo era la fiabilidad de las cartas arqueológicas. ¿Acaso ya no eran tan fiables como se había vendido desde hacía una década? ¿Qué clase de arqueólogos eran aquellos que realizaban un trabajo, remunerado por supuesto y ni siquiera se preocupaban por examinar el cien por cien del territorio? En el caso de que estos inventarios no fuesen tan fiables, habría que ampliar el trabajo de los arqueólogos de seguimiento.

- ¿Me estás escuchando o estás pensando otra vez en esa restauradora? –Gritó Neill a poca distancia de su amigo.

- No pienso en ella, qué bobada…

- Sí, sí, bobadas… Amigo mío, las restauradoras son la perdición de todo arqueólogo.

- No seas retorcido. Además, y si no recuerdo mal, la mujer que te llevó a la perdición era topógrafa, ¿no es verdad?

- Mmmm, pero eso es diferente. Esa mujer era un demonio con trípode…

- Ya, ya… -Terminó diciendo Lancaster a la vez que pedía la cuenta.

- Eso, eso, paga la cuenta, que a partir de mañana quién sabe lo que te puede pasar.

***

Ya había llegado. Era el día después. No sabía si era su sueño hecho realidad, o la pesadilla con la que jamás quiso encontrarse. Lancaster había quedado en el yacimiento con Hammer, Thomas y el maquinista Bull. Los trabajos de desmonte estaban paralizados, pero había que empezar los trabajos de limpieza y delimitación del área arqueológica. El día de antes Bowman ya le había recomendado una serie de pautas. En primer lugar debía de retirar las terreras que se habían generado durante los desmontes. Además debía limpiar buena parte de los perfiles generados. El jefe de obra Martins le había mandado un par de peones para ir limpiando los niveles que pudiesen aparecer. Ambos se habían presentado una hora antes de que llegase Lancaster, tiempo que habían aprovechado para recoger no menos de treinta trozos de cerámica. El botín lo habían puesto sobre una piedra de grandes dimensiones, a fin de entregárselo a Lancaster a su llegada. Una vez en el punto de encuentro, la máquina debía desbrozar aproximadamente unos veinte centímetros de profundidad. Con la pericia de Bull debían retirar lo que se denomina cobertura vegetal.

Estaba preparado y, sin embargo, con la primera luz del día ya había surgido el primer problema.

- Ese cazo no sirve, Hammer.

- ¿Es demasiado pequeño? –Preguntó el encargado con sorna.

- No, es que no puede tener dientes, debe ser de limpieza. Y conste que lo dije ayer alto y claro –respondió bruscamente Lancaster.

- ¿Pero por qué? Si con un cazo de limpieza apenas avanzaremos. ¡Tardaremos una eternidad en hacer cincuenta metros! –Replicó el encargado.

- Ya, pero con el cazo de limpieza no nos llevaremos por delante los restos más superficiales. Además la superficie quedará mejor para distinguir las manchas –Volvió a contestar Lancaster, con absoluta seguridad en sus palabras.

Al escuchar este argumento, Hammer dio media vuelta y comentó en voz baja su desacuerdo con la decisión del arqueólogo. Claro está que debía hacer todo lo que le dijese, tal y como le había ordenado Chambers.

- Sigo pensando que es una bobada, pero bueno... ¡Bull, cambia el cazo! -Finalizó Hammer.

Lancaster ya había hecho su previsión. Pensaba que el yacimiento podría tener unos doscientos metros cuadrados de superficie, opinión que no compartía en absoluto Bowman. Al principio la mancha tenía forma elíptica, abriéndose en sentido Norte hacia el lateral de los perfiles. El arqueólogo se dispuso a raspar los bordes, en donde se apreciaba muy bien que se trataba de un gran agujero. El color negro se explicaba porque se encontraba rellenado con material orgánico descompuesto. En ocasiones esto sucede cuando una techumbre se desloma, o se descompone un suelo de ramaje. El paso del tiempo hace el resto del trabajo.

Como la máquina no podía tocar la mancha que ya estaba descubierta, Lancaster había dado órdenes de no tocar la parte arqueológica, por lo que la máquina tendría que situarse en el extremo del perfil y continuar la excavación de espaldas, o a contra-perfil. Este sistema es más complicado que a favor del perfil, pero Lancaster confiaba plenamente en la destreza de Bull. Además, él mismo estaría supervisando la extracción, ya que la superficie arqueológica no siempre es horizontal, sino que sigue curvas de nivel propias de la topografía del terreno. Tanto Thomas como Hammer debían ser unos simples observadores. Al poco de sobrepasar las ocho y media de la mañana, la máquina comenzó a extraer el sedimento que cubría los restos. Los peones de la constructora tendrían que esmerarse en retirar el sedimento que la máquina no pudiese retirar.

Las primeras capas no le preocupaban demasiado a Lancaster. Éstas estaban formadas por rellenos modernos procedentes de algunas construcciones recientes. Cascotes, tuberías y trozos de lavadoras adornaban los perfiles de los primeros cincuenta centímetros. Sin embargo, a partir de esa profundidad era cuando Lancaster comenzada a intranquilizarse. A las primeras capas de arenas les seguían unas arcillas más oscuras, propias de zonas con mucha más humedad. Finalmente, y por debajo de estas capas insustanciales, se encontraban los niveles arqueológicos. En cada cazada de la máquina salían volando no menos de diez trozos de cerámica y hueso. Era en ese momento cuando sonaban con fuerza los gritos de Lancaster, deteniendo la máquina o avisando a los peones de la constructora. De su voz rasgada se distinguían frases como "más arriba" o "no tanto, no tanto". Sin embargo, ahí estaba, dirigiendo la orquesta mientras ese manchurrón iba asomando poco a poco. A ese manchurrón le acompañaban varias vetas marrones de arcillas y otras vetas grisáceas propias de cenizales. En cualquier caso, el arqueólogo no daba a basto en una de sus tareas: recoger bolsas y bolsas del material arqueológico que iba apareciendo.

La anchura que debía seguir el desbroce era aproximadamente la correspondiente con la banda de expropiación, es decir, no podía salirse de la zona afectada por la carretera, ni siquiera aún cuando su mancha arqueológica iba más allá de ésta. Por fortuna el área discurría por en medio de la traza de la futura carretera. Al tiempo que Lancaster seguía definiendo el hallazgo, un numeroso grupo de curiosos, todos ellos pertenecientes al cuerpo de operarios, se apostaban en la valla que había colocado el arqueólogo. Encofradores, peones, oficiales y albañiles se situaban en el borde del perímetro. Lanzaban todo tipo de comentarios, a cual más original y descabellado. Esos comentarios no hacían sino arrancar al arqueólogo profundas carcajadas. Una hora después de comenzar la limpieza del yacimiento, ocho operarios mantuvieron una conversación que Lancaster jamás podrá olvidar.

- ¿Qué ha dicho que es? ¿Un ginecólogo?

- No, no, es el "potógrafo". Está buscando restos de los moros…

- Pues a mí me parece todo un montón de guarrería…

- Sí, y lo del centro un botijo como el que tenía mi abuelo.

- Ya decía mi padre que aquí habría restos de los egipcios.

- ¿Y para qué barre el suelo? Si se va a poner todo perdido.

- Para eso hay que estudiar mucho…

- ¿Y que se estudia para poder escarbar?

- Pues ya te lo he dicho antes: "ancólogo". Son los que buscan esos elefantes gigantes, los "bambús".

Al segundo día de trabajo Lancaster se encontró con un impedimento de veinte metros de longitud. Se trataba de una tubería que atravesaba el yacimiento de par a par. Afortunadamente para Lancaster apenas afectaba a los niveles arqueológicos. Sin embargo, había que retirarla. En ese esfuerzo podría deteriorarse el yacimiento. En cualquier caso el arqueólogo no pudo evitar sentirse aliviado. Viendo la tubería sentía que estaba haciendo bien las cosas, ya que en su obra había actuado con profesionalidad. A diferencia de ese tubo, colocado sobre un nivel claramente arqueológico, la futura carretera estaba siendo ejecutada respetando los expedientes. Eso era algo que nadie le podía arrebatar a Lancaster. Todo iba por buen camino. Desde el inicio de la intervención, desde antes incluso del hallazgo, los resultados iban siendo inmejorables. Incluso en ese momento, en que Bull iba dejando visible el nivel arqueológico, Lancaster había olvidado por un instante los malos momentos de búsqueda de trabajo o las discusiones sobre la fiabilidad o no del método. Esos dos primeros días de desbroce habían pasado tan rápido que ni siquiera se percataba de las llamadas que recibía. Tan ensimismado estaba con su trabajo que había llegado a descuidar su labor de vigilancia arqueológica. Debía combinar el desbroce del yacimiento con el control de los movimientos de tierra que se seguían realizando. No era un gran problema.

Sin embargo, a partir del tercer día de trabajo las cosas empezaron a torcerse. A la mañana del tercer día la máquina de Bull no se había presentado porque "había surgido una serie de problemas técnicos". Como Lancaster no podía perder ni un solo día, decidió delimitar a mano parte de la superficie que había dejado descubierto el día anterior. Finalmente quiso rematar la faena con una buena serie de fotos. A medio día, mientras acudía al almuerzo pudo observar cómo su máquina, una Serie 922, se encontraba trabajando en otro punto de la obra. "Acabamos de arreglarla, se lo juro. Se la mandamos en media hora", le dijeron a Lancaster. Regresó a su tajo pensando en el buen hacer de los encargados. La máquina no apareció hasta media hora antes de cerrar la obra…

Al día siguiente la máquina sí se encontraba junto al yacimiento, pero sin maquinista. Thomas le dijo al arqueólogo que la responsabilidad era del maquinista y que era una falta de respeto el no haberse presentado en su puesto de trabajo. Lancaster respondió diciendo que no era necesario hacer astillas del árbol caído. En cualquier caso perdió más de medio día hasta que apareció Bull.

- ¿Bull, qué ha pasado? Llevo aquí toda la mañana esperándote. Podrías haber llamado… -Preguntó Lancaster con seriedad.

- ¿Pero no te ha dicho nada Hammer? Estaba en otra máquina porque el operario había enfermado, y me ha tocado sustituirle.

- ¿No me digas…? -Afirmó Lancaster.

- Me dijeron que te mandarían a alguien, chico…

- Bueno, pues empecemos a trabajar, que ya hemos perdido demasiado tiempo.

Tras un día entero sin ningún percance, a la mañana del sexto día y tras tomar su almuerzo habitual, Lancaster se disponía a volver al lugar de trabajo cuando una máquina de ingentes dimensiones bloqueaba el paso por la obra. Estaba tan bien colocada que era el único acceso posible y viable para llegar a su punto de trabajo. "¡Qué casualidad, demonios!". Tras discutir durante media hora con el operario de la máquina, y después de cuarenta minutos para retirarla, finalmente pudo llegar al yacimiento. Las sorpresas no habían terminado. Allí se encontró con que Bull y su máquina habían vuelto a desaparecer. Preguntando a los operarios de los alrededores todo indicaba que al no aparecer el arqueólogo habían terminado reclamando la máquina para otro trabajo. "¡Pero si ha sido una asquerosa hora! Y encima por su culpa…". Lancaster orientó toda su furia hacia un pobre carpintero que montaba una señal de límite de velocidad. Aún alterado se dirigió a las casetas de los encargados, a fin de reclamar la máquina que le pertenecía. Creyendo aún que todo iba a salir bien volvió a encontrarse con la misma máquina de gigantescas dimensiones que le había bloqueado el paso anteriormente. Por extrañas circunstancias volvía a bloquear el paso, esta vez en dirección opuesta. Desde la cabina el maquinista espetaba disculpas.

- ¡Jefe, le juro que no es nada personal!

- Será broma... Decidme, dioses, que hoy no queréis que trabaje y me lo creeré –Sollozaba para sí mismo el arqueólogo.

Después del mismo protocolo para apartar la mole, y tras volver a discutir con el operario, pudo observar en la lejanía cómo Thomas se escondía tras cruzar su mirada con la suya. A la carrera pudo pillarle antes de que entrase en su vehículo.

- Oye, Thomas, ¡que os habéis llevado mi máquina! La necesito hoy como sea, y no me digas que la tendré en media hora...

Refunfuñando, el encargado salió de su coche.

- Vale, vale, tranquilo. Déjamela diez minutos, ni uno más. Tengo que mover unos tubos a la entrada de la obra. Prometo que te la mando en cuanto termine –Le contestó el encargado con voz firme.

Lancaster apreciaba mucho a Thomas. Desde el inicio de la obra los operarios de maquinaria se habían comportado bien con el joven arqueólogo. No sólo le informaban de los tajos activos. También le acompañaban en los desayunos o le llevaban de un punto a otro de la obra. Sin embargo, en ese momento Lancaster tenía otros asuntos más importantes en la cabeza. La máquina no aparecía tras esperar otra media hora más. Finalmente, y en pleno ataque de nervios del arqueólogo, por fin apareció Bull con su excavadora. Desde fuera se le veía en la cabina hablando por teléfono, jurando y perjurando en diferentes idiomas. De repente Lancaster comenzó a respirar.

Al día siguiente se cumplieron las promesas y Bull empezó desde muy temprano a trabajar. El paraje que les rodeaba era absolutamente inhóspito. Durante el desayuno y la comida muchos operarios se tenían que marchar a un pueblo cercano para comer, dejando buena parte de los materiales en la obra. Al rato de volver del desayuno habían llamado a consultas al arqueólogo, ya que debía firmar unos documentos en las oficinas de la constructora. El trámite debía hacerse después de comer, por lo que Lancaster dio instrucciones a Bull para que continuase el trabajo sin él. Aunque Bull contaba con toda su confianza, más aún después de su cable con Chambers, el arqueólogo no se fiaba de las circunstancias que rodeaban su trabajo en la obra. Es por ello que decidió volver al yacimiento incluso antes de lo que había dicho. A su regreso no podía creer lo que estaba viendo. Sus ojos se inyectaron en sangre al observar que, sobre la superficie del yacimiento, le habían apilado unos cincuenta tubos de hormigón de varias toneladas cada uno. Lancaster empezó a reír. No era una risa normal, sino una risa nerviosa entremezclada con sollozos.

- A mí no me mires, hermano… Yo estaba echado la siesta y al despertar me he encontrado con este percal -Gritó Bull desde su cabina al ver llegar a Lancaster.

Lancaster se acercó despacio a la máquina de Bull. Casi arrastrando los pies llegó hasta el borde del desmonte. Su risa iba en aumento según veía el panorama que se había creado en el yacimiento. Desde abajo escuchaba cómo Bull justificaba que no tenía nada que ver con los tubos, mientras que los dos obreros que le ayudaban observaban el espectáculo sentados en una roca. Por debajo de los tubos sobresalían las herramientas que utilizaban para delimitar las piezas arqueológicas. Eso significaba que tampoco podían utilizarlas, a no ser que levantasen las varias toneladas de hormigón que las sepultaban. Mientras daba vueltas alrededor de su yacimiento sepultado iba pensando en todas y cada una de las cosas que había hecho mal para llegar a esa situación. Lancaster continuaba riendo de forma nerviosa. Miraba el yacimiento y segundos después alzaba la mirada al cielo. Concluyó la vuelta al yacimiento llegando nuevamente a la máquina de Bull. Allí continuaba el maquinista con su monólogo…

- Es más, me han jodido porque ahora no puedo ni ir hacia adelante ni ir hacia detrás –Dijo Bull al ver cómo se acercaba Lancaster a su máquina.

- ¿Pero cómo no has escuchado nada? ¡Si son tubos de cien kilos! –Sollozaba Lancaster.

La retirada de ese acopio de material llevó más de medio día. Durante todo el proceso, y después de remover Roma con Santiago, Lancaster sólo pudo hacer fotos, recoger material y enfrentarse a varios capataces. Las explicaciones eran tan variopintas como absurdas. En cualquier caso sólo se creyó la explicación que le dio el único sin culpa ninguna.

- Lo han hecho para joderte, hazte a la idea –Confesó Bull mientras ambos observaban cómo una inmensa grúa retiraba los tubos.

- Ya me da igual, Bull. Yo sólo quiero continuar con mi trabajo.

- Lo sé. No te resignes.

Después de retirar los tubos por fin consiguieron reiniciar los desbroces. Lancaster dio instrucciones muy claras a Bull: había que recuperar el tiempo perdido. Le pidió al maquinista rapidez y eficacia en cada cazada. No quería hacer una chapuza, pero era obvio que debía meter una marcha más. Afortunadamente consiguió que todos los elementos se aliasen a su favor. Durante más de dos horas se habían abierto unos diez metros cuadrados, algo inaudito los últimos días debido a los desastres que se habían encadenado.

***

- Esto es el imperio del mal, mi pequeño amigo.

- Tú siempre con tus símiles absurdos.

Una tarde más, Lancaster y Neill volvieron a quedar para tomar unas cuantas rondas de cerveza. Sin embargo esa tarde les acompañaba un personaje más. Henry Catania había recibido la llamada de Neill unas horas antes, invitándole a tan distinguido evento. Desde su encuentro después de la defensa de tesis, Lancaster no había tenido ocasión de ver de nuevo al italiano. Era una ocasión inmejorable. Lancaster necesitaba consejos. Y no sólo consejos sobre cómo actuar. Necesitaba saber qué hacer ante tanta hostilidad mostrada por la constructora. Necesitaba saber cómo actuar frente a personajes como Chambers. Pero como no todo era arqueología aprovecharían para comentar las últimas novedades de unos y otros.

- Vamos a ver, en todas las obras siempre hay problemas que hacen la vida un poco más animada. ¿O acaso crees que las pirámides salieron a la primera? –Comentaba Mac Allister mientras sorbía de su pinta un buen trago.

- Déjate de chorradas, Neill. Estos porcos no tienen respeto ninguno por nuestro trabajo. Y está claro, Lancaster, que te están poniendo a prueba –Afirmaba Henry Catania.

- No lo sé, la verdad. Todo había empezado tan bien que me había hecho ilusiones. Pero estos últimos días han sido terroríficos. No me creo que todo haya sido una cadena casual de desventuras –Refería Lancaster con un tono desanimado.

- Amigo, desde el inicio de los tiempos los arqueólogos se han peleado con todos. El mismísimo Cartes se las vio y deseó con la Junta de Antigüedades. Tú eres un aventajado porque juegas en casa –Comentó Catania.

- Cuanto antes delimites el yacimiento antes podré intervenirlo, y por lo tanto, antes podrán seguir los trabajos. Por lo tanto, no entiendo las zancadillas que me han puesto, la verdad.

- ¿Aún crees que lo han hecho adrede? –Preguntó nuevamente Catania.

- ¡Por favor, Henry! Creo que aún no has bebido demasiada birra y no piensas con coherencia… -Dijo Neill con su sarcasmo habitual.

- ¿También te lo hicieron pasar mal a ti en Visigothorum, Neill? –Preguntó Lancaster con mucho interés.

- Lo intentaron. Pero ya sabes que es muy difícil hacer sufrir a un irlandés…

Una vez que había finalizado la jornada laboral, a Lancaster le gustaba quedar con buenos amigos y tomar una cerveza fría en el centro de la ciudad. Lo normal era no hablar de arqueología, pero los últimos acontecimientos le habían dejado muy tocado y necesitaba desahogarse

de alguna manera. Había pensado en llamar a Bowman ese mismo día, pero por no crear problemas entre éste y el jefe de obra Martins decidió no hacerlo y solventar sus dudas con Neill y Henry. Además ambos estuvieron trabajando en este campo de trabajo y, por lo tanto, conocían de primera mano los tejes y manejes de la obra. Neill ya no pertenecía a la plantilla de la empresa Visigothorum, pero su ayuda era muy estimable. Se trataba de una cooperativa de arqueólogos europeos. Hacía unos diez años que se habían puesto en contacto con Neill para intervenir en un yacimiento arqueológico a las afueras de Leeds. La construcción de una carretera afectaba directamente a un recinto amurallado y Neill debía documentar los fosos y las cimentaciones. Esta intervención concluyó sin problemas. El siguiente proyecto fue en el puerto de Liverpool. La ampliación de un dique afectaba a un pequeño asentamiento normando. La intervención no se pudo concluir porque el yacimiento fue arrasado durante una noche. Neill, enfurecido, se enfrentó al día siguiente a los ingenieros de la constructora, hasta el punto de formar una monumental bronca que terminó con media docena de personas en comisaría. Los gerentes de Visigothorum no tardaron en despedir a Neill, a pesar de que se demostró que fue el Jefe de obra quien dio la orden de destruir el yacimiento. Nunca se llegó a denunciar este delito, principalmente porque quien debiera hacerlo, los gerentes de Visigothorum, no lo hicieron. Ni siquiera el director de la intervención movió ni un dedo para hacerlo. Neill, por su parte, abandonó el país y juró no volver a intervenir en él. Viajó a Noruega donde excavó un poblado medieval en los alrededores de Trondheim. Allí también sufrió el ataque de expoliadores, a los que persiguió hasta darles caza. El incidente culminó nuevamente en la comisaría de Bergen. Después de tres meses de intervenciones pordioseras terminó el último año participando en la restauración de la catedral de Nidaros. Para su desgracia no iba a ser una intervención tranquila. Los arquitectos optaron por eliminar algunos restos góticos de los alrededores, contradiciendo el criterio de Neill.

- Lo que está claro es que eres un obstáculo desde el primer momento en que les has parado las máquinas, y eso has de entenderlo. Yo creo, y no me malinterpretes, que mañana mismo deberías sopesar si esos restos merecen la pena ser excavados. A veces lo que encontramos no nos aporta más información que la que aporta el propio material arqueológico. E incluso te diría que si el desmonte no afecta de forma directa a los restos, que documentes las manchas, que hagas fotos, que tomes cotas, que recojas el material y que liberes rápidamente la zona –Comentó Henry a Lancaster con total sinceridad.

- Eso no es fácil de hacer, Henry… -Respondió Lancaster.

- Pero al fin y al cabo, si no se desmonta el yacimiento va a quedar soterrado y no destruido. ¿Quién no te dice a ti que dentro de mil años la carretera se desmonta y un arqueólogo lo excava? ¡Pues ya lo tiene localizado gracias a ti! –Argumentó Catania.

- No digas chorradas, italiano. Eso lo haréis en tu país y así tenéis los Foros Imperiales…-Aseveró Neill después de dar un largo sorbo de cerveza y de atragantarse con las últimas gotas.

- Ya salió el ortodoxo... A ver, danos tu profunda opinión, te lo ruego –Respondió Catania postrándose frente al irlandés.

- Pues mira, para empezar vamos a ser coherentes. ¿Qué es afección? Algo que afecta no lo hace gradualmente. Afecta o no afecta, esa es la cuestión. Te pongo un ejemplo. Un acueducto queda afectado por una obra en un tramo de tres metros. El acueducto sigue intacto en sus trescientos metros restantes, pero ¿está afectado o no?

- Afectadísimo, eso no cabe duda…

- Naturalmente. ¿Tú lo consentirías? Porque claro, son sólo tres metros de un total de trescientos, podrás pensar. ¡Pues no señor, yo no lo admito! Porque se empieza por tres metros, se sigue con cuarenta y se acaba desmontando todo el acueducto –Respondió Neill, a quien ya se le notaban las tres pintas que se había bebido.

- Yo prefiero desmontar tres metros de acueducto a sustituir las gárgolas de la catedral de York por cubos de caliza –Replicó Catania.

- ¡Yo soy irlandés, majadero!

- Vale, vale, pues escucha esto. Un buen día llega una constructora y te dice que van a arrasar una presa romana porque coincide con una tunelación. Obviamente tú les instas a que haya un cambio en el proyecto, porque es un elemento único de la zona, a lo que te replican que no es viable. A cambio te presentan una opción, y es excavar toda la estructura para poder documentarla, y todo pagado de su bolsillo. Además te ofrecen una subvención para hacer una copia exacta en una zona verde próxima, una copia exacta y realizada siguiendo los parámetros adecuados de restauración. ¿Acaso crees que esto no es adecuado? Esto es la salvación de nuestro patrimonio.

- Pero Henry, ¿y cual sería el destino de la presa original? –Preguntó Lancaster cortando la alocución de Catania.

- Pues obviamente su demolición –Respondió.

- ¡Eso es! Demoler las cosas es la solución. ¿Para qué conservar lo original si podemos tener copias de todo? Haz copias de cerámicas, de monedas, de espadas o de tapices. Pero no me hagas copias de los monumentos a no ser que sea estrictamente necesario. Una cueva la puedes reproducir por motivos de deterioro de sus pinturas. Eso sí, que sepas que nunca llegará a ser lo mismo que la original. Te digo incluso, Henry, que preferiría que cerrase Pompeya para su limpieza antes que visitar una vulgar reproducción. ¡Para eso me voy a un parque temático! -Respondió finalmente Neill.

- ¡Pero qué básico y qué primario eres, Mac! ¿Me vas a decir que las reproducciones del Museo Arqueológico no te parecen acertadas? Piensa en los "eco-museos" que los franceses han puesto tan de moda. Visitas un yacimiento del que se ha reproducido más del ochenta por ciento. En esos lugares los visitantes pueden participar de forma activa en la vida cotidiana de los antiguos. ¡No me digas que eso no es bonito!

- ¿Los franceses me dices? Los que faltaban… No te vayas por las ramas Henry. Hablamos de no respetar los expedientes de Cultura o de agilizarlos para beneficiar a unos pocos. Hablamos de modificar el paisaje antiguo hasta límites insospechados. ¿Quieres reproducir una presa? ¡Perfecto! Hazlo a ver si eres capaz de hacerlo modificando los cauces originarios que la abastecían, modificando la vegetación de ribera y modificando la orografía. Porque claro, vosotros los italianos y vuestros monumentos no tienen cabida para el paisaje, el medio…

- No pretendía generar esta polémica, os lo juro –Intervino Lancaster cortando la conversación entre ambos.

Dando un largo trago de cerveza siguió hablando.

- La verdad es que ambos os postuláis en los extremos del asunto, y cada uno lleva a sus espaldas sus experiencias. De modo que ¡hala!, a beber y a decir tonterías, que es lo que ahora mismo necesito.

- Amén, hermano – Respondió Henry a las súplicas de Lancaster.

- Que así sea. Pero que sepas que te equivocas, "espagueti" –Convino Neill aprovechando su última palabra.

***

Al día siguiente, y con una enorme jaqueca a cuestas, las cosas no podían ir de mejor manera. Los desbroces de Lancaster habían ocupado casi trescientos cincuenta metros cuadrados, mucho más de lo que jamás pudo pensar. Las manchas comenzaban a tener formas circulares. Algunas se juntaban unas con otras, formando "ochos" y cadenas de pequeño tamaño. Mientras Lancaster realizaba una batería de fotografías en la ejecución, recibió una visita inesperada. Era Henrich Bakerline, director del Museo Arqueológico. El propio Bowman, gran amigo suyo, le había informado de los restos que aparecían en la obra, por lo que decidió presentarse para verlos con sus propios ojos. Bakerline era un hombre corpulento de unos sesenta años. Sus andares no indicaban una gran habilidad para caminar por el campo, como tampoco lo indicaban los atuendos que portaba. Una camisa oscura con unos pantalones cortos iban combinados con unos zapatos náuticos recién estrenados. Por supuesto, al llegar al talud sufrió un traspié que a punto hizo que acabasen sus huesos en el fondo del río... Sin embargo, lo que descolocó definitivamente a Lancaster fue el primer comentario que realizó nada más llegar junto a él...

- ¡Pero cómo se te ocurre excavar con máquina! ¿Acaso no ves que te estás cargando los niveles arqueológicos superiores? –Esgrimió en voz alta el director apuntando al centro del yacimiento, donde se situaba la máquina de Bull.

Tras unos segundos de desconcierto Lancaster le contestó con absoluto respeto y seguridad.

- Buenos días, Sr. Bakerline, me alegro mucho de verle por estos parajes. Estaría encantado en enseñarle el yacimiento pero si me permite, voy a empezar por enseñarle la resolución que me insta a realizar un desbroce arqueológico con maquinaria, ya que los niveles que hay por encima se caracterizan por sus magníficos ejemplares de tuberías de plástico de los años sesenta –Contestó Lancaster postrado junto al director.

Este comentario descolocó a Bakerline. Acostumbrado a que le den siempre la razón y a crear miedo entre los técnicos, no estaba preparado para escuchar el resto del argumento de Lancaster. Sin embargo, un rápido vistazo a los perfiles le bastó al director del museo para percatarse de su error, a la par que observó con cierto desaire cómo en el documento se permitía el uso de maquinaria en el desbroce.

- ¡Naturalmente! Es que a veces la gente usa las máquinas con excesiva ligereza, sin conocer sus límites, ¿Me entiendes? Pero ya veo que tú tienes atados y bien atados los cabos de este procedimiento. Y dime, ¿hace mucho calor por aquí? –Terminó Bakerline con una pregunta de lo más absurda.

Tanto su respuesta como la última pregunta dejaron ciertamente desconcertado a Lancaster, para quien el director de toda una institución como es un museo debía ser alguien respetable. No sólo eso. Alguien como él no debería dudar del uso de la maquinaria para las primeras fases de excavación. Sin embargo la fama de Bakerline le precedía. Había llegado a su puesto haciendo muchos y buenos méritos como era dirigir varios yacimientos en Oriente Medio, colaborando con diferentes instituciones como la UNESCO en la catalogación y protección de monumentos. Nadie podía negarle el éxito que había conseguido siendo el editor principal de una de las más prestigiosas colecciones de monográficos de arqueología en Europa. En opinión de Neill, de la Dra. Lyan y de otros catedráticos, la trayectoria de Bakerline parece que se estancó cuando logró el puesto que en la actualidad ostentaba. A partir de ese momento sus méritos se reducían a torpes intervenciones en congresos, a caídas durante visitas oficiales a yacimientos y a rumores de idilios con algunas jóvenes investigadoras. En cualquier caso compaginaba su cargo con la realización de varios libros y con las visitas esporádicas a yacimientos cercanos.

La explicación de Lancaster no llegó a convencer a su colega aunque tampoco le desagradó. Al encontrarse en las primeras fases de excavación no era posible llegar a una conclusión clara sobre lo que tenían entre manos. La cantidad de cerámica junto con los depósitos de hueso y de lítica permitía hacer una primera valoración: podría tratarse de lo que se denomina un "fondo de cabaña". Estas formaciones solían ser habituales en cronologías antiguas e incluso medievales. La coloración oscura de la tierra respondía a la descomposición orgánica de techumbres, las cuales estaban formadas por ramazos y chamizos procedentes de arbustos o ramas.

- Como comprenderás toda esta explicación que me has dado es sólo hipotética. Naturalmente habrá que abrir el resto de la extensión del yacimiento para ver hasta dónde llega. No obstante yo de antemano te podría decir que estaríamos hablando de un yacimiento de no más de tres mil años –Comentó Henrich al tanto que paseaba junto a Lancaster.

Otra de las peculiaridades de Henrich era la de mostrar una capacidad innata para datar los yacimientos sin ver los materiales, sin conocer las secuencias estratigráficas y apenas paseando por encima de ellos. Era muy gracioso escuchar cómo Mac Allister estaba convencido de que Bakerline era poseedor de un poder sobrenatural en sus manos, por el cual era capaz de conocer las edades de cualquier cosa, un "auténtico arqueólogo súper-héroe". Para Lancaster era solo un acto de demostración de poder del viejo arqueólogo frente al joven. Lejos de darle importancia Lancaster escuchó durante más de diez minutos las explicaciones del director del museo, quien no cesaba de mirar a su alrededor y de encontrar elementos a cual más interesantes.

- La proximidad con el río ha debido de ser determinante para que se asentasen en este punto. Además parece que el valle crea un pasillo natural que comunicaría las zonas altas del piedemonte con las zonas del fondo del valle. Debe haber varios núcleos en los alrededores, que dependerían de un centro administrativo, fortificado y en lo alto de algún cerro, como los de allí arriba… Y, desde luego, la necrópolis estará allí abajo, al otro lado del río –Dictaminó Henrich mientras giraba sobre sí mismo y apuntaba a diferentes cerros de alrededor.

- Claro, claro, es posible –Contestaba Lancaster.

Tanta obviedad y tanta fantasía le daban dolor de cabeza, por lo que prefirió asentir a todo lo que decía su colega y desconectar un rato de la realidad. No obstante tuvo que soportar una hora de lecciones y de teorías triviales, tras las cuales Bakerline se despidió de Lancaster no sin antes pronunciar su dictamen.

- Recoge todo el material que puedas y no olvides mandármelo bien limpio, bien siglado y bien inventariado —Agregó Henrich mientras se dirigía hacia su vehículo.

- Tranquilo, Henrich. De todas formas aún queda mucho por desbrozar.

- No lo creo. Fíjate que yo creo que en un par de metros dejarán de aparecer manchas.

- ¿Y por qué cree eso? —Preguntó Lancaster con mucha curiosidad.

- Simplemente lo sé... Cuando lleves veinte años en esto y cuentes con más experiencia, entonces verás las cosas diferentes —Respondió el director ante la mirada atónita de Lancaster.

- Emmm, sí, claro...

Antes de la marcha de Henrich, el técnico decidió tirarle un poco de la lengua. Conocía la existencia del orgullo rebosante del director del museo. Quería saber un poco más de ese personaje que había demostrado un egocentrismo apabullante. Sin duda, la información que le sacase en ese momento podría valer millones.

- Imagino que dirigir un museo conlleva una responsabilidad importante. E imagino que usted habrá visto de todo, ¿verdad? —Preguntó Lancaster buscando el punto de orgullo de su visitante.

- Por supuesto. Como ya te habrá contado Edgar, con el que he vivido muchas aventuras, he tenido la suerte de excavar en Tanzania, en China e incluso en las estepas siberianas. ¿Qué puedo decir? Soy afortunado, sí señor... —Espetó Henrich alzando el mentón de forma inconsciente.

Lo de "vivir aventuras" le había llegado a Lancaster hasta lo más profundo. A punto estuvo de no poder reprimir una sonora carcajada. Pudo contener la risa y prosiguió con el tercer grado a Henrich.

- Comprendo su preocupación por lo que hacemos los técnicos. Sin embargo, debe confiar en el buen hacer de los arqueólogos.

- He visto de todo, Lancaster. Y si te digo la verdad he visto cosas nefastas…

- ¿Cómo en Sheller Down?

De repente la mirada de Henrich se clavó en Lancaster. Ese comentario no había gustado nada en absoluto a Bakerline, quien se había parado a pocos metros de su coche. Frunció el ceño y prosiguió la conversación, después de alzarse un poco los pantalones.

- No sólo en Sheller Down se actuó mal. Hay otros muchos yacimientos que han desaparecido única y exclusivamente por la negligencia de los arqueólogos.

- Bueno, tengo entendido que en Sheller Down no fue cosa de los arqueólogos… -Preguntó Lancaster con curiosidad.

- Eso depende de quién te lo cuente. ¿A ti quién te ha contado la historia? –Preguntó Bakerline con la mirada puesta en el técnico.

De pronto la tensión se había pasado al lado de Lancaster. ¡Vaya preguntita!, ¿qué responder? El joven arqueólogo tenía la impresión de que Henrich pretendía pillar sus dedos con la información que solicitaba. La maléfica intención de Lancaster se había vuelto contra él y tendría que lidiar con la situación. No sabía si decir que su informante era Bowman. Tal vez ello provocaría el enfado de éste. Es posible que decirlo tampoco suponga un problema para nadie. En cualquier caso era mejor seguir el consejo de su viejo abuelo: con la boca cerrada no se enfría el culo.

- Lo cierto es que lo escuché durante una conversación en el Ateneo, no podría decirle una persona en concreto.

- Ya veo, ya…

De los quinientos veinte problemas que tenía en ese momento Lancaster con el yacimiento, el inventario de los materiales era el quinientos diecinueve. Por supuesto que iba a evitar por cualquier medio tener problemas con el director del museo. Mientras acompañaba a Bakerline al coche iba pensando en la cantidad de piezas que podrían salir en el yacimiento. Sólo con los fragmentos recogidos había cargado tres furgonetas. Acto seguido de alcanzar el coche, Bakerline dio un último traspié seguido de un tropezón antes de alcanzar la puerta del vehículo, un sello significativo del ilustre arqueólogo.

La visita le había supuesto a Lancaster una demora importante, ya que mientras enseñaba el recinto la máquina debía estar parada. Mientras tanto Bull había aprovechado para tomar un ligero tentempié, consistente en una barra de pan rellena de cinta de lomo. No habían pasado ni cinco minutos de la marcha de Bakerline cuando volvió a sonar el teléfono.

- ¿Qué pasa, víbora? ¿Necesitas la ayuda del geólogo más atractivo que te puedas echar a la cara?

- El señor Cooper, claro… ¿Has olisqueado el cuaternario desde tú despacho? –Preguntó Lancaster mientras guardaba su libreta.

- Naturalmente. Como lo que está saliendo es todo asquerosamente cuaternario, ¡para qué voy a inspeccionar tu zona! –Respondió Cooper a carcajada suelta.

- Me alegra saber que estoy asegurado geológicamente hablando.

- Bueno, no te alegres tanto que soy portador de malas noticias. Exactamente, ¿cuántos días llevas de desbroce? –Preguntó el geólogo.

- Pues hoy hago el octavo, si no recuerdo mal…

- Pues hoy es tú último día. Mañana tienes que dejar la máquina, balizar el área arqueológica y proseguir sólo con el seguimiento en la obra.

Tras escuchar esto Lancaster se regaló para sí mismo unos segundos de silencio, mientras digería la nueva noticia. Naturalmente no esperaba estar un mes desbrozando, pero tampoco que le avisasen de un día para otro.

- ¿Estás ahí, colega? –Preguntó Lewis ante el silencio de su compañero.

- Sí, aquí estoy.

- ¿Y bien? –Replicó Cooper nuevamente.

- ¿Por qué motivo me quitan días de desbroce? ¡Si me quedan dos días! Me habían prometido diez días!

- No lo sé. Yo sólo soy el mensajero.

- ¡Serán cabrones! Te cuelgo, voy a llamar a Bowman…

- Ni te molestes. Ha sido él mismo el que me ha transmitido este mensaje.

- ¿Pero y qué va a pasar con el yacimiento? Las manchas se extienden por todos los lados. Se meten por los perfiles. Los materiales se quedan colgados de los cortes. Aquí hay por lo menos mil metros cuadrados de desbroce, ¡no me jodas! –Respondió Lancaster alzando la voz.

- Te repito que yo sólo soy el que lleva las pizzas. Tú limítate a hacer lo que dice el director. No me lo tengas en cuenta, es lo que yo te recomiendo. Si crees que vas a conseguir algo llama a Bowman, pero recuerda que te he avisado de que no lo hagas -Espetó Cooper con tono serio.

Tras colgar el teléfono a Cooper, Lancaster no se lo pensó dos veces. Tal vez cualquiera habría perdido los nervios y habría llamado al jefe para poner las cosas claras, pero el arqueólogo empezaba a coger el ritmo al sistema. En otras circunstancias se habría quedado diez minutos lamentándose de la injusticia de ciertas decisiones. Incluso se habría tomado su tiempo leyendo algún artículo de arqueología. Pero no, ese no era el nuevo Lancaster. Se acercó a Bull y sólo le hizo un comentario. El maquinista vio cómo se acercaba el arqueólogo y tras apurar su currusco de bocadillo asomó la cabeza por la ventana de la máquina.

- Bull, quiero que empieces a excavar como si no hubiese un mañana. Métele gas a este chisme y que arda el motor como en el mismísimo infierno, pero hoy mismo quiero ver terminado esto.

- ¿Todo?

- Absolutamente todo.

- ¿Y si salen piezas?

- Que salgan. Tú písale que yo te voy avisando.

- Me gusta tu nuevo estilo, jefe –Confesó Bull a la vez que cerraba la ventanilla de su cabina.

- Lo sé. Pero no te emociones. Las cosas hay que seguir haciéndolas bien. Y como que me apellido Williams que este yacimiento queda listo en lo que queda de día.

Al oír esto el maquinista levantó las espesas cejas que poblaban su frente, atónito por lo que estaba escuchando. Normalmente Lancaster detenía el desbroce cada metro y medio, tratando de dejar el terreno lo más homogéneo posible. Además tenía por costumbre fotografiar las manchas antes, durante y después de cada pasada del cazo. No dejaba que Bull iniciase ninguna calle sin que él mismo supervisase el perfil.

Bull pisó a fondo el pedal de aceleración, a lo que siguió una enorme nube negra del escape del motor. Acto seguido esgrimió una amplia sonrisa y a grito pelado se le pudo escuchar: "Vamos a por ello, jefe". Las cazadas habían pasado de tener metro y medio a tener tres metros. De esa manera la proporción de manchas había subido de dos por minuto a siete. Lancaster se mostraba enloquecido. De un lado a otro del brazo de la máquina corría poseído, mientras que Bull hacía virguerías para evitar golpearle. En un par de ocasiones el arqueólogo tropezó con piedras y terruños, provocando su caída al suelo. No le importaba. Se levantaba, alisaba los surcos con una pequeña azada y volvía corriendo al otro lado de la máquina. Media hora después tuvo que quitarse la chaqueta. Chorreaba de sudor y le dolían las piernas,

pero eso no le impedía llenar bolsa tras bolsa con los materiales que salían despedidos de los perfiles. Cada bolsa llevaba una etiqueta, la cual era rellenada delicadamente con la localización, el tipo de material, la fecha y el nombre de la obra. Obviamente Lancaster ya sólo ponía el tipo de material que embolsaba y la localización. Era una verdadera locura. Sus manos se iban tornando negras de la tinta del rotulador. Las bolsas que antes tenía cuidadosamente almacenadas en un capazo, ahora las llevaba remendadas a su cinturón, formando una bola que apenas le dejaba agacharse. El paletín con el que raspaba la superficie lo llevaba metido malamente en uno de sus bolsillos. Poco a poco esta herramienta iba agujereando su pantalón, a la vez que se lo clavaba cada vez que recogía una pieza del suelo. Una hora después del inicio de esta especie de Apocalipsis el recinto había recibido la visita de no menos de siete obreros. El propio Bull había informado a sus compañeros del espectáculo que estaba dando Lancaster. Dos carpinteros situados en el extremo norte no daban crédito. Uno de ellos, más joven, se preguntaba si ese debía de ser el ritmo adecuado para un trabajo de esa índole, mientras un segundo carpintero, más mayor, aseguraba que eso era trabajar, y que lo demás eran tonterías. El resto de los espectadores se mostraban asombrados del ritmo frenético del arqueólogo, al que consideraban un tipo tranquilo, con un trabajo tranquilo y un ritmo tranquilo. Dentro del recinto los peones que le había prestado la constructora tampoco daban abasto. Mientras uno limpiaba los perfiles, el otro paleaba la tierra sobrante por fuera de la baliza. Dos horas después de reiniciar el ritmo, Bull hizo un gesto a Lancaster que le llamó la atención.

- ¿Y qué se supone que hago con esto, jefe?

- La madre que me parió… -Contestó Lancaster mirando al cielo.

En el extremo norte, a medio metro del perfil que marcaba el final de la excavación, Bull había visto algo que no le sonaba a nada de lo que estaban encontrando. Una enorme mancha de tres metros daba paso a una zona más clara, identificada con el nivel de arcillas naturales de la zona. Sin embargo, ese color se cortaba para dar paso a un tono más marrón. No llegaba al color negro ceniciento del yacimiento, pero su forma alargada alertó al maquinista. Tras limpiar un poco la superficie comenzó a asomar un grupo de piezas de color blanquecino, perfectamente alineadas y encajadas en una mancha marrón. Dos delicadas cazadas más sirvieron para saber que no había una sola mancha, sino dos, tres, cuatro y hasta diez en total. Una undécima se metía por el perfil, saliéndose de la zona de exclusión arqueológica. No había que ser muy agudo para saber lo que ahí había enterrado…

- ¿Muertos? –Preguntó asustado uno de los peones que le acompañaban.

- Difuntos, si no te importa –Apuntó Bull desde lo alto de la máquina, algo molesto por el comentario de su compañero.

- Llamadlo como queráis. Ahora sí que esto es importante –Comentaba Lancaster mientras delimitaba las tumbas por medio del raspado de los bordes.

- ¿Y habrá oro? –Preguntó Bull con una amplia sonrisa, sabiendo perfectamente la respuesta de Lancaster.

- No tengo ni idea, pero ¿sabes lo que me importa eso ahora mismo? –Respondió Lancaster mientras seguía mirando al cielo con los ojos cerrados.

- Un bledo, ¿a que sí?

- Exacto.

- Pero señor, una pregunta. Estos muertos no tendrán carne, ¿verdad? –Preguntó el segundo peón de Lancaster, mientras hurgaba junto a una de las tumbas.

Acto seguido a la pregunta Bull sufrió un escandaloso ataque de risa, a la vez que Lancaster le miraba a él, al peón y al basto yacimiento que se encontraba frente a él. No sabía si abofetear al maquinista, si echarse a llorar a los brazos del inocente peón, quien le miraba aún con la duda y atónito por la reacción de Bull. Quizá la solución era poner varias cargas de dinamita en las oficinas de la constructora. De esa manera tendría más tiempo para documentar el yacimiento y por qué no decirlo, supondría para él un enorme desahogo después de quitarle varios días de trabajo. No, ya no le importaba nada. Unas horas de frenesí le habían valido no sólo para documentar una necrópolis, sino para dejar una extensión arqueológica de casi quinientos metros cuadrados. Postrado en el borde norte, mientras Bull y los demás observaban los restos humanos, Lancaster se felicitaba a sí mismo. Un gran día, sin duda.

V. Que empiece la fiesta

- No se dónde ves tú el problema, la verdad.

- Yo veo problemas en todos lados, Andrew. Es mi naturaleza y mi trabajo.

- Ya, pero nosotros sólo tenemos que hacer cumplir el expediente, eso es todo.

- Pues yo, a diferencia de ti, veo más allá. Veo que es un buen yacimiento en el peor de los sitios.

- ¿Y acaso ese es nuestro problema?

- Andrew, si no fueras hijo de quien eres tendrías los días contados en Method... -Le replicó Bowman con dureza.

Bowman estaba convencido de que sus esfuerzos no iban a servir de nada. Ni siquiera conseguirían algo positivo si acudían a la prensa, como ya habían sugerido Lancaster y Catania. Mientras redactaba las conclusiones y el dictamen de los desbroces arqueológicos, pensaba para sí mismo en las múltiples posibilidades que podrían darse para el yacimiento. Sin posibilidades de demolerlo, si no se documentaba correctamente, cabría la posibilidad de hacer un desvío del trazado por la derecha o por la izquierda. Pero eso tampoco era viable ya que por la derecha el yacimiento continuaba más allá de los perfiles, mientras que por la izquierda se presentaba una caída pronunciada hacia el río. Por más que miraba los planos de la obra y los dibujos de Lancaster no encontraba ninguna solución. El cruce de la carretera por el cauce no se podía hacer si no era por ese punto, ya que las estructuras de hormigón del otro margen estaban ya levantadas, y su demolición suponía un coste demasiado elevado. Además era el único punto por que el no quedaba afectado un bosque de ribera, situado a unos treinta metros. Cabía la posibilidad de que la carretera discurriera por encima del yacimiento, pero para eso habría que hacer unos potentes apoyos que caerían igualmente sobre el yacimiento, con resultados igualmente negativos para la obra. Finalmente la tunelación quedaba descartada por motivos técnicos y prácticos. En resumen, Bowman no tenía más remedio que asumir que la carretera debía pasar por encima de los restos, pero ¿de qué forma? Lo que sí era cierto es que debían excavar completamente el yacimiento, si la dirección de obra pretendía continuar la carretera por ese punto. Aún faltaban por retirar no menos de dos metros y medio de sedimento hasta sanear la plataforma de la carretera. De no haber previsto el desmonte tal vez el yacimiento habría quedado debajo de ésta. Sin embargo la previsión técnica en ese tramo de la obra era la de desmontar una franja de más de cien metros de ancho por cuatro metros de profundidad. "Vamos, que el yacimiento lo tiene bien jodido", pensaba Bowman mientras seguía mareando los planos y la localización del yacimiento.

- La verdad es que albergo pocas esperanzas, Neill. El yacimiento es espectacular pero está en el peor sitio y se ha localizado en el peor momento.

- Tú tranquilo. ¡Si aún no habéis empezado a trabajar, ¿por qué te preocupas?

Hacía varios días que los desbroces habían concluido. Durante ese tiempo Lancaster debía acudir a la obra, para continuar con el control de movimiento de tierras. Los materiales arqueológicos que había recogido estaban siendo estudiados por Jackson y Stefan. Por su parte Andrew debía redactar el informe que solicitaba la Dirección General. En cualquier caso Edgar tenía la intención de que Lancaster se acostumbrase a los trámites burocráticos habituales. Uno de esos pasos era la entrega de la documentación en el registro central. Un hallazgo no era baladí. Primeramente había que hacer la comunicación de hallazgo. Consistía en remitir un simple fax, facilitando fotografías de los restos y su localización topográfica. Una breve descripción bastaba para concluir el informe. Tras esto sólo cabe esperar la resolución administrativa, en la que el Director General establece las medidas a tomar.

- ¡La resolución! ¿No es ese papelito que dependiendo del destinatario, tarda entre tres días y tres semanas en llegar?

- No seas malo, Neill. Imagino que tardará en función de la importancia de los restos –Espetó Lancaster de camino al centro de la ciudad.

- Claro, claro… ¡Y Dublín para los británicos!

- A mí sólo me interesa que se lean bien esto. Lo que resuelvan es cosa de ellos.

- ¿Y la constructora qué opina? –Preguntó Neill con mala intención.

- Yo no veo a la constructora con mucho espíritu de conservación de restos –Comentaba Lancaster mientras entraba junto con Mac Allister a la sede de la Dirección General.

- Calma, tú haz lo que has venido a hacer y larguémonos cuanto antes, que este sitio me da grima…

Los días pasaban muy lentamente. La rutina de Lancaster había cambiado completamente. Durante unos meses había conseguido adaptarse a la rutina diaria del seguimiento arqueológico, para después comenzar con el desbroce de su hallazgo. Sin embargo, ahora tenía que volver a acostumbrarse a las máquinas en movimiento. Cierta mañana Edgar le había pedido que fuese a entregar el informe de los desbroces, algo que Lancaster agradecía enormemente. Tener un tajo detenido no era tampoco trago de buen gusto. Tras reunirse varias veces con el jefe de obra Martins y con la dirección facultativa, Bowman y Lancaster habían llegado a la conclusión de que lo mejor era dejarlo en manos la administración, no sin antes comunicar el dictamen del director, en este caso Bowman. Para Lancaster estos eran trámites de lo más tediosos.

Compartía la opinión de Henry Catania. Solo con la palabra de Bowman y con las visitas del señor Fellows y sus técnicos debería ser suficiente para dictar una resolución. Sin embargo, eso era una utopía. Fellows era de la nueva escuela por la que toda resolución debe venir precedida de su pertinente informe preliminar. Estas eran las cosas que no entendía Lancaster, más allá de su escaso conocimiento del procedimiento administrativo. Si hubiese una mayor proximidad entre los funcionarios del estado y los arqueólogos de campo no habría tanto retraso en los trabajos. Y va más allá, porque se evitarían muchos percances entre constructoras y arqueólogos, si se agilizasen los trámites intermedios.

La entrega de los informes debía pasar por el registro. Este paso era obligatorio para que quedase constancia de la entrega oficial del documento. De las tres copias que entregaba Lancaster, sólo una era depositada al Estado. Una segunda copia debía ser entregada por Lancaster a la constructora, mientras que la última copia era para Method.

- Podías haberme hecho una copia más para mí, y otra para mi prima de Londres. Y ya de paso me podías haber hecho otra, pero en italiano, para Henry –Comentaba Mac Allister en tono jocoso.

- Cállate, Neill.

La Dirección General se encontraba en pleno casco histórico. Ocupaba un edificio que antaño fue un palacio renacentista. Desde hacía cinco años era ocupado por varias delegaciones, entre otras las responsables de cultura, turismo y agricultura.

- Nos han metido en el mismo edificio con las agencias de viaje y con los nabos, ¿no te parece significativo?

- Neill, hoy estás insoportable.

- Mucho. Cuando tengo que hacer asuntos administrativos se me pone dolor de cabeza –Comentaba Neill mientras cogía un turno para ser atendido.

No tuvieron que esperar demasiado para ser atendidos por la responsable de registro. Debían entregar el informe esa misma mañana para agilizar los trámites. Como esa mañana no tenía muchos quehaceres, Neill había decidido acompañar a su amigo a cambio de un par de cervezas.

- Nuestro turno. ¡Hala, entrega el paquete!

- Perdone señora pero este trámite nos corre un poco de prisa. ¿Para cuándo llegaría este documento al Director General?

- ¿Al Director dice? Este documento tiene que pasar primero por el subsecretario, que le dé el visto bueno y luego pasarlo al secretario para que lo firme. Luego el ordenanza lo remite al Jefe del Servicio, que lo acepta o no. Caso afirmativo, se presenta en la reunión de Comisión de mes correspondiente, para que sea remitido a la Dirección, donde el subdirector le da el conforme antes de que llegue al Director General.

- Muy bien, señorita. O sea que tarda menos en fermentar el grano de la cerveza que un señor importante lea un informe de veinte asquerosas páginas.

- ¡Neill, que te calles por favor! Verá, la cuestión es que este asunto debería agilizarse lo más posible. Necesitaríamos la resolución en una semana, como mucho –Intervino Lancaster con prontitud, antes de escuchar la respuesta de la administrativa.

- Pues mire, como bien ha dicho el gracioso de su amigo estos trámites llevan su tiempo. Su expediente no es el único que nos llega a diario, por lo que tendrá que esperar su turno, como siempre se ha hecho y siempre se hará. De modo, señores que lo mejor es que tengan tanta paciencia como suelo tenerla yo siempre, ¿ha quedado claro?

- Cristalino, señora… -Respondió el arqueólogo, cansado de discutir sobre el asunto y dando media vuelta en dirección a la salida.

Acto seguido abandonaron el edificio oficial, no sin antes observar cómo la amable señora que les había atendido abandonaba también el edificio. Su destino: una cafetería que se encontraba al otro lado de la calle. Al observar la escena ambos arqueólogos se miraron.

- ¿La mato? Te juro que parecerá un accidente –Comentó Neill a Lancaster mientras cruzaban la calle.

- No… Qué asco de burocracia, por Dios.

Una vez terminado el trámite se despidió de Neill y le prometió unas cervezas por la noche. Al rato Lancaster llegaba a las oficinas de Method una hora antes de lo previsto. El recorrido desde el edificio de la Dirección General discurría por las amplias avenidas del centro de la ciudad. Lo llamaban "los bulevares". La arquitectura neoclásica inundaba las fachadas de edificios destinados a oficinas y comercios de alto poder adquisitivo. Una de esas avenidas llevaba hasta el casco histórico de la ciudad. Con una configuración poligonal, impropia de ciudades medievales, Neill defendía que bajo sus calles se encontraba un campamento romano. Desde la muralla, visible en muchos tramos de calle, había cinco minutos hasta el edificio de Method.

Al entrar por el pasillo principal de las oficinas pudo percatarse de que Bowman se encontraba reunido. Su puerta estaba cerrada pero por los ventanales se apreciaba una figura que iba y venía, quizá nerviosa. Era ni más ni menos que el Jefe de obra Martins. Sin pretender ser curioso entró en el despacho contiguo, donde se encontraban los restauradores de Method. Dos días después de firmar el contrato con Method, Edgar le había presentado a toda la plantilla. El equipo de restauradores estaba formado por dos chicas, Elle Alexanderson y Mariela Ducatti. Con Mariela ya había tenido varias ocasiones para charlar, no así con Elle, con quien había tenido un encontronazo cuando acompañaba a Clarence. En cualquier caso ambas llevaban trabajando para Method dos años y fueron contratadas para la restauración de los metales que llegasen de las diferentes intervenciones arqueológicas. Elle Alexanderson era una chica alta y muy rubia, como buena noruega que se terciaba ser. Se licenció en Oslo hacía unos quince años, y contaba con un bagaje científico y laboral importante. Para sorpresa de Lancaster, Elle había participado en la restauración de varios monumentos de Aksum, en Etiopía, durante el periodo más sangriento de la guerra civil que vivía el país. Su estancia en el país le costó varias enfermedades y un largo repertorio de malas experiencias. Tal vez fuese eso lo que hacía del carácter de Elle una verdadera pesadilla. Por otra parte Mariela era mucho más parlanchina, y siempre tenía buenos detalles con Lancaster.

- ¡Hombre, pero si es el chico de moda! A ver, déjame que te vea... Sí, bien, todo bien. No te faltan ni los brazos, ni las piernas, ni tienes heridas sangrantes... Bueno, tu aspecto aparenta estar bien a pesar de haber parado la obra –Comentaba Mariela mientras ojeaba alrededor de Lancaster.

- No bromees con eso, Mariela, que las cosas están muy tensas.

- ¡Ya será menos! –Reprendió la restauradora a las quejas de su compañero.

- Además vengo bastante disgustado con la administración. No tengo ni idea de qué van a querer hacer con el yacimiento.

- Parece que hablas de tu hijo... -Volvió a reprender Mariela, cogiendo a Lancaster de la cara.

- Puedes estar tranquilo. Podremos excavarlo –Intervino Bowman asomando la cabeza por la puerta.

Ambos entraron en el despacho, a la vez que Mariela volvía a sus quehaceres. Mientras Bowman ojeaba el informe con el sello de registro, Lancaster se sentó frente a su jefe y comenzó a desahogarse.

- Perdona por lo que hayas podido escuchar, Edgar. Es que mi primer encuentro con la administración no ha sido del todo amistoso. Me ha dicho la administrativa que podrían pasar varias semanas hasta que tengamos la resolución. Imagino que luego tendríamos que redactar el proyecto para finalmente tener el permiso y empezar la intervención. Pero hasta entonces el yacimiento se irá deteriorando, se manchará y vete a saber la suerte que correrá.

- Mañana empiezas a excavar, ya está todo hablado –Cortó Bowman bruscamente el argumento de Lancaster, mientras éste le miraba atónito por lo que acababa de escuchar.

- ¿Cómo dices?...

Lancaster no daba crédito. Bowman le explicó que había estado hablando con Martins durante más de una hora. Discutieron sobre todo lo que conllevaba el hallazgo y sobre los pasos a seguir. Martins, por su parte, le había explicado a Bowman que la política de la empresa era no escatimar en gastos para que la producción continúe por su ritmo habitual.

- Míralo así. Podemos comenzar limpiando bien toda la superficie para después comenzar a documentar las unidades estratigráficas –Argumentó Bowman, mientras miraba fijamente a su técnico.

Bowman ya contaba con información relevante. Probablemente habría hablado con Fellows para saber de primera mano, cuáles eran sus intenciones. En cualquier caso Edgar estaba convencido de que la resolución iba a ser que el yacimiento debía de excavarse por completo, en extensión y remitiendo un informe final con todos los resultados obtenidos. En cuanto al futuro de los restos, dependería en gran medida de lo que pudiese aparecer. La cara de Lancaster seguía siendo un poema.

- Pero entonces, ¿para qué he ido a entregar la documentación al registro?

- Bueno, eso es algo que debe hacerse. Nosotros sólo aligeramos los trámites. El permiso lo vamos a tener, tarde o temprano –Contestó Edgar.

- ¿Y cómo sabes que lo que nos van a pedir es la excavación? ¿Y si nos piden otra cosa?

- Ten por seguro que quieren que lo excavemos. Y naturalmente, yo quiero que lo excaves tú, que eres el artífice del hallazgo.

Ese comentario fue un bálsamo para Lancaster. Naturalmente que a cualquiera le gustaba escuchar esos halagos, y más viviendo de alguien como Edgar, que llevaba media vida excavando. Sin embargo no podía ocultar su malestar. Sabía que las cosas debían hacerse bien, siguiendo los cauces normales. No veía con buenos ojos ese tráfico de información que se llevaba desde la Dirección General. Por eso Lancaster debía ser sincero con su jefe.

- Todo eso está muy bien, Edgar, y confío en que sabes lo que haces, ¡pero no tenemos el permiso! Y te digo más, ni siquiera hemos entregado el proyecto y te basas en suposiciones de que la resolución va a ser la excavación total del yacimiento.

- Pero si ya te he dicho que Fellows me ha asegurado que...

-¿Y si te equivocas? ¿Y si alguien nos pide la documentación del yacimiento? La policía, el gobierno, la universidad... Estaríamos sin permiso, vamos, lo que se llama una ilegalidad... -Espetó Lancaster muy nervioso.

- Calma, Lancaster. Vamos a ver, yo ya había hablado con el señor Fellows después de la reunión con la dirección facultativa. En esa reunión no se llegó a ningún acuerdo, pero de todas formas llamé a la Dirección General para explicar lo que había salido y lo que nosotros queríamos proponer. Obviamente a Fellows le pareció todo perfecto. Mientras le entreguemos la documentación que nos solicita no hay ningún problema —Contestó Bowman ante la atónita mirada de Lancaster.

Esa argumentación no terminaba de convencer a Lancaster.

- ¡Pero eso es mentir a la constructora! Se fían de tu palabra sin haber mirado la documentación, entonces ¿para qué demonios preparamos los informes?

- Pues porque los informes se cobran, Lancaster. De todas formas aún eres joven en este negocio. Te irás dando cuenta de cuánto se complica todo y las decisiones tan complicadas que hay que tomar...

- Perdona pero no creo que tenga nada que ver con mi juventud —replicó Lancaster con cierto enfado.

- Era un decir, no te enfades. ¡Tú ya me entiendes! —Comentó Bowman con un tono más suave.

- Ya, ya, pero ¿me estas diciendo que los informes se entregan porque se cobran? Entonces si no se cobrasen, ¿no se entregarían? ¿Y qué pasa conmigo? ¿Se cobra bien por estar mirando una máquina durante ocho horas? —Replicó Lancaster, subiendo el tono de su voz y con gestos muy violentados.

Ante ese arrebato, Edgar dio dos pasos atrás. El gerente de Method se caracterizaba por muchas virtudes. Una de ellas era la de tratar a su gente de forma cercana y cordial. Sin embargo, en ese momento no le apetecía comportarse de esa manera. No era culpa de Lancaster, eso lo sabía. Pero no le estaba gustando lo más mínimo la reacción de su pupilo. Era joven, sí, pero por eso debería aprender de las personas que llevan más tiempo en el negocio, pensaba para sí mismo. Edgar no era de los que se tomaban las cosas a pecho. Sabía perfectamente que el yacimiento era importante para Lancaster, y no porque lo hubiese encontrado él. Era importante porque se veía a la legua que no se trataba de un simple depósito de materiales. Era mucho más que eso. Por eso Bowman comprendía perfectamente la reacción de Lancaster. Sin embargo, sabía también que debía cumplir con el cliente. Sabía que Martins quería movimiento y efectividad. Y sabía perfectamente que Fellows les iba a solicitar la excavación. Lo entendía todo, sí, pero la reacción de Lancaster no la podía pasar por alto.

- ¡No te calientes que puedes salir perdiendo!, ¿vale? Y no hace falta que te tenga que dar explicaciones de por qué se hacen las cosas y por qué no se hacen. Así se llevan haciendo años en Method —Respondió con firmeza Bowman.

- Pero…

- No tengo nada más que decir. Y no se hable más del asunto —volvió a responder Bowman, alzando la voz y dando un portazo tras salir de su despacho.

Lancaster se quedó un rato sentado, aún dentro del despacho. Tras varios meses trabajando en Method esa había sido la primera bronca que había tenido Lancaster con Bowman, y no era trago agradable. Al rato volvió a su sitio, a continuar con el procesado de las fotos de la obra. Sentado frente a un viejo ordenador, junto a Mariela, Lancaster seguía pensando en lo que había sucedido. Estaba tan alterado que le costó más de veinte minutos redactar un correo electrónico al Dr. Hoover. No podía quitarse de la cabeza una frase de Bowman: "los informes se cobran". Podía haber dicho otra cosa, como que están obligados a entregarlos por ley. Pero no fue el caso. Había empleado la peor expresión posible.

Mientras miraba a su alrededor seguía pensando en esas cosas que le resultaban muy desagradables. Escuchaba el repiquetear del teclado de Mariela. Eso era lo único que le distraía de sus pensamientos. Hacía tiempo que Lancaster se preguntaba qué cobraba Method por sus intervenciones. A veces se planteaba lo que le suponía a la constructora el trabajo que él mismo llevaba a cabo. Desconocía por completo el aspecto económico del sector y, a decir verdad, tampoco le atraía, ya que había otras prioridades. Sin embargo a raíz de la discusión ese interés se había disparado. Ahora sí que estaba dispuesto a empaparse de los detalles financieros de la arqueología preventiva. Unos meses atrás el propio Catania le había dado una lección sobre cómo salen a la luz los proyectos arqueológicos y de qué manera una empresa, un particular o un colectivo de investigadores, pueden llegar a hacerse con un buen contrato. Henry, que llevaba ya muchos años bregando en primera línea de fuego, le explicó que las licitaciones de obras solían darse a las constructoras o a promotoras. Estas, a su vez, debían contratar a los arqueólogos para hacer las peritaciones que solicitase la legislación. Dicha peritación podía contratarse o bien por medio de una carta de colaboración entre constructora y arqueólogo, previa a la concesión, o bien por medio de la subcontratación directa. Había otra opción, y era que una intervención arqueológica saliese a concurso. Normalmente eran excavaciones, restauraciones y proyectos museológicos. Raramente se concursaban los controles arqueológicos. A estos concursos se presenta todo tipo de gente, desde investigadores hasta colectivos, asociaciones, departamentos de universidades o empresas. Pero lo normal, y así concluyó su explicación Catania, es que "se concedan a dedo a personas afines a la administración".

- Pues qué bien montado está esto –Se quejaba para sí mismo Lancaster.

Iba a ser una intensa tarde de preparativos. Después de comer tranquilamente en un bar cercano a la oficina, Lancaster cerraba el almacén del que se había surtido de herramientas. Al día siguiente debía comenzar la excavación del yacimiento… Bowman le había indicado que tendría a su cargo a nueve auxiliares de arqueología. Habían sido contratados para la excavación, ya que el Sr. Fellows prefería que fuesen profesionales los que documentasen el yacimiento. Menos mal, pensaba Lancaster. En otras ocasiones la Dirección General había predispuesto que fuese personal no cualificado el que llevase a cabo las excavaciones, pero un percance en el que resultaron dañadas varias tumbas había puesto en alerta a la administración. A partir de entonces las excavaciones arqueológicas debían llevarse a cabo por auxiliares licenciados y supervisados por un técnico cualificado. Por supuesto, que el director en esa intervención iba a ser Bowman, pero era lo lógico habida cuenta de la experiencia que atesoraba. Apenas ya nadie se acordaba de los acontecimientos en la cantera de Sheller Down, donde Bowman se había ganado muchos enemigos. En este caso lo lógico era que él dirigiese la intervención y que Lancaster fuese el técnico.

Con ayuda de Pettersen y de Stefan, Lancaster sacó todas las herramientas que creía necesitar para la excavación. Las habían acumulado en el patio exterior de la finca de Method, donde Pettersen solía trabajar con los materiales arqueológicos. Aquello era un verdadero arsenal de herramientas, el cual formaba una pequeña montaña de mangos y apliques de metal. Las palas, los picos y las azadas dominaban el flanco derecho. Les acompañaban varios escobones de gran tamaño y dos rastrillas. Los cubos eran de tres tamaños distintos. En su interior se almacenaban siete juegos de herramientas pequeñas. Estos juegos estaban formados principalmente por paletines. Esta herramienta era básica para cualquier arqueólogo que se precie. Se trataba de una paleta de pequeño tamaño y con forma triangular. Algunos locales la llamaban también rasqueta. El juego lo completaban unas paletas, más propias del oficio de albañil. También recogedores de dos tamaños, cepillos, brochas y unos útiles de pequeñas dimensiones, llamados espátulas. Estos últimos eran empleados más en labores de restauración y bellas artes, pero eran muy prácticos para la excavación de objetos pequeños y frágiles, como los huesos.

Junto a la artillería pesada se acumulaban varias cajas de cartón. En ellas Stefan había almacenado otros objetos que iban a ser necesarios durante la excavación. Había bolsas trasparentes para almacenar los objetos recuperados. Las había de tamaño minúsculo y las había también del tamaño de sacos de almendras. En las cajas había rotuladores y etiquetas de plástico para marcar las bolsas. También le habían seleccionado material de papelería y de dibujo. Podían distinguirse dos libretas grandes y una pequeña, un taco de papel milimetrado y un estuche con lapiceros, portaminas, gomas de borrar y un escalímetro. Junto a las libretas había dos cuadernos más: el cuaderno de fichas arqueológicas y el diario de excavación. La primera debía completarla con la descripción de las unidades arqueológicas que documentase. Era un documento importante, ya que en un futuro se lo podrían reclamar desde la Dirección General. El segundo cuaderno era un diario en el que cada día debía apuntar las labores llevadas a cabo, los problemas que surjan o el número de personas que estén trabajando. Las cajas almacenaban otros objetos como folios, bolígrafos, carpetas y varios archivadores.

Junto a las cajas se encontraba una bolsa de tela. Pettersen la había preparado con algunas cosas que Lancaster podría necesitar. En ella estaba la cámara de fotos, junto con el cargador y la funda. Además había una brújula, una plomada, un nivel de agua y una lupa de pequeño tamaño. Eran cosas frágiles que no debían ser almacenadas con otras más pesadas. Cada una de ellas tenía su propia utilidad, y respondían a la aparición de distintos elementos.

- ¿Crees que los arqueólogos del cine y de la televisión van tan bien preparados como tú? –Preguntó Stefan en tono jocoso.

- Pues no lo sé… ¿Has metido en la bolsa mi pistola "Colt"? –Preguntó Lancaster mirando a su compañero.

- ¡Vaya! Pues no, fíjate que descuido –Contestó Stefan a carcajada limpia.

- Pero tranquilo, que el gorro de "cowboy" está junto a la carretilla –Terminó diciendo Pettersen, unido ya a la conversación.

A pesar de llevarlo todo atado y bien atado Lancaster estaba nervioso. No podía quitarse de la cabeza el hecho de actuar sin el correspondiente permiso. No sabría cómo actuar si las autoridades le solicitaban la documentación, ¡y podrían hacerlo! ¿Quien le decía a él que Bakerline no le hiciese otra visita y que le solicitase la documentación? Tampoco sabía qué iban a decirle sus amigos y colegas de profesión, como Mac

Allister o Catania. Por encima de todas las cosas temía la arenga de Neill. Sería terrible, sin duda. También temía la reacción de algunos profesores suyos. No quería imaginarse el rapapolvo que la Dra. Lyan le iba a propinar, si de esto se enterase. En cualquier caso la excavación debía comenzar. Tenía por delante dos meses de intervención, un plazo más que razonable en opinión de Bowman.

- ¿Dos meses? ¿Tú estás chalado? –Gritó a voces Neill, golpeando la mesa en la que se sentaba junto a Lancaster.

- Pues sí, dos meses. Pero cuento con nueve auxiliares y…

- ¿Y con nueve melones recién licenciados, sabelotodos que al segundo día tendrán las manos hinchadas con callos y ampollas sangrantes?

- Pero Neill, escucha un momento…

- Oye, si quieres puedo conseguirte dinamita. ¡No, espera! ¡Nitroglicerina y explosivos militares! Así cuando pegue el petardazo podrás recoger los cachos al caer del cielo. De esa forma a lo mejor puedes terminar en el plazo.

- ¡Qué exagerado eres, hombre!

- ¿Y la topografía quién te la va a hacer? ¿El telescopio Hubble? Porque amigo mío, no sé si te lo han dicho pero son muchos metros cuadrados y tendrás que darle cotas a lo que te salga, o no, ¡yo que sé lo que quieres hacer…! Oye, ¿y si te consigo una tuneladora? Así podrás decir que tienes el único yacimiento de la historia con forma de cilindro… ¿Dos meses?... ¡Dos meses! Este tío está chalado… -Se decía a sí mismo Mac Allister, como si fuera un demente, mientras daba largos sorbos a su pinta de cerveza.

- ¡Para ya, Neill! He pillado tu sarcasmo a la primera, muchas gracias. Además bastantes problemas tengo como para que encima me "animes" de esta manera. Y encima mañana tengo que ir al Barrio Norte y no tengo ni idea de cómo llegar.

- ¿Al norte dices? ¿Y qué demonios se te ha perdido por allí?

- Tengo que recoger a la restauradora para que haga una evaluación del material que va a necesitar –Contestó Lancaster.

De repente la mirada de Neill se clavó en Lancaster. Ni siquiera había terminado de beber su cerveza cuando quiso articular palabras, salpicando de espuma la cara de su amigo.

- ¿Restauradora has dicho? ¿Y es soltera? ¿Y de buen ver?

- Compañera de trabajo, Neill. Es muy buena chica. Bueno, en realidad son dos pero Elle es bastante seca. Mariela sí es un encanto…

- ¿Se llama Mariela? Y dime, ¿por qué vienes a esta cervecería contándome que te quieres suicidar profesionalmente y no te traes aquí a esas dos bellezas?

- Porque no creo que les interese en absoluto un irlandés que corteja hablando de los ídolos fálicos en Mesopotamia –Respondió Lancaster mientras ojeaba la etiqueta de su cerveza.

- Pues es un tema muy interesante… eso sí, nunca me ha funcionado, ¡pero no pierdo la esperanza!

***

- He pensado que sería mejor quedar en la oficina, ¿qué opinas?

- Mejor, Mariela, muchas gracias. De esa manera puedo repasar las cosas que debo llevarme.

Antes incluso del amanecer Mariela había llamado a Lancaster para cambiar el lugar de la reunión entre ambos. Finalmente quedaron en las oficinas de Method, para ir juntos al yacimiento. Con Mariela se le presentaba una gran oportunidad. La opción de contar con ella, y no con Elle Alexanderson, le tranquilizaba sobremanera. Elle, como buena europea del Norte, era más distante con las personas y en cierto modo, daba un sentido radical a las cosas. En opinión de Lancaster, compartida también por sus compañeros, era la concepción que tenía con respecto a la arqueología. Para ella se trataba de un sector blindado a arquitectos, restauradores e ingenieros. Por otro lado censuraba el trabajo de los licenciados en Bellas Artes e Historia, ya que no están cualificados, según su criterio, para afrontar trabajos en un sector que maneja tecnología de alta precisión. Esa era posiblemente la mayor chorrada que jamás había escuchado Lancaster en toda su vida. Al arqueólogo le costó una profunda enemistad con la restauradora, gracias a esta confrontación metodológica.

Mariela debía acompañar por lo menos en la primera semana a Lancaster, a fin de establecer una previsión del trabajo que tendría. En este sentido Bowman tenía muy claro que durante la intervención debía haber en el yacimiento un restaurador. Lancaster estaba encantado con esta forma de pensar de Edgar, ya que por desgracia no era algo habitual. Lo normal era remitir los materiales al laboratorio de las empresas para una vez lavados y siglados ser enviados al museo, sin ningún tipo de tratamiento de restauración. Si aparecían muros, suelos o elementos inmuebles lo normal era que se quedasen a la intemperie sin ninguna actuación preventiva. Ese no era el caso de Method. Bowman había trabajado durante años para que se impusiese la presencia de un restaurador en los yacimientos y, aunque aún no estaba normalizado, él tenía claro que lo seguiría haciendo, aún a sabiendas del sobrecoste que supondría.

- Buenos días, héroe. ¿Preparado para empezar la fiesta? –Le comentó Mariela nada más ver entrar a Lancaster por las puertas de Method.

- ¿Héroe? Eso depende… ¿y de qué fiesta me hablas? ¿no íbamos a hacer un poco de arqueología? –Dijo Lancaster con algunos temblores en la voz.

- Nervioso, ¿eh? Tranquilo, chico, que todo va a salir bien.

Ese día iba a ser un gran día. Tanto Edgar como Stefan, Andrew e incluso la propia Elle tenían la opinión de que esa excavación iba a estar en boca de mucha gente, y durante bastante tiempo. Mientras iban en el coche, camino del yacimiento, Lancaster cayó en la cuenta de que había pasado por alto un aspecto importante.

- ¿Sabes lo que se me ha olvidado?

- ¿El qué? ¿quieres que demos la vuelta? –Preguntó Mariela intrigada.

- No, no, no es necesario. He olvidado un aspecto importante a tener en cuenta. No le hemos puesto nombre al yacimiento.

- Cierto. Ese es un tema importante…

Lancaster no había tenido tiempo de hablar con Bowman sobre qué nombre darle al yacimiento. Ese iba a ser un concepto imprescindible, no sólo para la documentación de las estructuras, sino también para el almacenamiento de los materiales. Al fondo por fin vislumbraban la obra, encajada entre suaves lomas y la carretera actual. Al pasar la entrada Mariela y Lancaster pudieron visualizar un grupo numeroso de personas. Allí le esperaba su equipo de trabajo, los nueve arqueólogos auxiliares que debían ayudarle en la excavación. En ese momento el arqueólogo sintió una profunda satisfacción al ver que sus tropas estaban listas y preparadas. Por otro lado, tuvo al instante una profunda corazonada. De forma casual o no, le vino a la mente la maléfica cantera que había visto con Edgar y con Cooper semanas atrás y que había destruido un yacimiento espectacular. Como el nuevo hallazgo no estaba demasiado lejos de este yacimiento, apenas a un par de kilómetros, y a Lancaster se le ocurrió que sería un merecido homenaje el nombrar al nuevo yacimiento como a la cantera, en honor a la irreparable pérdida y al recuerdo de los nefastos gestores que lo permitieron. Lo tenía decidido y así se lo hizo saber a su compañera.

- Mariela, el yacimiento se llamará Sheller Down II.

- ¿Y se te ha ocurrido así, de repente? –Contestó Mariela con sorpresa.

De ese modo, y de forma unilateral Lancaster, flamante técnico de Sheller Down II, así se lo hizo saber al resto del grupo. Allí se encontraban todos, dispuestos en grupo y charlando distendidamente unos con otros. La selección de los candidatos la había hecho Bowman. Dos semanas le habían bastado para recibir no menos de doscientos currículos. Algunos de ellos eran caras conocidas de la empresa. Otros, por el contrario, venían con sus correspondientes cartas de recomendación. Edgar se molestó en leer todas y cada una de ellas, para hacer una selección de veinte perfiles. Ya más cerca del punto de encuentro Lancaster podía distinguir las caras de algunos de ellos. Era el momento de hacer las presentaciones y de establecer las pautas de actuación.

Un rápido vistazo le bastó para hacerse una escueta idea de su grupo de trabajo. Todos iban bien equipados con botas de trabajo y ropa ligera. Gorras y gorros de todo tipo colmaban sus cabezas y, en algunos casos, apenas dejaban entrever los ojos. Sólo dos de ellos llevaban gafas de sol, los más jóvenes, mientras que otros tres dieron un rápido repaso visual al físico de Mariela. Tratando de evitar la distracción del personal, Lancaster comenzó su particular arenga.

- Buenos días, me llamo Lancaster Williams y voy a ser el técnico de la intervención.

A decir verdad Lancaster jamás había tenido que dar ese tipo de discursos. En los yacimientos en los que había participado era el propio director el que explicaba a los auxiliares el trabajo a desarrollar. En los proyectos en los que había participado, bien como técnico, bien como auxiliar, los directores se habían postulado de mil formas. Algunos se mostraban autoritarios y rigurosos con el trabajo. Otros se postulaban más flexibles y cercanos a sus trabajadores. Al igual que Lancaster, Neill tenía la opinión de que era mejor mostrarse abierto al resto de la plantilla, sobre todo porque se fomenta el buen ambiente y el trabajo de grupo. Neill, por ejemplo, nunca soportó a los directores o a los técnicos que se postraban como unos jefes intocables. Estaba claro que la arqueología es, ante todo, un trabajo en equipo en el que los resultados dependen de varios factores. Uno de esos factores es un ambiente cordial y distendido, en el que cada persona disfrute de la arqueología.

- Como imagino que ya os habrá explicado Bowman... porque imagino que os ha explicado los detalles de la excavación, ¿no? –Preguntó Lancaster al grupo.

Nadie contestó afirmativamente, mientras unos y otros se miraban con caras de desconocimiento. Finalmente uno de los chicos se animó a contestar.

- A decir verdad, nadie nos ha contado nada del yacimiento. El Sr. Bowman nos reunió en su despacho, firmamos el contrato y nos citó aquí…

"Vaya, gracias Edgar. Me lo has dejado todo prácticamente hecho…" –Pensó para sí Lancaster al escuchar las súplicas–, mientras Mariela le miraba con cara de pena.

- Bien, veamos. Tenemos que excavar el yacimiento en dos meses, de tal manera que no espero otra cosa de vosotros más que efectividad, rigurosidad y celeridad. Emmm… Imagino que todos sois buenos arqueólogos. Personalmente no os conozco, pero ya tendremos tiempo para conocernos.

- ¿De qué cronología estamos hablando? –Preguntó una de las chicas presentes en el grupo.

- Lo cierto es que aún no lo sabemos, pero todo parece indicar que es un asentamiento del segundo milenio antes de Cristo.

La charla fue ante todo muy distendida. A las explicaciones de Lancaster le acompañaban las preguntas que iban surgiendo de sus muchachos. Algunas eran tan lógicas como "dónde vamos a comer" o "dónde se encuentran los baños", mientras que otras estaban relacionadas con la arqueología, como "qué tipo de asentamiento es" o "cuántos estratos arqueológicos puede haber". En cualquier caso a Lancaster le agradaba el ambiente tan distendido que habían conseguido, incluso antes de empezar la excavación. Una vez terminada la ronda de preguntas, Lancaster prosiguió su discurso…

- Sé que es complicado hacer arqueología en un ambiente como éste. Ante todo os pido paciencia, pero yo estoy seguro de que podremos documentar el cien por cien del yacimiento. Y desde luego, si tenéis alguna duda o necesitáis cualquier cosa por favor, consultádmelo. Por cierto, si me olvido de ella se pondrá insoportable. Esta es Mariela Ducatti, la restauradora.

- Encantada. Lo mismo digo, si tenéis algún problema me lo decís.

El grupo de trabajadores que había contratado Bowman apenas superaba los veinticinco años de media. Sus caras mostraban mucho nerviosismo y cierta desorientación, como si no supiesen si van a excavar un yacimiento o a trabajar en una panadería. Todos eran licenciados, y alguno que otro en plena ejecución de la tesis doctoral. No lo parecía, porque en sus ojos se vislumbraba una emoción propia de niños que acuden a ver una película de estreno. Mientras charlaba con alguno de ellos de camino al yacimiento, Lancaster comenzó a recordar su fase de estudiante, mucho más reciente de lo que parecía. Recordaba sus trasiegos por los yacimientos del norte de Francia, donde a primeros de diciembre necesitaba dos pares de calcetines para evitar la congelación. Rememoraba sus andanzas por Marrakech junto al gran arqueólogo Christian Ewert, con quien compartió interminables tardes de té en la Rue Mouassine. Mientras llegaba al yacimiento se acordaba de las clases sempiternas del Dr. Grabar, a quien extravió varios lotes de apuntes en Harvard antes de una de sus magistrales clases sobre arte andalusí. Viendo las caras de emoción de sus nuevos compañeros no podía olvidar la suya propia cuando tuvo la fortuna de conocer a la gran Margherita Guarducci, durante una campaña de excavación en el sur de Creta. No sólo son los personajes los que emocionan. También sintió los nervios a flor de piel el día que cruzó el arco de Trajano de Timgad, o cuando excavó su primer mosaico en la ciudad griega de Olinto. Incluso aún siente temblores al recordar su visita a la joya de la arquitectura mundial de la Bauhaus Dessau. Fueron momentos muy emocionantes que discurrieron desde los dieciocho años, emociones que ese día estaba viendo en las caras de los muchachos que le rodeaban, mientras les explicaban las características del yacimiento.

- Hemos llegado. Aquí tenéis Sheller Down II –Dijo Lancaster en el momento de llegar al borde del yacimiento.

Frente al grupo se alzaba el yacimiento que debían excavar. A poco más de metro y medio de profundidad se extendía ante ellos una vasta extensión de tierra, de color marrón claro interrumpido con puntos de color negro de distintos tamaños. Algunos puntos tenían el tamaño de una pelota de fútbol. Otros, sin embargo, tenían el tamaño de sombrillas de playa. Dos de esos puntos eran más que eso. Se localizaban en el centro y tenían un tamaño espectacular, casi como una pista de tenis. El silencio se hizo de golpe. Ya no hablaban, sólo miraban. Sin ningún ruido era posible escuchar las profundas respiraciones de alguno que otro, seguramente emocionado ante lo que estaban viendo. En realidad la emoción era generalizada. Incluso en Lancaster se podía sentir una emoción contenida. Mariela se mantuvo al lado de Lancaster, casi robándole el oxígeno. Los muchachos sólo miraban al centro. Miraban a los perfiles laterales, el límite de la excavación, en los que asomaban como cucos trozos de cerámica y hueso. Mientras observaban ese gigantesco cofre de tesoros reprimían sus deseos por salir corriendo al centro y empezar a picar desesperadamente. Era tal la emoción que no escuchaban ni la maquinaria de las proximidades ni el sonido de las herramientas de los carpinteros. Sólo escuchaban el sonido de sus picos y sus palas, retirando capas arqueológicas y recogiendo piezas de singular valor. Poco quedaba hasta el cielo, para el grupo de arqueólogos.

Salvo un par de casos bastante inusuales, el resto del grupo mostraba un aspecto ciertamente desaliñado. Con las teces comidas por el sol, las manos ásperas y barbas de dos días, los chicos llevaban el pelo corto y una indumentaria de tonos marrones. Dos chicas portaban camisas de manga larga, mientras que el resto llevaban ataviadas camisetas cortas, muy cortas y cortísimas. De los nueve auxiliares cinco eran chicas y cuatro eran chicos, y todos aparentaban tener cierta corpulencia, desmesurada incluso en el caso de un chico. Las largas horas de los veranos, echadas trabajando en yacimientos de mala muerte les habían conferido un aspecto más próximo al del prototipo de un peón o de un minero. Todos portaban gorros de diferentes tipologías, así como varias y homogéneas capas de crema de protección solar. Mientras Mariela cargaba las herramientas ayudada por tres chicos, Lancaster hacía el reparto de los grupos antes de entrar en el yacimiento. Los auxiliares aún seguían ensimismados con Sheller Down II, tanto que Lancaster dudó de que prestasen atención a sus intenciones. Una chica ni siquiera le miraba mientras la asignaba un grupo. Otra de las chicas, por su parte, apenas pudo sostener una pala al hombro, ensimismada con un manchurrón situado a pocos metros de ella. Tratando de retornar a la realidad, Lancaster les explicó que tres coches les llevarían todos los días desde la entrada de la obra hasta la zona del yacimiento. Lancaster conduciría un primer vehículo mientras que Mariela lo haría en un segundo. El tercer coche lo conduciría uno de los auxiliares, Ashmid, quien llevaría el material de trabajo, agua y el equipo topográfico.

Una vez establecidos los grupos, Lancaster sacó de su bolsa una de las herramientas que, a su juicio, era de las más importantes: el diario de campo. Pettersen había escogido un cuaderno de pastas duras, a fin de aguantar el maltrato que sufría en el campo. Iba a estrenar el cuaderno, y eso no era baladí. Había sido técnico en muchas ocasiones, pero serlo de Sheller Down II era especial. Mientras los auxiliares iban escogiendo las herramientas, Lancaster comenzaba a realizar las primeras anotaciones. Éstas consistían en describir los grupos formados, así como el nombre de los integrantes de cada equipo de trabajo, la fecha, el tiempo y las unidades que iban a excavarse. Cada técnico podía apuntar lo que le viniera en gana, ya que no había ninguna norma ni ninguna fórmula que lo estableciese. Algunos técnicos eran muy parcos mientras que otros se explayaban a gusto. Mariela conoció a un técnico en las excavaciones de Maguncia, cuyos diarios parecían libros de coros. En el lado opuesto estaba Neill, a quien, en opinión de Lancaster, le bastaba con medio folio para describir varios meses de excavación.

Finalmente los auxiliares ya estaban posicionados. Todos, absolutamente todos, miraban fijamente a Lancaster, esperando a que su jefe de filas diese el inicio de los trabajos. Mariela observaba la escena mientras realizaba comentarios burlescos hacia su compañero. Lancaster había realizado una última batida de fotografías y con ayuda de Mariela había realizado un croquis de las manchas y las alteraciones visibles. Lo había hecho usando una lámina de papel milimetrado, a fin de que estuviese algo escalado. Después de numerar todas y cada una de las manchas del yacimiento las marcaron con clavos y etiquetas, asignando un número a cada una y poniendo los números a su vez, en el croquis. Esta tarea les llevó una media hora, tiempo suficiente para que los muchachos se adecuasen con los atuendos de trabajo. Gorros bien puestos, una última capa de protector solar y un par de tragos de agua eran suficientes para estar preparados.

Sin más espera, Lancaster hizo un gesto de aprobación para que comenzasen el trabajo. Por el frente norte, y atacando las manchas más grandes, se pondrían Ashmid, Tobías y Erika. En el perfil sur había situado a Karen, a Fowler y a Ivanovic, donde se acumulaban algunas formaciones de piedras de dudosa procedencia. Finalmente, en el centro del yacimiento, iban a trabajar Sasha, Lily y Chiesa. Por el centro Lancaster había documentado no menos de un centenar de depósitos de material lítico y cerámico, para el que haría falta mucha paciencia y destreza.

La mañana del primer día el trabajo consistía básicamente en la preparación del terreno. Esa preparación consistía en dar un fuerte raspado de las manchas, en limpiar los perfiles y en retirar la basura que se había acumulado en pocos días. Esa mierda estaba formada por algunos envases de yogures, un par de bolsas de plástico y varias botellas de agua. Es un trabajo que debe hacerse y, aunque aparecía en las fotos iniciales, no suponía un trauma para el arqueólogo. Es por eso que Lancaster tampoco escatimó tiempo en conocer a su nuevo equipo. Lo necesitaba, y no sólo por su carácter cordial. Quería saber cómo era cada uno de los auxiliares, su formación, sus inquietudes y sus especialidades. Creía que conociéndoles mejoraría la relación entre todos y en definitiva, el trabajo de grupo. Y desde luego, ese aspecto le iba a ayudar mucho a la hora de organizar el trabajo y de optimizar las jornadas. Sin embargo, tal vez no fuese tan complicado. Echando un rápido vistazo pudo percatarse de que cada grupo mantenía una distendida conversación. Incluso algunos mantenían conversaciones con miembros de otro grupo, eso sí, a grito pelado. No le importaba en absoluto a Lancaster.

- ¿Qué tal? ¿Cómo va la cosa? –Preguntó Lancaster al acercarse al primer grupo de trabajo.

- Bien, bien. Por fortuna la tierra está blandita, y se puede picar sin problemas –Respondió Ashmid tras detener su potente picada.

- Será blanda para ti. ¡Está más dura que mil demonios! –Intervino Erika, enseñando su profunda sonrisa y contagiando a sus dos compañeros.

Ashmid Mehmut era un marroquí atípico. Se había licenciado en la Universidad de París, aunque la formación la había adquirido en diferentes proyectos de Sudán y Túnez. Tras pasar varios años excavando en el Norte de África había recalado en varias empresas de arqueología del sur de España, donde había conocido a Bowman. La llamada de éste a Ashmid no se hizo esperar tras saber que iba a necesitar gente para la excavación. Bowman conocía bien al arqueólogo y creía que podría ser un buen apoyo para Lancaster en el trabajo de campo. Por su parte Tobías Lockte era, sin embargo, el ejemplo contrapuesto, ya que con tan sólo veinte años era licenciado, y aunque era su primera excavación había participado en la catalogación de más de doscientos búnkers y trincheras de la Línea Maginot francesa. Desde los primeros años de carrera los conflictos militares europeos se habían convertido en su gran especialidad y las armas en su gran afición. Finalmente Erika Masters era integrante del cuerpo de restauradores del Museo y había sido recomendada directamente por Henrich Bakerline. A pesar de llevar esa pesada etiqueta, Lancaster había descubierto que tenía un sobrado reconocimiento por sus trabajos de excavación en distintos yacimiento de época romana de Inglaterra. Un detalle sorprendió a todos. A pesar de contar con el grado de restauración, Erika prefería considerarse arqueóloga.

- Bueno, como arqueóloga serás más atractiva al resto de los humanos —Bromeó Tobías con su compañera.

- ¡Eso es sexista, machote! —Gritó a lo lejos Karen al escuchar el comentario de su compañero.

- ¿Pero cómo ha podido escucharlo? —Preguntó de nuevo Tobías mirando a Ashmid, quien continuaba picando a pesar de las risas.

De padres adoptivos, la vida de Karen Makar no había sido un camino de rosas. Comenzó a estudiar tarde por falta de dinero, hasta que una beca de la Universidad de Kiev le permitió finalizar sus estudios de posgrado en Historia de la Iglesia. Por desgracia no había tenido tiempo de participar en excavaciones, por lo que estaba poco familiarizada con la arqueología. Nunca había intervenido en ningún yacimiento, y su experiencia estaba forjada gracias a trabajos en archivos y bibliotecas. Había contactado de forma fortuita con Method. Sin embargo a Lancaster no le desagradaba su disciplina y su capacidad de aprendizaje, por lo que la colocó junto a Edward Fowler. Edward era el más experimentado del grupo, ya que a sus veintiséis años había dormido más horas fuera de su casa que dentro. A decir verdad él mismo insistía en que había sido concebido sobre un mosaico de la diosa Venus, algo que obviamente nadie se creía. A pesar de sus fanfarronadas había recibido formación en ocho universidades gracias a estancias breves, excavando incluso en zonas tan dispares como en las estepas de Georgia, en las llanuras de Oaxaca o en los fiordos noruegos.

- No me preguntes cómo llegué a excavar en Lindisfarne, pero fue una experiencia que nunca olvidaré –Comentaba Fowler mientras reposaba en su turno de descanso.

- No creo que sea fácil participar en los yacimientos que has estado, Fowler. Eso no es casual… -Aseveraba Lancaster mientras notaba varios asuntos en su cuaderno.

- La arqueología se lleva en la sangre, amigo. Yo soy un ejemplo. Mi padre participó en dos expediciones a Erzurum, casi en la frontera entre Turquía y Armenia. Buscaba una ciudad de la ruta de Alejandro Magno. Allí conoció a mi madre, una etnóloga holandesa que documentaba una variante del turcomano. ¿Qué clase de hijo podría salir de tal encuentro?

- Algo nada habitual, sin duda. Y si le añades que es un bebedor compulsivo de soda, ni te cuento –Intervino Ivanovic, quien no se había podido contener al escuchar la historia de su compañero.

- Ya saltó el ilustrísimo doctor… -Finalizó Fowler con una sonrisa en la cara.

Ese era, sin duda, Nenad Ivanovic. Desde el principio tanto Lancaster como Mariela se habían fijado en él, y no sólo por su metro y noventa de estatura. Al igual que Fowler era un trotamundos descontrolado. Amigos ambos, habían contactado con Bowman tras conocerle en un congreso celebrado en Italia. De una gran corpulencia, Nenad se había licenciado en Croacia, consiguiendo dos años después su primera excavación en su pueblo natal, Osijek. A las primeras de cambio recibió una suculenta beca de una universidad de Rusia, la cual rechazó, según su propia opinión, "porque tanto frío no puede ser bueno para el consumo de ron". La especialidad de Nenad era, al igual que Fowler, el Paleolítico Superior. Ello explicaba las constantes discusiones entre ambos en apenas una hora de trabajo.

- ¿Pero de verdad sacáis esas conclusiones de tres cachos de piedras? –Preguntó Makar con absoluta inocencia.

- ¿Piedras dices? Por favor, Karen, un poco de dignidad… -Espetó Ivanovic.

- Di que sí, chica, tienes toda la razón, ¿verdad Nenad?. Si cada dos por tres nos estamos inventando las cosas –Concluyó Fowler mirando con sorna a su amigo.

- Pues peores son los romanistas. ¡Si lo tienen todo "masticao"! –Comentó en voz alta Ivanovic mientras dirigía sus palabras al grupo que se encontraba a pocos metros.

- ¡Te he oído! ¡Muy gracioso, "finocchio"! –Contestó a grito pelado Chiesa, quien había escuchado el comentario de su compañero.

- No te enfades, compañera. Pero admite que es más fácil, mujer...

Junto a Ivanovic, Fowler y Makar, Lancaster habían reunido en un mismo grupo a "las tres gracias". Así las había bautizado Mariela, al poco de verles actuar con las palas y los picos. La primera de ellas, Sasha Goormik, tenía una complexión física descomunal. De padres daneses, Sasha terminó sus estudios en Aalborg, y aunque pretendía dedicarse a la paleografía finalmente se decantó por la epigrafía romana. Un año antes de que se incorporase Lancaster a Method, Sasha ya había participado en una campaña de prospección con la empresa, momento en el que entabló muy buena amistad con Mariela Ducatti. Tras recibir la llamada de Mariela para excavar en Method, Sasha no dudó en recomendar a una segunda arqueóloga que había conocido en Francia. Se trataba de Lily Cadeau. Ambas se habían licenciado en la misma universidad y hasta habían iniciado la tesis durante el mismo curso. El aspecto de Lily era absolutamente distinto al de Sasha. Mucho más delgada y de profundos ojos negros, Lily era una sonrisa permanente. Natural del sur de Francia, sus padres emigraron a Copenhague para abrir un negocio de importación de textiles.

- ¡Mira! ¡Otra cerámica!

- Sasha, aquí hay miles de cerámicas, cariño –Sollozaba Lily a la par que su compañera se emocionaba con cada pieza que encontraba.

- Bueno, para mí es una novedad casi todo esto.

- ¿Alguna novedad, señoritas? –Preguntó Lancaster, que había acudido a ese punto para hacer unas fotos.

- ¿Señoritas? Oye, ¿de qué baúl has salido tú? –Preguntó muy cortante Lily al técnico. Lancaster no supo ni que responder.

- Era… una expresión.

La especialidad de Lily era la cerámica romana. Gracias a su capacidad de identificación había podido impartir varias clases en la universidad. A Lancaster le sonaba su nombre, y no era para menos, ya que había sido acogida como alumna de tesis de la mismísima Dra. Lyan.

- No le hagas ni caso. Mírala, se está cachondeando de ti… -Tranquilizó Chiesa a Lancaster, mientras las otras dos arqueólogas se carcajeaban a escondidas.

Angelica Chiesa, por su parte, se postulaba orgullosa de ser de Chiaia un pequeño barrio de Nápoles. A pesar de la abundancia de yacimientos romanos en su tierra ella prefería, sin lugar a dudas, la cultura Bizantina. A la edad de 28 años había conseguido, no sin dificultades, licenciarse en Historia del Arte. No obstante sus credenciales eran sorprendentes, ya que participó activamente en distintas excavaciones en Israel, Siria, Etiopía y en no menos de una veintena de intervenciones en Europa, un currículo difícilmente superable.

- ¿Pues no dicen aquellos bobos que los romanistas lo tenemos más fácil? ¡Eh, "cazzo"! ¡Luego hablamos tú y yo sobre lo que has dicho! –Gritó Chiesa señalando al emplazamiento de Fowler e Ivanovic.

Desde el principio Lancaster se mostró encantado con el grupo que le había asignado Bowman. Su experiencia como técnico había sido más bien escasa, tratando sólo con estudiantes que intentaban aplicarse a toda costa. Pero ahora contaba con gente muy rodada y experimentada como Fowler o Chiesa. Esa gente había recorrido medio mundo excavando en yacimientos de todo tipo, arqueólogos que tal vez no tenían trabajo pero que estaban sobradamente preparados para formar parte de un equipo de investigación, o por qué no, de la plantilla de una empresa como Method. Fue en esos momentos cuando Lancaster se sintió aliviado por la fortuna que había tenido. La mayor parte de los allí presentes podían perfectamente cumplir con el papel que le habían encomendado a Lancaster y, por lo tanto, él mismo se encontraría en la situación de Ivanovic, de Sasha o de Ashmid. No sólo contaban con experiencia en campo sino también con un amplio conocimiento en el trabajo de gabinete. No eran pocas las publicaciones y las intervenciones en congresos de todo tipo. Por lo tanto, ¿qué le impedía a Bowman hacer el cambio entre Lancaster y cualquiera de los presentes?

- ¡Ey, soñador, despierta! Tenemos que empezar a embolsar material… -Comentó Mariela mientras zarandeaba a Lancaster.

- Sí, sí, voy ahora mismo.

Poco antes del desayuno estaba recibiendo la llamada diaria del director de la excavación. Era normal que Edgar se preocupase por el inicio de la intervención. No había tenido tiempo de acudir. Durante toda la mañana habían estado preparando los papeles de la persona que iba a sustituir a Lancaster en el seguimiento arqueológico. Ambas cosas no se podían hacer a la vez.

- ¿Qué tal los chicos? ¿son obedientes? –Preguntó Bowman.

- Mucho más que eso, Edgar. Me has mandado a un equipo de élite. ¿De dónde los has sacado?

- De aquí, de allí… Ya sabes que si se juega en ligas superiores se necesitan jugadores superiores –Respondió entre carcajadas Bowman.

- No tienes de qué preocuparte. Aquí está todo controlado.

- Eso ya lo sabía. De todas formas Mañana tendrás una visita. Iremos el profesor Le Febvre y yo, para que vea el yacimiento y nos dé su opinión.

Esa frase fue como una tuneladora en la mente de Lancaster. Conocía perfectamente al profesor Le Febvre, un hombre cuyo ego sobresalía por encima de la estratosfera. Tenía la plaza ganada en la universidad, y fue precisamente al Dr. Hoover a quien le arrebató la plaza. Años después el mentor de Lancaster consiguió hacerse con el puesto, no sin antes sufrir un constante asedio y maltrato por parte de Le Febvre. Después de conseguir la cátedra escribió uno de los mejores manuales de cerámica prehistórica de la actualidad. En opinión del colectivo de profesionales nadie podía negarle el mérito del trabajo. Sin embargo, muchos investigadores le tacharon de no aportar ni un solo dato arqueológico.

- Vamos, que el "gachó" ese no tiene ni pajolera idea de arqueología –Comentó Fowler al saber de la visita del profesor por boca de Lancaster.

- Pero es muy bueno haciendo tipologías, ¿qué más quieres? –Respondió Ivanovic tajantemente.

- Pues que ya verás como éste nos toca las gónadas en su visita de mañana –volvió a comentar Fowler.

- ¡Ya está el agorero!

- Bueno, yo sólo espero que la visita sea corta y pacífica. Y vosotros, nada de entrar al trapo, ¿de acuerdo? –Pidió a ambos Lancaster, mientras recogía parte del material arqueológico.

***

- Aquí no creo que encuentres gran cosa, Bowman.

- ¿Tú crees? No estoy tan seguro…

- Ya te digo yo que aquí no hay nada.

A medio día de la segunda jornada de trabajo se presentaron en Sheller Down II Edgar Bowman y Dominique Le Febvre, tal y como le habían presagiado a Lancaster en día anterior. Las cosas no podían empezar peor. La noche anterior había llovido, y por lo tanto la superficie estaba muy embarrada. Eso, entre otras cosas, dificultaba sobremanera la visibilidad del yacimiento. Por su parte, Le Febvre, haciendo caso omiso de las advertencias de Lancaster, había caminado por encima de las manchas, dejando sus huellas marcadas por toda la superficie y ensuciando las evidencias. Con esto hacía enfurecer a la plantilla de auxiliares, que lo habían dejado impoluto el día de antes. Gracias a su hábil paseo apenas se vislumbraba nada en el yacimiento. Eso no impidió al profesor, al gran experto, hacer ciertas afirmaciones que no convencieron a Bowman y que molestaron amargamente a Lancaster.

- ¿Por qué creéis que esto es un yacimiento? –Preguntó Le Febvre mirando al suelo.

- ¿Acaso no ve usted el material arqueológico que sale? –Contestó con prontitud Lancaster, mientras le enseñaba varios bordes de cuencos y un par de piezas líticas de gran calidad.

- Aún es pronto para saber lo que tenemos entre manos. Pero no puedes negar, Dominique, que algo debe ser –Aportó Bowman al comentario de Lancaster.

- Si, bueno, es posible… -Concluyó Le Febvre, mirando con desdén las piezas que le había mostrado Lancaster.

Dominique Le Febvre nunca se había caracterizado por ser una persona amante del campo. Eso quedaba demostrado por el atuendo que llevaba para la visita. Mientras seguía caminando por el yacimiento, el barro iba poco a poco sepultando sus mocasines. Además llevaba unos pantalones de lino, los cuales lejos de abrigar iban empapándose con las gotas de los charcos que no evitaba pisar. Por encima de la cintura el espectáculo mejoraba. Mientras que los demás portaban forros y otras prendas de abrigo, el ilustre profesor llevaba una camisa y un suéter rojo con el cuello de pico, el cual dejaba entrever algunos pelos del pecho. Finalmente llevaba cubierto el cuello con un pañuelo blanco, el cual se había precipitado al suelo un par de veces por el viento. Con esto el blanco de la tela se había tornado a marrón, lo que hacía juego con un gorro de visera ancha y de color pardo.

- ¿Cómo habéis excavado la parte superficial? –Preguntó mientras observaba uno de los perfiles visibles.

- Hemos retirado la parte de arriba con máquina, dejando los niveles arqueológicos a la vista –Respondió Lancaster.

- ¿Y me puedes decir cómo sabes que no te has llevado ningún nivel con la máquina? –Volvió a preguntar Le Febvre mientras seguía observando el perfil.

- Simplemente lo sé…

- Pues eso no puede ser así. Primero, no soy amigo de las máquinas. Y segundo, no deberías poner a un simple licenciado a hacer estas cosas, Bowman. Parece mentira que no lo sepas… -Espetó Dominique girando la cabeza para mirar a Bowman.

- Perdone, ¿cómo ha dicho? –Saltó Lancaster sin dar opciones a Edgar para responder.

- Disculpa, pero estoy hablando con tu jefe… -Contestó Le Febvre incorporándose.

- Lancaster es doctor, Dominique, muy recientemente pero doctor al fin y al cabo.

La cara de Dominique Le Febvre podía describirse de mil formas, pero la más acertada es la de alguien que sufre aerofagia y lo demuestra en un ascensor repleto de gente. De su boca salían algunos sonidos similares a intentos de pronunciar palabras sin sentido. Un par de segundos le bastaron a Lancaster para inflarse de valor, y ante la atenta mirada de Bowman, que intuía una catástrofe de dimensiones magnas, quiso responder a Le Febvre.

- Mire, profesor. Aunque hubiese sido un simple licenciado no he necesitado mucho tiempo para averiguar que cualquiera de mis auxiliares tiene mucha más experiencia que usted en arqueología de campo. Aun siendo licenciado, como usted me ha catalogado de forma despectiva, yo, y cualquiera, sabríamos que hay que usar la maquinaria para quitar el metro y medio de mierda moderna que cubre el nivel arqueológico. De hacerlo manualmente necesitaría el cuádruple de auxiliares, ya que con los actuales tardaría tres veces más del tiempo que dispongo, por no decir que alguno moriría en el intento.

- Para, Lancaster… -Dijo Bowman tratando de cortar el discurso de su trabajador, pero con muy poco éxito.

- Un segundo, Bowman, que termino en seguida… sólo quería expresarle mi malestar por la presencia de personajes como usted, que viven de los resultados que personajes como nosotros nos trabajamos en campo. Eso sí, son ustedes desde la universidad los que luego publican vanagloriándose de lo duro que es investigar, o apareciendo en los medios de comunicación como la vanguardia de la ciencia de este país. Eso es lo que me saca de quicio. ¡Venga usted mañana, y pasado, y al otro, y yo le dejaré escoger entre un pico o una pala! Así sabrá usted cuándo algo es un yacimiento como éste y así sabrá cuándo usar maquinaria es apropiado o no…

El latigazo de Lancaster dejó petrificados a cuantos se encontraban en los alrededores. ¡Les había regalado semejante discurso sin levantar un ápice la voz! Bowman había dejado de mirar a Lancaster a mitad de la charla, tal vez para no ser testigo directo de la hecatombe que estaba provocando su trabajador. Por su parte Ashmid, Ivanovic, Sasha, Chiesa…, todos los auxiliares miraban boquiabiertos a su técnico, de quien no conocían esa peculiaridad. Alguno esbozaba una aparente sonrisa de satisfacción, como Fowler, quien además había proferido una sonora carcajada cortada de golpe. Por su parte, el agredido se mostraba petrificado, aún sin esbozar comentario alguno. Sólo observaba fijamente a la persona que textualmente le había cantado las cuarenta en su propia cara. Le Febvre sólo podía mirar a Lancaster, a la vez que desviaba la mirada a su alrededor, en un gesto inequívoco de derrota. Mientras escuchaba las palabras de Lancaster había estado jugueteado con un bolígrafo que finalmente, había acabado en el suelo embarrado. Una vez terminada la alocución ni siquiera quiso recogerlo. Se enmendó la embarrada bufanda al cuello y dio dos pasos hacia Bowman.

- ¿Nos vamos? Ya he visto suficiente…

- Claro, vamos, Te acompaño a tu coche –Sugirió Bowman mientras giraba sobre sí mismo, a fin de seguir los pasos del profesor.

Se fue sin más. No se despidió ni de Lancaster ni del grupo de trabajadores. A decir verdad, a nadie le importó lo más mínimo. Lo que sí le preocupó al técnico fue la mirada de su jefe. Lejos de ser amenazadora, era una mirada de disgusto. Tampoco le gustó que no le llamase después, ni que se quedase un rato con ellos para ver el yacimiento. Eso era lo que más le intrigaba. En cualquier caso había que proseguir con la excavación. Lancaster se acercó a su grupo cabizbajo y con claros síntomas de estar afectado por lo sucedido. De pronto se escuchó un comentario:

- Tengo una duda, jefe. Ayer no quedó muy claro el concepto de "no entréis al trapo", ¿me la podría explicar? –Dijo Fowler en cuanto tuvo a Lancaster a medio metro.

Ese comentario provocó un ataque progresivo de risa entre los trabajadores. Primero fueron Ashmid, Tobías e Ivanovic quienes rompieron a reír. Luego Sasha, Chiesa y Lily quienes no pudieron contener la risa. A los pocos segundos, todos los auxiliares estaban rebozados en barro, sumidos en una risa descontrolada por el comentario de Fowler, quien miraba atentamente a Lancaster, y éste a Fowler. Ambos empezaron a reír, primero discretamente para finalmente romper a carcajada limpia junto al resto del grupo. Después de cinco minutos de lagrimeo constante por las risas se incorporaron y consiguieron contener la sorna que les había invadido.

- Bueno, chicos. Vamos a intentar limpiar este destrozo. Comenzaremos por retirar el barro y volver a marcar las manchas. Vamos a intentar mejorar el día… -Terminó diciendo Lancaster mientras cogía un azadón cercano.

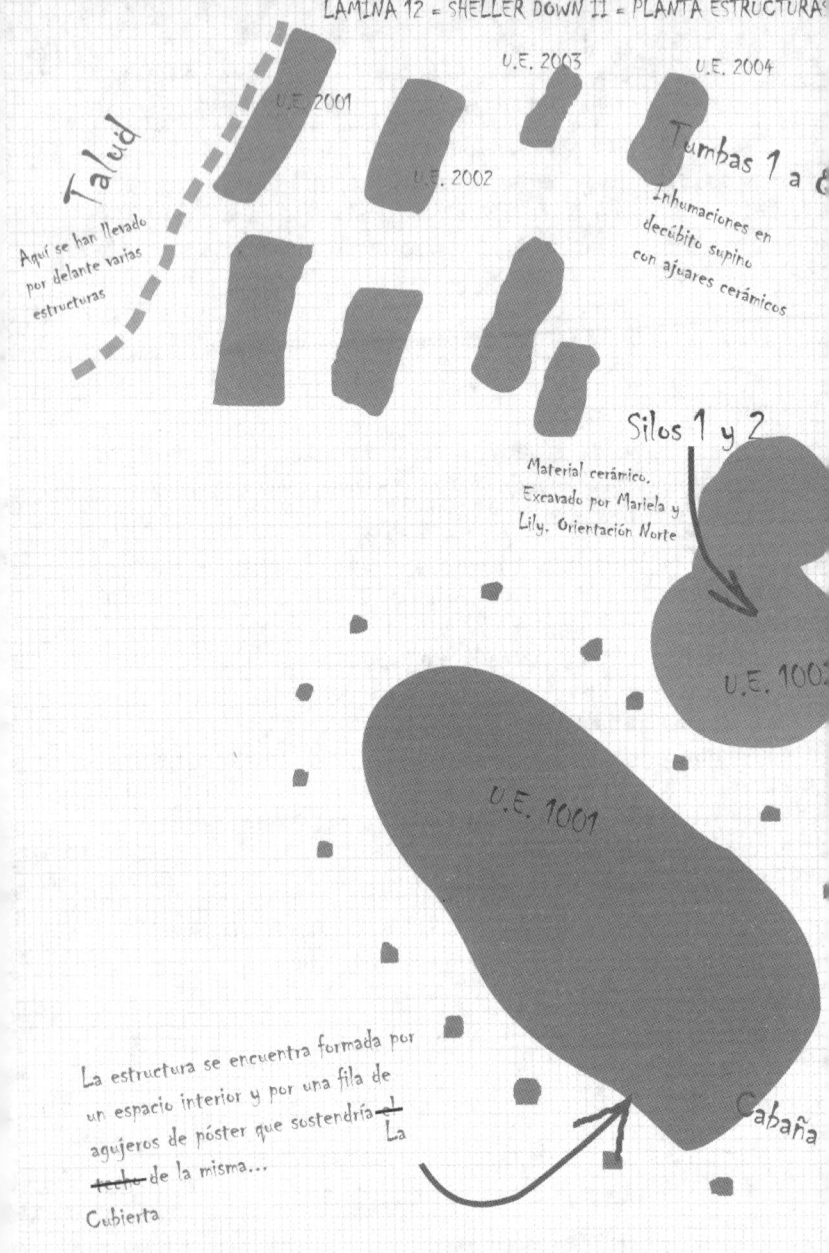

VI. La excavación

El museo de la ciudad acababa de cumplir ciento setenta años. Así lo dejaba claro un enorme cartel que colgaba de la fachada del edificio. Los estilos barrocos y neoclásicos de las construcciones cercanas chocaban de frente con el museo, una estructura forrada al exterior con chapas de cemento y con una techumbre a partir de paneles de cristal. Hacía unos siete años que la parcela tuvo que ser remodelada. El proyecto inicial de los arquitectos respetaba la estructura interna del edificio, pero remodelaba por completo el exterior, muy deteriorado por el paso de los años. Por dentro las estancias quedaban divididas por muros de ladrillo macizo sin calar, lo que le confería un aspecto robusto y clásico a la vez. Las panelaciones iban sostenidas por cables de acero desde las viguetas del techo, a la vez que los mostradores eran los mismos que hacía cien años, eso sí, restaurados y acondicionados para una perfecta conservación de las piezas.

Desde un recibidor central se podía acceder a las diferentes salas de exposiciones, distribuidas circularmente por orden cronológico. Para algunos especialistas era una mezcla perfecta entre la distribución del Museo Pompidou de París y el estilo tradicional del Museo Británico o del Museo de Berlín. A Lancaster no le apasionaba en absoluto, principalmente porque él era uno de los detractores del proyecto de remodelación. En su opinión no conservaron los elementos tradicionales del edificio por motivos económicos. Eliminarlos supuso sesgar una parte imprescindible de la estructura, la cual pierde buena parte de su encanto histórico y de su interés arquitectónico. Las colecciones que albergaba eran otra osa. Gracias al esfuerzo de sus directores, el museo se había provisto de exitosas colecciones de arte sacro. Así mismo, conservaba en su haber unos excepcionales repertorios de arte paleolítico mueble,

de mosaicos romanos, de orfebrería goda y un catálogo numismático que había sido cedido por un magnate ruso hacía un par de años. Contaba además con un buen laboratorio de restauración, unos amplios depósitos y un almacén de carga y descarga, situado todo ello en el sótano del edificio. Estas dependencias eran imprescindibles en cualquier museo que se terciase serio. Las tres primeras plantas correspondían con las exposiciones permanentes. La cuarta planta estaba destinada a las colecciones temporales, mientras que en la última planta se encontraban las oficinas y una biblioteca, que en opinión de Lancaster era muy escasa en número de ejemplares.

Observando las piezas que estaban apareciendo en Sheller Down II no pudo contener la suspicacia de comparar sus materiales con los que se encontraban en el museo. No era la primera vez que acudía para comparar los materiales de uno y otro sitio. Durante la realización de su tesis doctoral visitó los depósitos del edificio por lo menos siete veces. En este caso el objetivo era bien claro: quería ver con sus ojos los materiales extraídos de la cantera de Sheller Down, a fin de compararlos con los que él estaba consiguiendo. De antemano sabía perfectamente que no iban a ser idénticos. Lo sabía porque durante la visita que hizo con Bowman y Cooper a la cantera, los restos de superficie eran ligeramente más antiguos. No obstante tampoco estaba de menos echar un vistazo al depósito del museo. Después podría también inspeccionar otros materiales de zonas cercanas o de cronologías similares. Para ello no era necesario ningún permiso especial. Desde que tomó las riendas del museo Henrich Bakerline, la institución había llevado a cabo un sistema de identificación para investigadores. Una base de datos y un carnet eran suficientes para inspeccionar por lo menos dos niveles del depósito de materiales. Por encima de este nivel sólo se podía acceder con una carta especial de alguna institución.

Una vez pasado el control de las acreditaciones Lancaster accedió al vestíbulo principal. Era una maravilla, eso no lo negaba ni el propio Lancaster. Por el techo entraba casi toda la luz necesaria para poder ver con fluidez en las salas de exposición. A los lados de la planta se situaban otras instalaciones como los servicios, la cafetería, una tienda de productos del museo y los ascensores. Ese día el museo se encontraba medio vacío. Apenas se escuchaba a un grupo de japoneses en la sala de Arte Medieval y a dos administrativas discutir sobre el color del tinte de una de ellas. Lancaster accedió a los ascensores para ir directamente a los depósitos. Allí tenía que revisar los inventarios, para saber en qué módulo, pasillo y caja se encontraban los materiales.

- Buenos días, quería revisar unos materiales –Dijo a la administrativa de la mesa de recepción del depósito.

- Rellene esta ficha y espere un momento –Le respondió.

Poco después de entregar la ficha con los datos que quería consultar, le dieron las referencias de las cajas que debía revisar. "Módulo IV, pasillo 3, cajas 1 al 7". Al fondo del depósito se encontraban las cajas con los materiales de Sheller Down. Esos pasillos albergaban materiales entregados incluso antes de la fundación del museo. Originariamente la idea surgió de un grupo de ilustrados que habían acaparado grandes colecciones de sus viajes por el continente americano y asiático. Esa sociedad fue la primera piedra del museo de la ciudad. Allí había colecciones de arte prehistórico de Mesoamérica, de las culturas de Papúa-Nueva Guinea e incluso de la dinastía Qi. Resultaba chocante que no hubiese materiales de Egipto. Tenía una explicación, y era que las colecciones egipcias habían sido enviadas al Museo de Arte Egipcio, inaugurado a mediados del año anterior.

"Cajas 1 al 7". Por fin había encontrado lo que buscaba. Allí se almacenaban las piezas recuperadas durante el arrasamiento de Sheller Down. Las cajas eran de un tamaño medio, cerradas con cinta de embalar y con tres dedos de polvo. Se acumulaban en dos baldas de un metro de ancho por dos de profundo. Para sacar las últimas del fondo Lancaster tuvo que esmerarse a fondo y, de paso, ponerse perdido de pelusas y otros residuos que no quiso recordar después. Para poder ver el material dispuso correctamente las cajas en fila sobre una mesa de análisis que se encontraba en la misma sala. Fue abriendo una caja tras otra, para comparar su contenido con el inventario de las piezas. En una primera caja estaban embolsadas las piezas líticas de superficie, unas cuarenta, en buen estado y de muy buena calidad. Antes de abrir la segunda caja se aseguraba de lo que iba a encontrar. Ahí dentro debían estar los materiales de niveles inferiores, sobre todo cerámica y hueso. Eso era lo verdaderamente interesante, ya que los materiales de superficie pueden ser arrastrados de cualquier otro punto. Al abrir la caja se encontró con una sorpresa que no esperaba y que quiso compartir con la administrativa.

- Disculpe señora, pero una de las cajas está vacía.

- ¿Vacía? Pero, ¿estaba cerrada? –Preguntó la administrativa con sorpresa.

- Estaba bien cerrada con cinta, pero en su interior no hay nada, observe usted misma –Contestó Lancaster a la vez que mostraba la caja vacía, con su pertinente etiqueta.

- Bueno, pues haga el favor de rellenar esta hoja de reclamaciones. Se la haré llegar al director para su conocimiento.

- Muchas gracias, así lo haré –Concluyó Lancaster mientras cogía el formulario.

No era en absoluto habitual ese tipo de cosas. En siete años, Lancaster jamás se había encontrado una sola caja vacía en el museo. Si acaso algunas piezas descuadradas, fuera de inventario o en una caja que no les correspondía. Pero una caja vacía por completo jamás de los jamases. Esa era una cosa grave, ya que se habían extraviado no menos de diez bolsas con unas treinta piezas cada una. Piezas que además estaban en el informe y que tenían su inventario correspondiente. El arqueólogo no le dio más importancia y rellenó el formulario, para finalmente entregárselo a la responsable del depósito. Continuó con la revisión de las cajas, apartando la que se encontraba vacía. La tercera caja debía almacenar más cerámica, en concreto de varios niveles de fondos de cabañas, silos y un basurero. Al abrir la caja se encontró con la segunda sorpresa del día, aunque en este caso mucho más desagradable y grave que la anterior. La caja también estaba vacía. Durante unos cinco segundos permaneció frente a las dos cajas que había abierto y que no tenían nada en su interior. Ahora empezaba a comprender por qué en el traslado de la estantería a la mesa pesaban tan poco. La cuestión era saber por qué estaban vacías y sobre todo, cuántas más habría sin material. En vez de acudir al mostrador se dispuso a abrir todas las cajas, porque el asunto se estaba volviendo muy preocupante. Ni siquiera valoró el revisar el inventario. Una a una fue retirando el precinto y abriendo las tapas. Finalmente se cumplieron los peores pronósticos. De todas cajas 1 a la 7, sólo en la primera había piezas almacenadas. Las restantes cajas estaban vacías. Era el momento de dar la voz de alarma.

- Disculpe señora, pero hay un problema grave –Comentó Lancaster a la administrativa, la cual estaba leyendo una revista con bastante desdén.

- Dígame cuál es el problema. ¿Otra caja vacía? –Dijo la responsable mirando a Lancaster por encima de la revista.

- Una no. ¡Todas! –Afirmó Lancaster mostrando a la mujer todas las cajas vacías que había colocado detrás de él.

La mujer por un instante dio síntomas de preocupación, síntomas que desaparecieron al instante cuando observó el expediente al que pertenecían las cajas.

- "Expediente 07909". Bueno, pues lo que debe hacer usted ahora es adjuntar el número total de cajas vacías al formulario que ya ha rellenado anteriormente y listo. Se lo haré llegar al director –Dijo la mujer mientras le daba a Lancaster un bolígrafo y proseguía la lectura de su revista.

El arqueólogo no daba crédito a lo que estaba viendo. El hecho de que hubiese desaparecido material arqueológico del depósito de materiales ya era grave, pero la desaparición de la práctica totalidad del inventario era un escándalo. Sin embargo, a la responsable del depósito parecía que le importasen más las salidas nocturnas de un famoso del destape y la boda del primogénito de la familia real danesa. Lancaster se mantuvo frente a ella casi un minuto después de terminar su frase y, sin embargo, ella hizo caso omiso del arqueólogo.

- Perdone, no quiero molestarla en sus quehaceres, pero creo que esto debería comunicárselo automáticamente al director. No han desaparecido cuatro piezas, sino todo un inventario, unas cuatrocientas –Espetó Lancaster frente al mostrador.

- ¿En ninguna caja hay material? –Contestó la mujer si quitar la mirada de la revista.

- Bueno, la primera caja sí tiene piezas pero…

- Pues revise usted esas piezas y listo –Concluyó la administrativa con total desgana de seguir la conversación con Lancaster.

¿"Y listo"? Lancaster ya se pensaba que se trataba de una gracia o de una broma. Echó un par de vistazos a su alrededor, buscando las cámaras o a alguien que le estuviese gravando. Sabía perfectamente que los materiales de la primera caja no le iban a valer, sobre todo porque se trataba de industria lítica. Apenas habían salido un par de piezas enteras en Sheller Down II, por lo que la comparación era cuanto menos, inútil e ineficaz. Además en la caja había sólo material de superficie. ¡Vete a saber de dónde procedían! Lancaster decidió volver al ataque con la responsable del depósito.

- Verá, es que ese material no me sirve. Si usted me prestase un segundo de su valiosa atención yo le podría explicar…

- Vamos a ver, explíqueme usted –Dijo la mujer, cerrando la revista y depositándola sobre la mesa con violencia.

- Gracias. Pues mire, estas piezas no me valen. Los motivos son míos y no tengo que darle más explicaciones. Del total de ocho cajas, siete están vacías, eso sí, bien cerradas. En mi humilde opinión, esto es un escándalo que no creo que tenga arreglo rellenando un formulario que va estar en su bandejita de documentos por lo menos un mes –Comentó Lancaster con tono sarcástico.

- ¿Y qué propone usted, que veo que lo tiene muy claro? —Preguntó groseramente la mujer.

- Pues mire, para empezar quiero que llame al Director del museo, para que le informe de esta irregularidad. Y para seguir, quiero ver el acta de depósito de los materiales, firmada y sellada —Contestó Lancaster más grosero todavía.

- Por partes. Primero, el director del museo está de viaje en el extranjero, por lo tanto no vamos a poder localizarlo. Y segundo, por la normativa interna de museos no me está permitido mostrarle esa documentación que me pide. De modo que no puedo ayudarle de ninguna de las maneras —Concluyó la señora con una amplia sonrisa en la cara.

- Bien, en tal caso tendré que tomar las medidas por mi cuenta… —Concluyó también Lancaster, dando media vuelta en dirección a la salida.

- ¡Pero oiga! No me deje aquí las cajas. ¡El material revisado lo tiene que dejar donde estaba! —Gritó la mujer, mientras veía cómo Lancaster se metía en el ascensor de salida.

- Ahí no hay material, señora. Sólo cajas vacías —Respondió el arqueólogo mientras se cerraban las puertas del ascensor.

Aquel incidente no podía pasarlo por alto. A pesar de la información que le había dado la responsable del depósito, Lancaster subió a hablar con Henrich Bakerline. Efectivamente, la secretaria informó a Lancaster de que se encontraba fuera del país por un periodo indeterminado. ¿Qué pudo hacer desaparecer las piezas del museo? Mientras bajaba nuevamente al vestíbulo iba pensando para sí mismo qué había hecho desaparecer las piezas de las cajas. Recopilando información consideró que las piezas no fueron entregadas en ningún momento. Las cajas se entregaron vacías, pero, sin embargo, el inventario sí que estaba firmado y sellado, por lo que alguien del museo habría hecho la vista gorda para que las cajas fuesen depositadas. Aunque no había tenido acceso al acta de entrega, no había que ser muy listo para saber quiénes habían sido los firmantes. En conclusión, se había cometido una falta muy grave según la legislación vigente. Se habían entregado unos materiales inexistentes con el objetivo de tapar un pufo como es la destrucción de un yacimiento. Lancaster sólo sabía quienes eran los técnicos, uno de ellos su actual jefe, Bowman. Pero, ¿Quiénes serían los directores? ¿Y los responsables del museo que funcionaron como cómplices?

***

Afortunadamente había cosas que sí funcionaban. El yacimiento no podía tener mejor progresión. A las manchas que inicialmente tenían localizadas se les habían unido una docena más, todas de color negro y con mucho material arqueológico. La cantidad de cerámica que habían recuperado en pocos días era desproporcionada. Lancaster ya se planteaba algunas hipótesis, como que hubiese un taller alfarero en el yacimiento. Junto a los depósitos de cerámica se situaban grandes manchas circulares con pequeños agujeros a los lados. ¿Podrían ser cabañas? ¿Cabañas situadas junto a los alfares? No tenía mucha lógica. Ivanovic, que había excavado alfares de ese tipo en Alemania, no lo veía tan claro. Además de realizar los trabajos de excavación, los auxiliares desarrollaban sus propias hipótesis, a cual más descabellada y a la vez, más lógica.

- Yo creo que aquí hay algo místico, ¿no creéis? Quiero decir que esto está aquí, en medio de la nada, en un entorno indescriptible… –Afirmaba Chiesa, sentada mientras desayunaba.

- ¿Místico? Aquí lo único místico es el bocadillo que te estás tomando, con lo poquita cosa que aparentas –Se refirió Karen al comentario de su compañera.

- No hemos bajado ni veinte centímetros y ya estas elucubrando. Me recordáis a cierto profesor amanerado, experto en tipologías –Concluyó Masters a carcajada limpia.

Sin embargo, era cierto lo que afirmaba Erika. Apenas habían rebajado en un par de decímetros la cota, y sin embargo ya se vislumbraba un yacimiento muy potente. Para Lancaster cada día era un reto diferente.

"Raspa un poco más", "delimita esa mancha", "guarda el material", "cuidado con esas piedras, no las quites"… Esas eran frases habituales en el día a día de Lancaster, obcecado en llevar la excavación a la perfección. Tanto detallismo le había llevado a gastar más de una semana en limpiar la superficie del yacimiento. Una vez finalizado el desbroce, y gracias a las lluvias de los primeros días, y al sol de después, las arcillas se habían endurecido y como consecuencia, algunas zonas tenían marcadas las huellas de la máquina de Bull. Eso resultaba intolerable si se tenía en cuenta que había que fotografiar todas y cada una de las estructuras localizadas. Tanto tiempo gastado en la limpieza le había supuesto un buen rapapolvo por parte de Bowman, quien le insistía que no se podía perder tanto tiempo en las fases iniciales.

- Te juro, Bowman, que voy todo lo rápido que puedo –Aseguraba Lancaster mientras hablaba con su jefe, a la vez que escribía en su diario y hacía fotos del proceso.

- Y yo sé que lo haces, pero te ruego mayor celeridad –Le respondió Edgar.

- Si me consiguieras más personal tal vez podríamos acelerar la ejecución…

- No hay presupuesto para más personal, Lancaster, que ya no estás en una excavación de la universidad, a ver si te entra en la cabeza. ¡No te lo voy a decir más veces! Sólo te digo que el veinticuatro de agosto tiene que estar terminada la excavación, y tú redactando… -Contestó bruscamente Bowman tras lo cual, colgó el teléfono.

Nada podía recriminarle a Bowman. Tras el lío que se produjo en la visita del profesor Le Febvre, Bowman se había comportado de una manera distinta con Lancaster. No sabía por qué exactamente, pero la relación entre ambos se había enfriado. Tal vez fuesen las horas de campo que acumulaba el técnico, o tal vez le sentó muy mal la salida de tono con el profesor. El caso es que Edgar apenas se interesaba por el trabajo que estaba desarrollando.

- No le des tanta importancia. Edgar es así, te lo aseguro.

- Eso me lo dices para tranquilizarme, ¿verdad, Cooper?

- No. Si quisiera tranquilizarte te pondría un disco de The Doors. Esto te lo digo porque es así. No te lo tomes tan a la tremenda –Le confesó Cooper a Lancaster, mientras observaban la excavación.

De vez en cuando el arqueólogo recibía la visita de su amigo y compañero. Lewis seguía haciendo el control de la obra, hasta que Bowman encontrase un sustituto para Lancaster.

- ¿Aún no ha encontrado a nadie? –Preguntó el arqueólogo con sorpresa.

- Tiene a varios candidatos, pero aún no se ha decantado por ninguno –Respondió Lewis mientras se preparaba un cigarrillo.

- No creo que sea por falta de demandantes de empleo…

- Yo tampoco creo que le falten, pero siempre es muy selectivo con la gente que contrata. Además, después de lo tuyo, quiere que sea alguien igual de efectivo.

Las palabras de Lewis le llegaron al alma. Después de las constantes paranoias que se estaba montando Lancaster, resulta que su jefe le tenía en tan alta estima que la búsqueda de su sustituto se estaba volviendo una cuestión de estado. No es que fuese complicado encontrar gente, sino que el candidato definitivo debía reunir unas cualidades especiales.

- Bueno, y dime, ¿qué me puedes decir de este campo de golf que te estás montando? –Preguntó Lewis mientras daba varias caladas a su cigarro.

- Lo primero que debo decirte es que no puedes pasar dentro con el cigarro –le respondió Lancaster entre risas.

- Pues empezamos bien…

A la vez que le contaba a Cooper los detalles de la intervención, Lancaster iba observando los trabajos que desarrollaban sus auxiliares.

¡Porque eran sus auxiliares! Quién se lo iba a decir unos meses antes, nada más doctorarse, o mientras buscaba trabajo. La excavación de Sheller Down II era algo más que un yacimiento en el que ganarse el jornal. Sheller Down II era un campo de trabajo perfecto. En ese yacimiento podía poner en práctica todo lo que le habían enseñado, no sólo en la universidad con la Dra. Lyan y el Dr. Hoover, sino en las distintas intervenciones en las que había participado. Era el lugar idóneo incluso para probarse como técnico de campo, un puesto que para muchos es ficticio, casi irreal, pero que en la realidad era imprescindible. El técnico era la extensión del director en el campo. Lo que el director no podía ver, lo veía el técnico, el cual actuaba conforme a los designios del primero. No obstante entre el director y el técnico debía haber una complicidad absoluta, ya que el director delegaba la mayor parte de las veces en su técnico para que actuase conforme a su criterio. Así había sido desde el inicio de la disciplina, y así debía seguir siendo. En ese sentido Bowman había demostrado que respetaba a Lancaster y confiaba en él, a pesar de los distintos altercados y de algún que otro tirón de orejas, propio de la relación entre un jefe y su trabajador. En cualquier caso, Lancaster era el responsable directo del yacimiento en ausencia de Bowman.

- ¡Lancaster, vienen varios coches hacia aquí…! -Gritó Lily, mientras señalaba hacia el paso río.

Efectivamente Lancaster pudo observar cómo varios vehículos se acercaban al yacimiento a gran velocidad. No importaba que la velocidad máxima fuese de veinte kilómetros a la hora. Sólo por la velocidad podía reconocer a la perfección que se trataba de coches de la constructora. Uno de ellos era el vehículo del jefe de producción Chambers. Se reconocía por un enorme "bollo" producido por un fuerte impacto en la carrocería. El resto de vehículos formaba parte de su séquito. Podía identificar, por ejemplo, al jefe de los topógrafos, al encargado de mantenimiento de maquinaria o al distribuidor de cementos. Todos en unión iban adónde Chambers fuese.

En cualquier caso ya le extrañaba a Lancaster que ese ignorante no hiciese su supervisión rutinaria. Desde que le detuvo el tajo en la fase de los desbroces, juró y perjuró que no iba a pasarle ni una y así seguiría siendo. De todas formas no entendía muy bien el motivo de la presencia del resto de los vehículos que le seguían, cinco en total. Por el número cuantioso de coches no le extrañaba que viniese también el jefe de obra y algún que otro pez gordo de la dirección de obra. Una vez que se encontraban a pocos metros Lancaster acudió a su encuentro. Como no podía ser de otra manera el coche de Chambers se detuvo a escasamente medio metro de la valla que delimitaba el yacimiento, creando una nube de polvo que a punto estuvo de asfixiar a Ivanovic y a Lily. "Que majo el tío este", murmuraba Lily entre toses mientras que Ivanovic espetaba en su idioma un sinfín de insultos hacia Chambers.

Efectivamente Lancaster volvió a acertar en su apuesta sobre los visitantes. Del primer vehículo descendió Chambers, que iba al volante, mientras que de copiloto llevaba al jefe de obra Martins. Del resto de coches descendieron varios individuos que Lancaster interpretó que formaban parte de la dirección de obra, subcontratas y asistencias técnicas. Mientras todos se colocaban junto al balizamiento del yacimiento, Martins, sorprendentemente, se adelantaba a todos para saludar efusivamente a Lancaster, una actitud que dejó al arqueólogo entre la perplejidad, el miedo y el asombro...

- Buenos días, Lancaster. Ya veo que habéis empezado la faena –comentaba el jefe de obra mientras apretaba fuertemente la mano del arqueólogo y daba manotazos con la otra en su hombro.

- ¡Hola, Martins! Pues sí, aquí estamos ya documentando las primeras manchas...

Lancaster decidió no entrar en el recinto arqueológico y hacer las explicaciones desde fuera. Esa decisión ya la había tomado desde el momento en que los grupos se habían puesto a limpiar la superficie y a hacer fotografías. Así se lo comunicó al jefe de obra y al resto de la visita, tratando de explicarles que sería contraproducente atravesar el recinto. Sin poner ninguna pega comenzaron el recorrido por el perímetro del yacimiento. Lancaster se puso por delante junto a

Martins, mientras Chambers se posicionaba justo detrás, escuchando la conversación sin perder el más mínimo detalle. Lancaster le explicó a Martins la importancia de tener paciencia en este tipo de intervenciones, ya que no se trataba de sacar tierra, sino de documentar todos los niveles arqueológicos. Éstos se forman habitualmente por medio de agentes naturales como el viento o la lluvia, aunque en algunos casos la mano del hombre también participa, como por ejemplo con los arados o las explotaciones de recursos.

- Es lo que te iba a preguntar, Lancaster. ¿Cómo es que se conserva tan bien, si por aquí han pasado tractores, cosechadoras y mil máquinas más? –Preguntaba con curiosidad Martins, mientras miraba con detalle un pequeño conjunto de piedras.

- Pues en este caso se conserva porque los arados no han llegado a profundizar tanto como para remover el estrato arqueológico, y por lo tanto, a afectarlo. Algo sí que afecta, pero no como para destruirlo –Respondió Lancaster al curioso ingeniero.

Al ver el interés de Martins por su trabajo, Lancaster llevó a cabo una estrategia que le había enseñado su viejo profesor, el Dr. Hoover. Ante cualquier persona ajena al mundo de la arqueología, pero con gran interés, hay que ganarse su confianza como el que enseña un caramelo a un niño. Por eso Lancaster sacó a relucir su artillería: mostró a Martins varias piezas arqueológicas de gran belleza, en concreto una pequeña olla casi completa, decorada con ondas y rayas, y un colgante de hueso tallado con motivos decorativos. Al ver las piezas sus ojos se abrieron como si hubiese visto una supermodelo como dios la trajo al mundo. La reacción del jefe de producción, por el contrario, fue distinta. Chambers, para evitar quedar en un segundo plano, mostró su repulsa a ese tipo de baratijas, afirmando que sólo se trataba de "huesos de pollo y cachos de botijo".

- Pero todo esto tendrá que ir al museo, ¿no? –Preguntó Martins mientras ojeaba un trozo de sílex.

- Si, absolutamente todas las piezas. Las estudiaremos, las limpiaremos, las pondremos un número y las remitiremos al museo junto con un inventario de las mismas –Contestó Lancaster.

- ¿Y todas estas piezas se exponen luego? –Continuó Martins.

- No todas. Eso siempre depende del estado de conservación de las piezas o de su singularidad. En cualquier caso, si se exponen o no depende del museo, no de nosotros…

- ¡Vamos, que al final todo acaba en cajas cubiertas de mierda! –Comentó Chambers mirando a su alrededor y buscando permanentemente la risa de los asistentes.

- En ese caso el museo se parecería más a tu casa que a un museo, ¿no amigo mío? –Respondió Martins tratando de seguir con la gracia.

- Estoy seguro de que con mierda o sin ella, cualquiera de estas piezas vale mucho más que lo que pueda guardar el jefe de producción en su casa, ¿me equivoco? –Respondió Lancaster en un sentido burlesco y desafiante, pero siguiendo el tono de mofa de Chambers.

- ¡Jaja, no te quepa la menor duda, chico! –Contestó rápidamente Martins mirando a Chambers, quien con gesto serio miraba fijamente a Lancaster.

De repente Martins agarró del brazo a Lancaster. Pretendía llevárselo lejos del grupo, ya que tenía pendiente una conversación privada con él. Mientras daban una vuelta completa al recinto arqueológico, Martins quiso que el arqueólogo se sincerase con él.

- ¿Recuerdas lo que te dije cuando encontraste por primera vez el yacimiento? –Comenzó diciendo Martins.

- Sí, lo recuerdo…

- Pues bien, te digo ahora lo mismo. Te dije en su momento que me dieras un plazo que por cierto, he de decir que respetaste a la perfección. Te dije además que te quería aquí como un clavo –Comentó Martins.

- Así ha sido, creo yo –Respondió Lancaster, con tono nervioso.

- Pues aquí quiero también que lo cumplas. No quiero a nadie más. No quiero venir un día y que esté un tipo que no seas tú o Bowman. Y si tengo que hablar con alguien hablaré contigo, no con ninguno de estos peones –Concluyó el jefe de obra mostrando mucho carácter en sus palabras.

- Dalo por hecho, Martins. Además el plazo está apalabrado y se cumplirá a rajatabla. En cuanto a contar conmigo descuida, que no tengo intención de irme a ningún sitio.

- Queda aclarado todo entonces. ¡Ya me quedo más tranquilo…! –Dijo por último Martins mientras llegaban junto al resto de la comitiva.

- No del todo. Tengo algo que decirte, si no te importa. Te rogaría respeto hacia este grupo de arqueólogos. No son peones, son auxiliares y además titulados superiores. Te lo digo sin acritud, Martins, pero es algo que me gusta remarcar -Respondió Lancaster mientras miraba al grupo.

- Me parece bien y te pido disculpas.

"¿Disculpas?", pensaba Lancaster mientras llegaban donde estaba el resto del personal. Eso no era lo que le habían inculcado de los ingenieros, arquitectos y demás personal de obra. Lo cierto es que se estaba llevando una gran sorpresa con respecto al trato que estaba recibiendo. Las lecciones de gente como Neill, Henry o la mismísima Dra. Lyan no se estaban cumpliendo en absoluto. Premisas como que los ingenieros faltan al respeto a los arqueólogos tampoco se estaba produciendo, salvo por alguna salida de tono de Chambers. Tal vez no fuesen tan reales las descripciones hechas por sus compañeros. Quizá Lancaster iba con una idea preconcebida totalmente errónea con respecto al personal de obra. Lo cierto es que hasta la fecha, nadie le había faltado al respeto y su trabajo estaba siendo valorado positivamente.

La visita terminó con alguna que otra pregunta por parte de los asistentes, preguntas tales como "qué es eso" o "eso es un hueso o una piedra". Una asistente preguntó con absoluta inocencia si "esta gente usaba el fuego o no". Era el mismo circo de siempre, con los mismos artistas de siempre y con algún que otro payaso. A estas preguntas rimbombantes se les unían diversos comentarios sacados de la caja de los tópicos. Lancaster y el resto de los auxiliares pudieron deleitarse con comentarios como "yo siempre quise hacer Arqueología", "me encantaría encontrar algún dinosaurio" o "los romanos tenían que ser muy listos". En cualquier caso el resultado de la visita había sido bueno. El jefe de obra se había marchado satisfecho al ver que la maquinaria estaba en marcha y que sus ojos se habían deleitado con un par de piezas arqueológicas. Lo importante era siempre hablar claro para evitar problemas, algo de lo que Bowman siempre había prevenido a Lancaster. Tras retirarse todos los vehículos Lancaster volvió al interior del recinto para seguir supervisando los trabajos.

- Lily, ¿qué haces?

- Pues ya hemos fotografiado la mancha número treinta y dos, y nos disponíamos a empezar el rebaje.

- Pues no, prefiero que limpies todas las que hay alrededor. Creo que la número treinta y dos podría estar unida a la mancha número treinta y tres, formando un silo más grande. Por lo tanto es mejor que limpies... ¡Ashmid, trata de dejar los bordes bien marcados! –Ordenaba a unos y otros Lancaster, tras la marcha de los visitantes.

- Eso está hecho

Bowman tenía razón. La excavación arqueológica debía avanzar y por lo tanto Lancaster tendría que separar a los grupos en distintas tareas. Así por ejemplo el grupo de Sasha, Lily y Chiesa tenía el propósito de hacer las fotos iniciales de las manchas localizadas. Mientras tanto y siempre por delante, el grupo de Ashmid, Tobías y Erika iba marcando las manchas y las estructuras que eran más o menos visibles. Del levantamiento topográfico se estaban encargando Fowler y Makar, al tiempo que Ivanovic actualizaba las fichas de documentación de las unidades. A todo esto era Mariela la que supervisaba la intervención, mientras que Lancaster se escapaba con Cooper para echar una ojeada a la obra. No hay que olvidar que el seguimiento arqueológico continuaba, que Lewis Cooper seguía patrullando los perfiles y que hasta encontrar un sustituto para Lancaster, éste tendría que compaginar ambas intervenciones. Esto no era del agrado del arqueólogo, habida cuenta del aviso que había recibido del jefe de obra Martins, quien le quería perenne en el yacimiento de Sheller Down II. Bowman había prometido un nuevo técnico de campo para antes de dos días, a fin de no prolongar la bipolaridad de Lancaster.

***

- No se qué demonios estoy buscando, pero creo que voy derecho al infierno… -Se lamentaba Ashmid desde el fondo de uno de los silos que estaban excavando.

- ¿A qué profundidad estás? –Le preguntó Lancaster de inmediato.

- Yo te lo diré. Está a unos dos metros y veinte centímetros –respondió desde fuera Chiesa, quien aguardaba a su compañero en el borde del silo.

- Pues en cuanto lleguéis a los tres metros paráis la excavación, Angelica.

- ¿Pero por qué, jefe? Aquí está saliendo de todo. Llevamos dos sacos de treinta kilos en materiales. ¡Y esto sigue hacia abajo! –Refunfuñó Ashmid mientras daba picotazos en el fondo.

- Lo siento, amigo. Normas de seguridad –Concluyó Lancaster, a la vez que sacaba varias fotografías del silo.

Tan ensimismado estaba de su trabajo que no se percató que había llegado un vehículo hasta el borde del yacimiento. Era Bowman y no estaba solo. Para acceder al interior del recinto Lancaster había hecho, con ayuda de Tobías y de Masters un camino por el centro, a fin de que no se deteriorasen los silos ya excavados. Edgar se acercó a donde se encontraba Lancaster, acompañado de una chica joven y ataviada con ropa de campo.

- Lancaster, quiero presentarte a Corina. Va a ser tu sustituta en el seguimiento de obra.

- Encantado, mucho gusto.

- Igualmente –Respondió ella dando dos besos al técnico.

Edgar le pidió a Lancaster que les enseñase el yacimiento. Hacía varios días que el director no había visitado los restos arqueológicos. Era la situación idónea para que Corina conociera lo que estaban encontrando. Mientras paseaban por el recinto Lancaster se daba cuenta perfectamente de que tanto Ivanovic como Fowler y Tobías perdían el interés por la arqueología en favor de Corina.

- ¡A trabajar, demonios! Y si miráis, hacedlo con más discreción, lumbreras –les decía en voz baja a sus chicos, aprovechando que ni Bowman ni Corina estaban atentos.

Corina había acudido a la obra dos días tarde con respecto a lo que había prometido Bowman. Ahora ya no tenía tanta importancia, pero Lancaster reconocía que lo había pasado mal con la ausencia de un técnico vigilante. No era trago de buen gusto tener que escabullirse de Martins y de Chambers cuando se los encontraba en la obra durante la vigilancia. Había tenido que evitar a toda costa que le viesen vigilando la obra, ya que Martins daba por hecho que él tenía que estar en la excavación. De haberle pillado Chambers el resultado habría sido catastrófico. El jefe de producción habría usado ese dato para hacerle la vida un poco más complicada. Sin embargo, y por fortuna no había tenido que dar explicaciones a nadie, ni las tendría que dar. A partir de ese día sería Corina la que vigilaría la obra. Como arqueóloga contaba con una amplia experiencia en seguimientos. Había estado en la construcción de dos presas, un canal de riego y dos urbanizaciones a las afueras de la capital. No atesoraba tanta experiencia en el sector de la investigación, ya que tras licenciarse no había llegado a terminar la tesina. Apenas tenía publicaciones y su participación en excavaciones era más bien escasa. Sin embargo, atesoraba una gran capacidad de comprensión y síntesis de las obras. No necesitó hacer muchas preguntas para saber lo que tenía que hacer. Bowman le pidió a Lancaster que le enseñase la obra, mientras él se quedaba en el yacimiento. Al fin y al cabo Edgar era el director, y en el caso de una visita sorpresa de Martins no tendría argumentos para las quejas.

Ambos se marcharon en el vehículo de Bowman. Comenzaron el recorrido en el inicio de la traza, para terminar al final, algo después de la situación de Sheller Down II. A simple vista Corina aparentaba ser una buena chica. De grandes ojos de color claro, se expresaba de una forma muy coloquial, preguntando constantemente sobre asuntos de geología y geodesia, de estructuras y de maquinaria pesada.

- Bueno, Corina, la verdad es que yo nunca había trabajado en un seguimiento hasta llegar a esta obra. Apenas puedo darte consejos, más de los que ya sabes... -Comentaba Lancaster mientras mostraba la zona de obras cerca del valle.

- No te preocupes. Ya tengo la documentación que necesito, es decir, los yacimientos de la zona, los planos, las zonas de desmontes... Por cierto, que para ser la primera obra en la que estás, y tu primera vigilancia, te has despachado bien. ¡Menudo yacimiento! –Respondió Corina.

- Pues sí, no te voy a engañar. Fue un acierto –Contestó Lancaster entre sonrisas.

Poco a poco se fue percatando de que Bowman había escogido a la candidata perfecta. Buena conocedora de los aspectos técnicos de la obra, sabía desenvolverse en situaciones de total aislamiento, como era esa obra. Su falta de experiencia en arqueología de campo la paliaba con un demostrado interés por la obra y por el reciente descubrimiento.

- Hay que estar ahí para encontrar lo que has encontrado, no te quites mérito.

- La verdad es que fue mezcla de un poco de suerte con efectividad. No quería dejar mal a Bowman. Él ha confiado en mí y no quería fallarle. Por eso en la obra siempre he estado delante de las máquinas, permanentemente. Siempre he querido saber a dónde iban, qué hacían y para qué. Y creo que por ahí va el éxito de nuestro trabajo, ¿no te parece? —Concluyó Lancaster, mientras llegaban de nuevo al yacimiento.

- Absolutamente —Finalizó la arqueóloga, mientras observaba la maquinaria.

No tardó mucho Lancaster en analizar profundamente a Corina. Era una chica de unos veinticinco años, atractiva, de ojos azules muy profundos y pelo negro rizado. Su mirada atisbaba seguridad en todo lo que hacía. Era estilosa incluso para bajar del coche. Al técnico le estaba gustando no sólo su amplio conocimiento de los procedimientos de obra. Durante un rato mantuvo varias conversaciones con ella, sobre temas tan dispares como la profesionalidad de los arqueólogos, la legislación vigente y el compromiso de la administración para con los arqueólogos de campo.

- Si te soy sincera, a mí lo que realmente me gusta es la didáctica y la divulgación arqueológica —Dijo Corina.

- Pues es un sector complicado, tal y como están las cosas —Aseveró Lancaster.

- Es verdad que en tiempos de crisis, de donde primero se recorta es de cultura y, a su vez, del apartado de divulgación. ¡Pero chico, no voy a perder el ánimo!

- Claro, claro. ¿Has participado en algún proyecto?

- Bueno, estuve un par de años trabajando en el Eco-museo de Alsacia. Allí llevábamos los talleres de caza para los niños. Después me fui a Terrazzamendi, en el Piamonte italiano. Allí programábamos visitas y actividades. Al tiempo me llamaron del Ecomuseu de Barroso, en Portugal. ¡Ese sí que era un buen proyecto! Pero me marché por falta de dinero y acabé en Suecia…

- ¡Vale, vale! Está claro que no has perdido el tiempo —Comentó Lancaster entre risas.

- Ya sabes lo importante que es la didáctica. Alguien tendrá que hacerla.

"Alguien tendrá que hacerla. Cuánta razón tiene", elucubraba para sí mismo Lancaster. Para él, compaginar la didáctica y la divulgación extracientífica era incompatible. Simplemente no estaba preparado. Aunque no era una persona asocial, al arqueólogo le costaba mucho explicar las cosas sin llegar a resultar tedioso y aburrido. Y si a los niños nos referíamos, entonces la cosa se tornaba ilógica. Lancaster no era capaz de explicar el Imperio Romano a los niños sin soltar una soporífica chapa acerca del origen de la Curia. Sencillamente, no estaba preparado para esa faena. Por eso se alegraba de que hubiese gente como Corina, quien no sólo estaba preparada, sino que además disfrutaba con ello. Además estaba viendo que se desenvolvía como pez en el agua en la obra. Ese era un gran punto a favor. Puede que no supiese la diferencia entre la cultura de Halllstatt y de La Téne, o que no dominase la bibliografía sobre el culto mitríaco, pero sin duda aparentaba una seguridad inusual en el campo de la arqueología preventiva. A medio camino entre las oficinas de la constructora y el yacimiento y, una vez depositada su documentación en administración, ambos se cruzaron con Cooper. El geólogo se encontraba encaramado a un talud dando picotazos como un demente. Al parecer ese perfil guardaba unas características que al geólogo rockero le habían llegado al alma.

- Ayer me acordé de ti, bribón. Me crucé con tu buen amigo Chambers.

- ¿De verdad? No recuerdo en qué momento se ha convertido en mi "buen amigo".

- Pues sí. Y me deleitó con una serie de piropos hacia tu persona de lo más empalagoso, ¡entonces deduje que lo vuestro es amor! –Dijo el geólogo entre risas.

- No esperaba menos de mi amor platónico –Respondió Lancaster con cara de circunstancias.

- ¿Un amiguito tuyo? –Preguntó Corina con altas dosis de ironía.

- Lionel y yo somos... bueno, dos compañeros de obra. Lo que pasa es que nos llevamos a matar. Pero bueno, mientras sepa mantener la distancia todo irá perfecto. Por cierto, escucha Cooper. Te tengo que presentar a mi sustituta, se llama Corina Sunderland. Espero que la trates mejor de lo que a mí me has torturado.

- Es un placer conocerte, Corina. Estate tranquila que te trataré mucho mejor que a este torturador de constructoras. Lo entiendes, ¿no? –Dijo el geólogo esbozando una profunda sonrisa desde lo alto del talud.

- Lo entiendo perfectamente, te lo aseguro –Respondió Corina entre carcajadas.

- Bueno, pues como veo que ya os habéis entendido estupendamente, por lo menos en lo que respeta a hablar de mí, os dejo a solas en vuestro trabajo, que yo tengo que volver al yacimiento –Contestó Lancaster sonriendo mientras entraba en su vehículo.

A su regreso aún seguía Bowman en el yacimiento. Ese día había decidido pasarlo en Sheller Down II. La tarde pasó muy rápido con su visita, eso sí, cada veinte minutos reiteraba que la excavación debía ir mucho más deprisa. Edgar se pasó todo el día charlando con los auxiliares. Por ejemplo discutió airadamente con Tobías sobre la eficacia del Plan Schlieffen durante la Primera Guerra Mundial. Con Erika compartió su opinión acerca de los nuevos criterios de restauración, mientras que con Ivanovic polemizó sobre el deterioro que sufrieron los monumentos de Croacia durante la Guerra de Yugoslavia. Edgar tenía temas para todos, incluso para Lancaster.

- Bueno, Lancaster, ¿qué te parece todo esto? –Preguntó Bowman al acercarse a su técnico, mientras éste apuntaba sus notas en el cuaderno.

- ¿A qué te refieres? ¿al yacimiento? ¡una pasada, jefe!

- No me refiero a eso. Aún no hemos hablado sobre tu opinión acerca de este "sistema".

- Ya… Te refieres a la arqueología que practica Method, ¿verdad?

- Pues sí. Me quedé un poco desconcertado cuando tuvimos aquella discusión sobre el permiso. No me gustó, la verdad, pero estoy seguro de que has acabado por comprender lo que hacemos y por qué… -Aseveró Bowman mientras se ponía sus gafas de sol.

- Bueno, en cuanto a la discusión que tuvimos, por mi parte está olvidado. Y en cuanto a mi opinión…

- Ya veo que no es una opinión muy positiva.

- A ver, no me malinterpretes. Estoy conociendo la finalidad y los métodos. Estoy conociendo también a la gente que trabaja este campo. Incluso estoy viendo los resultados que obtenéis. Y sinceramente, ¡todo me gusta! —Argumentaba Lancaster, mientras cerraba su cuaderno y guardaba su material de trabajo.

- Bueno, entonces no es tan mala tu opinión como yo pensaba.

- Escucha un segundo, que no he terminado. Yo me mostraba muy escéptico al principio, incluso antes de entrar en Method. Luego empecé a creer que esto de la arqueología preventiva no era tan malo. Sin embargo, tengo la impresión de que filantropía y ánimo de lucro no pueden estar nunca bien combinados, ¿me entiendes?

- Claro que te entiendo. He tenido esta conversación más de un millar de veces.

- Lo que quiero explicarte es que los fines no justifican los medios. Y que si hay un sistema, un protocolo de actuación o un reglamento, debemos respetarlo comentó Lancaster a su jefe, ya sentados ambos en unas rocas cercanas.

- Y lo respetamos, Lancaster –Agregó Bowman.

- ¡Sí y no, Edgar! Hemos comenzado sin permiso. Eso no es respetarlo.

- Pero si yo ya sabía lo que iba a poner… Además, ¿qué fueron? ¿Cuatro días de demora? Eso es admisible…

- Claro que son pocos días, pero se empieza así y se termina sin entregar los informes, o contratando a cualquiera que sepa agarrar una pala. O lo que es más grave, se termina no entregando los materiales al museo.

- Te puedo asegurar que esas cosas jamás las hemos llevado a cabo. Llevo más de quince años en esto y no he dejado de cumplir con los requisitos, de cabo a rabo…

- Y te creo. Pero ¿qué pasa con el resto de las empresas? ¿son igual de correctas? ¿y qué pasa con los restos que aparecen? ¿quién tiene la potestad de decidir sobre su conservación o no?

- Calma, calma, chico. Que son muchas preguntas. Obviamente como todo sistema de gestión de información, tiene sus errores en el pasado. Alguno has podido conocer ya…

- Edgar, no son los errores del pasado los que me preocupan, sino los del presente. La arqueología "pública" que han defendido McGimsey o Ascherson no la estamos llevando a cabo.

- Chico, no sé qué decirte. Hacía mucho tiempo que no se ponía nadie tan teórico como tú. Pero te darás cuenta de que este negocio es mucho más práctico que teórico –Dijo Bowman a la vez que ojeaba una pieza de cerámica.

- Lo que trato de decirte es que… joder, ya no sé lo que quería explicarte. El caso es, ¿somos decentes? ¿somos metódicos? Y sobre todo, ¿somos investigadores o somos personal de obra?

- Amigo mío, ahí está el quid de todo el argumento hasta ahora…

La charla con Bowman había sido de todo menos inútil. Más que nunca ese día iba a necesitar unas cuantas cervezas, por lo que tendría que acudir a su médico de cabecera habitual, Mac Allister, a quien no veía desde hacía tres semanas. Durante ese tiempo, Neill había estado en España, acudiendo a unas charlas sobre la recuperación del Patrimonio Arquitectónico.

- ¡Qué cantidad de chorradas y absurdeces he escuchado! Te aseguro que el viaje bien ha merecido las risas que me he echado –Aseveró Neill pidiendo un par de pintas a una camarera cercana.

- No creo que hayas visto nada que no hayamos visto ya antes, chaval.

- ¿Tú te imaginas por un momento, que restauramos la Iglesia de Sant Nicholas de Galway empleando pladur, plástico y hormigón armado? ¡El mismísimo santo se habría revuelto en su propia tumba! Amigo, de verdad que he visto unas aberraciones insostenibles…

- Neill, a veces las cosas no son tan fáciles. Hay que contar con otros factores como por ejemplo los presupuestos. No todo es tan obvio –Respondió Lancaster mientras daba un larguísimo sorbo a su cerveza.

Neill tardó ni más ni menos que cinco segundos para asimilar las palabras de su amigo. Le miraba fijamente mientras caían varias gotas de cerveza desde la comisura de los labios hasta la barbilla.

- Si no lo oigo no lo creo. Perdona, ¿cómo has dicho? ¿Hola? ¿Es mi amigo Lancaster que usa tinta de siete peniques para siglar, porque cree que usar una inferior es poco profesional? ¿es mi colega Lancaster que puso una queja porque los paneles explicativos de un yacimiento no eran trilingües? –Le respondió Mac Allister entre carcajadas, mientras daba capones en la cabeza de su amigo.

- Vale ya, hombre. Reconozco que las cosas no son como yo creía que eran. Sigo pensando lo que antes pensaba, que las cosas deben hacerse bien, cueste lo que cueste. Pero es que es complicado empezar.

- ¡Naturalmente! ¡Acabas de descubrir la sopa de ajo! Con dinero se puede hacer lo que quieras.

El irlandés, mucho más animado que otras veces, volvió a dar un segundo trago larguísimo de cerveza, a lo que siguió un discreto gas bucal antes de continuar hablando.

- Pero lo que a mí me hace revolver las entrañas es la defensa a ultranza de métodos inapropiados, que además se justifican sin ningún tipo de argumentos…

- Qué dolor de cabeza me provocas, Neill…

- Y tú también tienes dudas, no me lo niegues recalcó el arqueólogo irlandés.

- Sí, las tengo. El otro día fui a ver unas piezas al museo y no estaban donde debieran estar –Comentó Lancaster con tono apesadumbrado.

- ¡Bienvenido al sinuoso mundo de los fondos museísticos!

- Esta vez no es como otras ocasiones, Neill. No faltaban una o tres piezas. Faltaban todas. Y no es que estuviesen extraviadas en otra caja. Simplemente alguien había hecho el depósito de unas cajas vacías, mientras otra persona del museo hacía la vista gorda. ¿Pero qué está pasando?

- ¿De qué piezas se trataban, si puedo saberlo? –Preguntó Neill con curiosidad.

- De las procedentes de Sheller Down…

Mac Allister volvió repentinamente la mirada a su amigo. No es que no estuviese prestando atención a Lancaster, pero sus ojos llevaban un rato clavados en una apuesta pelirroja que se encontraba sentada al fondo del bar. Sin embargo, ese comentario de su amigo había conseguido ganarle la atención.

- ¿De la cantera?

- Exacto. Quería compararlas con las piezas que nos están saliendo –Contestó Lancaster.

- ¿Acaso no sabes toda la historia que ha llevado ese sitio?

- Sí, claro que la conozco. Incluso sé que Bowman estuvo metido en ese asunto.

- Mucho más de lo que crees, te lo aseguro. No me extraña que no encuentres las piezas. Ese yacimiento estaba jodido desde el día en que lo localizaron. Y no te extrañe que haya mucha gente metida en ese asunto… -Confesó Neill, dando unas palmadas en la espalda de Lancaster.

- ¡Chico, ni que se hubiese cometido un asesinato! –Dijo Lancaster tratando de quitarle leña al asunto.

- Claro, claro, nadie mató a nadie. Pero habida cuenta de la repercusión que tuvo, te recomiendo que te mantengas lejos de esa historia.

- Pero vamos a ver, Neill… A mí me duele que pasen cosas así, pero lo estas contando como si me fuesen a encarcelar –Comentó Lancaster ya con un marcado tono de nerviosismo.

- Escucha un segundo lo que voy a decirte. En este mundo nuestro de la arqueología, hay ciertas enemistades que no conviene hacerse. Saben agredirte de mil maneras, y lo hacen bien. No es un dolor físico. Es mucho peor. Te hieren en tu vocación y eso a veces es peor que el dolor físico.

- Bueno, bueno, tomo nota –Aseveró Lancaster muy serio tras las palabras de su amigo.

- No quiero que tomes nota. Quiero que estés preparado para cualquier cosa. Te has metido en un circo que Henry describe con payasitos y ponis. Yo lo describo con leones y bestias. Estate precavido –Concluyó Neill rematando el fondo de la cerveza que le quedaba.

No era en absoluto habitual ver a Neill Mac Allister con ese talante. Al contrario, solía restarle peso a los problemas, incluso siendo asuntos serios. En cierta ocasión sufrió el robo de las herramientas con las que estaba desbrozando un yacimiento. En vez de desesperarse habló con dos pastores de un pueblo cercano y a la hora siguiente un rebaño de doscientas ovejas se encontraba haciendo el trabajo. Sin embargo Neill tenía muy claro que su vida era insufrible sin dos elementos básicos: la arqueología y la cerveza. Podía vivir sin cualquier otro elemento.

VII. Problemas, problemas y más problemas

Durante varias semanas la intervención discurrió sin ningún altercado grave, salvo la repentina reaparición de un enemigo insalvable para la arqueología: la lluvia. Unas simpáticas gotas dieron paso a un torrente de agua que terminó por arruinar buena parte de las manchas que se habían delimitado semanas atrás. No sin dificultades, se consiguió fotografiar las estructuras. La faena fue digna de elogio por parte de Sasha y Lily, mientras que Fowler hacía malabarismos para topografiar algunos hallazgos dispersos por el yacimiento. Finalmente no hubo más remedio que trabajar de forma intermitente los días de fuertes lluvias. El resguardo lo hacían en una caseta que había cedido Martins para el almacenamiento de herramientas. No era gran cosa pero al menos permitía guardar parte de la herramienta de trabajo, y mantenerse secos. El poco espacio existente debía ser bien aprovechado por once personas, e incluso trece, pues en ocasiones Corina y Cooper se unían al resguardo.

Las lluvias duraron tres largas semanas. Sin embargo, durante ese incómodo lapso, Lancaster pudo conocer mejor a los miembros de su equipo. Ya había tenido tiempo de conversar con alguno de ellos, pero no era fácil hablar cuando se tiene que picar, palear, barrer o fotografiar. Dos horas cada día daban para hablar de muchas cosas, y no sólo de arqueología… Así, por ejemplo, descubrió que Lily conocía desde la infancia a Neill Mac Allister. Fue durante su estancia en un internado a las afueras de Dublín. "Neill en un internado. No sé cómo no se lo he preguntado antes", pensaba Lancaster, mientras Lily narraba las travesuras de su amigo. Otro descubrimiento fue que Karen Makar, que apenas tenía experiencia en arqueología, había participado en la excavación de un navío español en la Costa Este de los Estados Unidos. Ese dato dejó a Lancaster y al resto del grupo perplejos, sobre todo cuando Makar narraba con detalle el estado en el que se encontraba el buque. Poca gente tiene la posibilidad de participar en proyectos de ese caché. Conseguir participar en una intervención arqueológica era arduo complicado, no sólo por la escasez de capital, sino por la demanda de trabajadores, colaboradores e investigadores.

- Entonces podemos considerarnos afortunados, ¿no? –Dijo Ashmid tras la intervención de Karen.

Todos estaban de acuerdo. Ninguno de ellos podía encontrar un lugar mejor que Sheller Down II. Todos eran arqueólogos por vocación y, aunque unos más que otros tenían experiencia, estaban seguros de lo que querían hacer. Antes de la llamada de Bowman cada cual tenía su trabajo o sus tareas. Salvo Sasha, Ivanovic y Tobías, el resto se encontraba trabajando. Sin embargo, sólo Fowler y Chiesa trabajaban en arqueología. El primero se encontraba realizando la catalogación de unos edificios de principios del siglo XX. Angelica, por su parte, participaba en una excavación a la que le quedaban dos semanas. La llamada de Bowman fue determinante para cambiar de bando.

Las lluvias no cesaban. Durante tres semanas el grupo fue testigo de cómo se iban inundaron las fosas, a la vez que se arrastraban al fondo del valle piedras, tierra y hasta un inodoro procedente de una caseta de obra. Al tiempo que dejaba de llover el grupo se apresuraba para drenar las piscinas que se habían generado en el centro del yacimiento. El estrés de Lancaster iba en aumento, más aún cuando Mariela ya no estaba junto a él para echarle una mano. Cada uno empleaba un arma diferente. Así por ejemplo, Ivanovic usaba una pala para sacar el agua acumulada de los silos. Daba la impresión de que estaba sobre una barca y remando. Ashmid había ideado un sistema a base de capazos. Los llenaba y catapultaba el agua fuera del yacimiento. El único inconveniente era que sus brazos eran muy cortos y el capazo muy pesado, por lo que a la sexta embestida Ashmid necesitó primeros auxilios. Sasha usaba las manos, pero no de cualquier forma. Se posicionaba sobre el silo y a modo de perrillo lanzaba andanadas hacia fuera. Lily apenas sí podía contener la respiración, con la risa que le provocaba esta situación.

El principal problema no era el agua que caía, sino el barro que se acumulaba. Las manchas, delimitadas y visibles desde la horizontal, quedaban difuminadas con la humedad de la tierra, y más aún si se pisaba la zona. Las huellas dejadas por el calzado y otras marcas singulares eran un potente enemigo para cualquier excavación que se tercie. No obstante esa no era la opinión de la constructora. A pesar de las fuertes lluvias se podía observar cómo las máquinas continuaban trabajando a destajo. Dos veces recibió Lancaster la visita de Chambers, simplemente para ver cómo iba la evolución de la intervención. La primera visita fue toreada por el arqueólogo con destreza, alegando que el grupo estaba parado porque esperaban que llegase ropa adecuada para trabajar en el agua. La segunda no coló. Chambers tuvo con Lancaster una de esas conversaciones que se recordará en todos los anales de la obra. Fue algo inevitable.

- Mira, chaval, yo entiendo perfectamente que estéis parados a la espera de ropa de trabajo. Entiendo incluso que no podáis trabajar porque tenéis dos palmos de agua. Pero lo que no entiendo es que llevéis cuatro días trabajando entre tres y cuatro horas al día. ¿Es que no se puede hacer absolutamente nada si llueve? –Dijo Chambers mientras miraba fijamente el yacimiento y, de reojo, al grupo de trabajadores.

- Bueno, Lionel, lo que pasa es que en estas condiciones de lluvias casi constantes no podemos estar trabajando, al menos a pie de campo. Por eso les tengo seleccionando materiales en la caseta.

- ¿Y no me los puedo llevar yo, para aprovecharlos? Tengo mucho hormigón que echar y no tengo personal –Aseveró Chambers con seriedad.

Al escuchar ese comentario varios auxiliares giraron bruscamente la mirada, buscando el comentario de Lancaster. Otros, por ejemplo, llegaron a soltar alguna carcajada, mientras que el resto fruncía el ceño en señal de peligro. Todos, al final, se quedaron mirando a su técnico, poniendo los ojos de un animal que va a ser sacrificado.

- Eso no puedo hacerlo, primero porque no son personal especializado de obra. Son arqueólogos…

- ¿Y eso qué más dará? ¿No estáis en una obra?

- Ni hablar, lo siento. Además esta gente es personal contratado por Method, no por la constructora –Contestó Lancaster, quien ya comenzaba a subir el tono de su voz.

- Hombre, si tú me haces el favor yo te lo puedo hacer después a ti… -Dijo Chambers a la vez que cogía del hombro a Lancaster.

- Mire, Chambers… He tratado de ser discreto, efectivo y hasta amable. No le voy a ceder a mi gente. No voy a picar, palear ni hacer nada dentro del yacimiento hasta que no cese por completo de llover. Y cuando la lluvia deje de jodernos trataremos de drenar todo el yacimiento para que seque más rápido y podamos agilizar el trabajo… -Reprendió Lancaster dando un paso atrás.

- ¿Agilizar el trabajo, dices? Vamos a ver, chaval, que no he nacido ayer. Llevo dos semanas viéndoos trabajar y la verdad es que veo ahora el yacimiento igual que hace un mes.

- Yo creo que eso se debe a que usted no es arqueólogo…

- ¡El suelo no ha bajado ni medio palmo, chaval! –Gritó a Lancaster a medio palmo de su cara.

La tensión comenzaba a palparse. El gigantón Ivanovic se levantó de la silla en la que estaba y se aproximó un par de metros a donde estaban Chambers y Lancaster. Lo mismo hicieron Fowler y Sasha. Sin embargo Lancaster, que les estaba viendo por el rabillo del ojo, les hizo una discreta señal para que no se entrometieran. No avanzaron más metros, pero Ivanovic se quedó a poco más de un metro de ambos.

- La verdad es que viniendo de usted esos comentarios no me ofenden en absoluto, ni siquiera me alteran, porque usted no es el arqueólogo. Yo soy el arqueólogo. Y como yo no me meto en los plazos que tiene usted para los encofrados, ni en la calidad del hormigón, pues no se meta usted en cómo, cuándo y por qué hago las cosas –respondió Lancaster un poco más sosegado, viendo el tono al que había llegado la conversación.

- No pretendo ofenderte, pero la verdad es que tu trabajo me da risa.

- Bueno, al menos alegramos a alguien –Volvió a responder Lancaster ya incluso con cierto humor.

- Eso, eso, tómatelo a guasa. Pero al final vosotros estáis aquí para vigilar las obras, os pagamos nosotros pero nos jodéis igualmente. No encuentro la productividad en todo esto, la verdad –replicó de nuevo Chambers, eso sí, sin bajar el tono de voz.

- No se trata de ser productivo, Lionel. Se trata de hacer cumplir la ley…

- ¿La ley? ¿qué ley? Fíjate lo importante que es vuestra ley que la carretera se va a hacer sí o sí. ¿O acaso te crees que esta obra es menos importante que los huesos de momias que puedan aparecer? –Prosiguió el jefe de producción, cada vez más cerca de la cara de Lancaster y cada vez con más decibelios.

- Eso no lo decido yo. Lo decide la administración y…

- Pero niñato, ¿tú te crees que el jefe de obra no tiene en cuenta el dinero destinado a garrapatas como vosotros?

La tensión iba en aumento, a pesar del talante conciliador que Lancaster había querido imponer tras las primeras frases. El volumen de los contertulios también se hacía notar, tanto que en pocos minutos se formó un corrillo con los arqueólogos, algún que otro peón de la zona y dos topógrafos que pasaban por allí. Daba la impresión de ser una pelea de patio de colegio. Incluso Hammer y Bull se habían acercado al ver el tumulto. Chambers por su parte seguía con una postura inflexible y, lo que era peor, cada vez más cerca de Lancaster y cada vez más alterado. A pocos centímetros de su nariz, el arqueólogo logró atisbar cierto aroma a alcohol. Era un poderoso y peligroso aliciente. Al ver que había mucha gente alrededor de ambos, Ivanovic se había acercado finalmente, situándose estratégicamente junto a su técnico. Parecía que conociese bien la técnica de la falange griega, ya que cubría su flanco derecho con parte de su cuerpo. Eso no le impedía a Chambers continuar con la intimidación.

- Desde el principio se veía que usted y yo no íbamos a congeniar. Pero vamos, que después de todas las tonterías que está diciendo me queda claro que no sólo es un ignorante que nunca ha leído un libro, sino que además es incapaz de respetar el trabajo del resto –replicaba Lancaster mientras la punta de su nariz tocaba la de Chambers.

- ¿Trabajo? ¿llamas a lo tuyo trabajo? Dime, chico de universidad, ¿dónde está vuestra producción?, ¿dónde está vuestra rentabilidad? Dime, ¿a dónde van a parar vuestros beneficios? –Preguntó Chambers.

- Cuidado, Lionel, que te metes en un lío…

- No tenéis ni pajolera idea. Vivís en un mundo de cuento… Tú y tu empresa nos cobráis y además nos hacéis perder dinero. ¿Cuánto crees que cuesta tener parada una máquina como esa? Cada día se pierde mucho dinero, no sólo en el alquiler de la maquinaria, sino en el sueldo de los operarios que tendrían que estar aquí y que no están. ¿Y para qué? ¿Para sacar manchas, cacharros rotos y otras mierdas? –Replicó Chambers, quien estaba cada vez más cerca de soltar la mano a paseo.

En ese momento un rayo de inspiración atravesó la cabeza y el cerebro de Lancaster. Tal vez fuese la adrenalina, o tal vez la peste a alcohol que desprendía la boca de Lionel. De repente se encomendó a Clío y a todas las musas del arte para decir lo que estaba deseando decir, sin reprimir todo el ansia que había acumulado durante meses. Era como si se hubiesen juntado en su cuerpo las almas de Neill, la Dra. Lyan, el Dr. Hoover y su viejo abuelo, Michael Anthony Williams, conocido en la comarca por su genio incontrolable.

- Para empezar nosotros sólo hacemos cumplir la ley que ustedes deben cumplir por narices. Por ley deben tener personal de seguridad. Por ley deben tener vigilantes de medio ambiente. Por ley deben llevar una vigilancia de la producción, ¿no es verdad? Pues por ley deben tener también una vigilancia arqueológica. ¿Que cuesta mucho tener una máquina parada? Haberlo previsto antes. Hace un mes les faltaba maquinaria y ahora les sobra. ¿Quiénes son entonces los improductivos?

- Chaval, no tienes ni idea de lo que dices… -Cortó Chambers el discurso de Lancaster, mientras se mofaba a carcajada suelta.

- Espera, que aún tengo más para ti. Ustedes escatiman gastos en la fase previa, se ahorran los sondeos y los desbroces dando por hecho que no va a salir nada. Además no me cuentes historias porque la maquinaria se paga por horas, y si aquí no trabaja una máquina la mandas a otro lado, como hacen con los operarios.

- Te crees muy listo, ¿a que sí?… –Volvió a interrumpir Chambers, visiblemente muy alterado con lo que estaban diciéndole.

- De todas formas sigo manteniendo que un absoluto ignorante como tú, que ve en la cerámica de más de dos mil años unos simples botijos no me puede aportar más que pena y lástima. Y te digo otra cosa, Lionel. Si quieres que hablemos de perder dinero en esta obra le puedo comentar a Martins los tubos de hormigón que se han extraviado hace un mes, o los kilos y kilos de metal que tampoco aparecen, todo curiosamente en el sector en que tú trabajas… -Finalizó Lancaster casi rozando la frente del jefe de producción.

- ¿Me estas llamando ladrón? Vamos, valiente, dímelo. Dime que me estás llamando ladrón… - Gritó Chambers mientras agarraba del cuello al arqueólogo.

Fue en ese momento cuando decidieron intervenir tanto Hammer como Fowler. Por su parte el enorme Ivanovic había aprovechado la coyuntura para enganchar al jefe de producción del brazo, con tanta fuerza que probablemente le quedase un moratón, marca de la casa. La tensión era tal que incluso Sasha empezó a sangrar por la nariz como si de una matanza se tratase. Un par de empujones, naturalmente todos contra Chambers, y las aguas volvieron a su cauce. Chambers soltó un par de improperios contra Lancaster, contra los auxiliares e incluso contra Bull, que le miraba como el que mira una vaca hablando. Finalmente Chambers se subió a su vehículo y Lancaster se dispuso a echar un largo trago de agua, sentado en una piedra junto a Ashmid y a Chiesa.

El incidente fue conocido por toda la obra al cabo de dos días. Este hecho no le agradaba en absoluto a Lancaster, ya que si lo sabían los carpinteros, los camioneros o los topógrafos, ¿cómo no terminaría por saberlo el jefe de obra? Y peor aún, ¿qué versión le daría Chambers de lo sucedido? Pero lo que más le preocupaba al arqueólogo era lo que le pudiesen decir a Bowman, por lo que decidió contárselo de inmediato. Al día siguiente a la bronca Lancaster llamó a Edgar y le contó con pelos y señales la discusión mantenida con Chambers. A Bowman no pareció extrañarle que hubiese ocurrido, habida cuenta de la tensión acumulada tras la paralización de la obra. Todo era producto de las consecuencias directas. El gerente de Method trató de restarle importancia a lo sucedido, aconsejando a Lancaster que tratase de evitar cualquier otro enfrentamiento e instándole a acudir a él en el caso de que se atisbase otro problema. Ahí fue cuando Lancaster se percató de que su jefe estaría a su lado ante las adversidades. Terminó Edgar la conversación tranquilizando a su técnico y asegurándoles que él mismo se encargaría de hablar con Martins si ocurriese cualquier otro percance.

Mientras Lancaster charlaba por teléfono con Bowman los auxiliares continuaban la excavación del recinto. Un vistazo parcial bastaba para ver la magnitud del yacimiento, el cual iba cogiendo forma hasta el punto de llegar a comprenderlo sin más. Al principio las visitas que recibían se marchaban con caras de no entender nada de lo que ahí había. Sin embargo, en los últimos días el yacimiento había cambiado. Tal vez por las lluvias, o quizá por el buen hacer de los auxiliares, en la enorme explanada ya se distinguían fosos, hoyos y círculos de gran tamaño.

En el frente norte, donde se acumulaban las manchas más grandes, empezaban a visualizarse no menos de doce fondos de un color negro como el carbón. En los niveles superiores se acumulaban fragmentos de pequeñas piezas de sílex, como lascas, y algún que otro trozo de cerámica. Ashmid sostenía que el color oscuro se debía a la descomposición orgánica de algún tipo de tapa hecha de ramaje, que con el tiempo se había degradado. Por debajo de este nivel las capas formaban parte de un relleno natural que durante más de dos mil años

se había acumulado, cuando ya el yacimiento había sido abandonado. En cuanto al uso de los silos y demás agujeros, aún era pronto para saberlo. Habían excavado a mano hasta una profundidad de ochenta centímetros y, sin embargo, aún no se visualizaba el fondo. Las formas que configuraban estos agujeros eras variopintas, aunque lo normal era que fuesen más o menos circulares. También las había con forma de ocho, como una que estaba excavando Erika. Para la arqueóloga estas formas en el suelo le recordaban mucho a otras encontradas en áreas de almacenamiento de casas romanas en la Toscana. Diferían tan sólo en el material encontrado, lógicamente. Los fragmentos de la superficie parecían desechos, como si el fondo hubiese servido también como basurero. Para Tobías, el benjamín de la excavación, todas esas teorías le sonaban a chino.

- No, si al final ese cretino de Chambers va a tener razón. ¡Todo esto es una mierda enorme…! -Comentaba Tobías entre risas mientras sus compañeros debatían.

- Para eso estamos aquí, para limpiar la mierda que otros fueron dejando –Replicó a lo lejos Fowler.

- Piénsalo así. La mierda de la gente de antes suponía los enseres de la gente de nuestros días. No creo que tirasen un cacharro de cerámica por muy roto que estuviese. Imagino que tratarían de aprovechar hasta la última pieza de cerámica o piedra. Y en última instancia se desprenderían de lo que ya no es útil –Aseveró Erika, mientras con esfuerzo titánico sacaba tierra de su hoyo.

- De todas formas, ¿no tenéis la impresión de que este yacimiento tiene las de perder? ¿Habéis visto por dónde viene la carretera? Por todo el centro, oye, ¡qué tino! –Comentó Chiesa mirando la nueva carretera.

- ¿Crees que por muy importante que sea el yacimiento, no van a modificarla a estas alturas? –Aportó Fowler.

- Nadie lo sabe. Pero sí sé que nosotros estamos aquí para documentar, no para decidir. Es así de absurdo, pero así está montado –Respondió Ashmid con cierto tono apesadumbrado.

- Las cosas deberían cambiar –Susurró nuevamente Tobías.

- Eres aún joven, y no lo digo con acritud, pero cuando hayas visto una docena de yacimientos arrasados, ya nada te extrañará –replicó Ashmid, a la vez que descargaba una carretilla en la zona de terreras.

Una vez que Ashmid recalcó su pesimismo sobre el futuro de Sheller Down II los cuatro auxiliares se miraron y sonrieron discretamente, y mirando al suelo prosiguieron el raspado, picado y fotografiado de las piezas que les estaban saliendo. Los más veteranos sabían que iba a ser complicado que el yacimiento se salvase, aunque cosas más raras se han visto. Lily contaba que a las afueras de Lyon, y durante la construcción de un oleoducto, se localizó un gran lienzo del acueducto que mandó construir Caracalla. Después de excavarlo y de documentarlo, los arqueólogos bregaron meses para evitar que fuese destruido, Finalmente se consiguió desviar el oleoducto. No siempre la arqueología pierde la batalla. No siempre son más abundantes los perversos que los héroes. Sheller Down II contaba con un héroe defensor del yacimiento a ultranza, Lancaster. Eso lo sabían todos. Todo el grupo tenía especial afecto por Lancaster, y no sólo por el trato que tenía hacia ellos, sino por la defensa que demostraba por la profesión, por el método y por el yacimiento que estaban defendiendo.

***

- ¡El Sr. Bowman en persona! Cuánto tiempo sin saber de ti.

- Hombre, hemos hablando por teléfono muchas veces, Michael.

- Si, pero no es lo mismo. A mí me gusta ver las caras de las personas. Transmiten mucho más.

- En eso estoy de acuerdo…

Edgar había decidido hacer una visita de cortesía al Director General de Patrimonio, el Sr. Fellows. No era una visita normal. Los últimos acontecimientos habían obligado a Bowman a tomar medidas. Aún no tenía datos precisos de Sheller Down II pero sabía perfectamente que iba a ser un gran yacimiento arqueológico, a pesar de la opinión del profesor Le Febvre y otros colegas de la Universidad. Eso supondría un grave incidente con la ejecución de la obra, con la constructora y con las administraciones implicadas. Las construcciones eran llevadas desde la Oficina de Obras Públicas, competencia directa del Estado, mientras que los asuntos de arqueología eran llevados desde la Dirección General, que dependía directamente de una competencia local. Esa divisoria de competencias había dado siempre problemas. Todo el mundo sabía que en no pocas ocasiones se habían pisado proyectos unos a otros, por simples rencillas administrativas. Edgar quería saber cuál iba a ser la postura de la Dirección General. A priori deberían defender el yacimiento, pero Edgar prefería asegurarse habida cuenta de los precedentes.

- ¿Cómo te va la vida, Edgar? ¿Y Method? –Preguntó el Sr. Fellows, mientras ambos se acomodaban en el amplio despacho del director.

- No me puedo quejar de la vida. Vamos sobreviviendo. Y encima Method se hace con un gran yacimiento, como ya sabrás… -Respondió Edgar.

- Naturalmente que lo sé. Estoy al tanto de todo. Sheller Down II, curioso nombre, ¿no te parece?

- Es un nombre como otro cualquiera –Aseveró Bowman.

- Bueno, bueno, como otro cualquiera no es. A mí me trae desagradables recuerdos –recalcó el Sr. Fellows, mientras servía una taza de té a Edgar primero, y luego a él mismo.

- Lo importante no es el nombre, sino lo que representa ahora y en el futuro.

- ¿A qué te refieres? –Preguntó el director de forma muy directa.

- Pues a que las cosas se pondrán difíciles y hay que planificar la estrategia, ¿no te parece?

Tras la pregunta de Bowman, el Sr. Fellows se tomó unos segundos para tomar aliento y depositar la tetera junto a un importante montón de papeles acumulados en su mesa.

- Yo lo veo bastante claro. Nosotros aplicaremos estrictamente la ley. Y si lo que sale es tan importante lo pasaremos al comisionado para que valore la importancia de los restos –Respondió Fellows con tranquilidad.

- Pero en el comisionado hay dos representantes de la Oficina de Obras Públicas, si no me equivoco.

- No, no te equivocas. Hay representantes de todas las partes implicadas. Y por cierto, ya sabes que tú estarás convocado también.

- Lo sé, lo sé… Lo que quiero decir es que habría que pensar en una estrategia de cara a defender el yacimiento. Al menos habría que plantearse una posible variación del proyecto, o una adecuación del mismo junto al vial. Creo que potencialmente se puede hacer –Comentó Bowman.

- Mira, yo no voy a defender nada hasta que no vea el proyecto. Incluso aun en el caso de que sea espectacular, cosa que no creo, debe ser sometido a la votación del comisionado –Aseveró Fellows con cierto tono de desagrado por la palabras de Edgar.

- Bueno, tú no sabes si es espectacular o no. Ni siquiera has visto lo que está saliendo…

- Ni falta que hace. Ya me informó el profesor Le Febvre –Dijo el director cortando bruscamente el argumento del arqueólogo.

- Sabes tan bien como yo que Le Febvre no se maneja bien en campo. Lo que pueda decirte él vale de poco si no lo ves con tus ojos. ¿Por qué no vienes un día? –Comentó nuevamente Bowman con un tono conciliador.

- Tengo mucho trabajo. Se lo diré a los técnicos, no te preocupes…

No había que ser muy avispado para saber que el Sr. Fellows había decidido adquirir una postura agresiva con respecto a Bowman y su yacimiento. De pronto recordó Edgar que Le Febvre y Fellows habían sido compañeros de excavación en Sicilia. Tal vez no debió haber hecho ese comentario, aún siendo tan cierto como el color ocre de las paredes del despacho de Fellows. Los temores invadían la mente de Edgar. Si el informe de la excavación llegaba al comisionado, entonces la decisión sería perjudicial para Sheller Down II. En ese comisionado se sientan no sólo el Director General, sino también representantes de la constructora, miembros de la Oficina de Obras Públicas, representantes de la universidad y el director de la excavación. No era sencillo saber cuál iba a ser la decisión de cada miembro y eso ponía muy nervioso a Edgar.

- En cualquier caso, Edgar, no quiero que pienses que estáis desamparados. Cualquier cosa que necesitéis pedirlo. Yo mismo hablaré con el director de obra para que no os falte de nada –Concluyó Fellows.

- Gracias, Michael. Lo tendré en cuenta –Concluyó también Edgar mientras se levantaba de la incómoda silla en la que estaba sentado.

Antes de abandonar las oficinas de la Dirección General, Bowman tuvo tiempo de visitar a algunos técnicos, amigos suyos, que aún se encontraban trabajando en la sede. Había tenido el detalle de coger varios libros para regalárselos y, de paso, saber cómo iban otros expedientes que Method gestionaba. Naturalmente hizo entrega de un ejemplar al Sr. Fellows antes de salir de su despacho. El director agradeció el gesto y acompañó a Edgar hasta la recepción. Una vez fuera, el arqueólogo empezó a reflexionar sobre el resultado de la reunión. "No sé por qué me sigo sorprendiendo", pensaba para sí mismo mientras recorría el escaso kilómetro que separaba la sede de la Dirección General de las oficinas de Method. Lo cierto es que los resultados del encuentro habían sido peores de lo esperado. El Sr. Fellows ya sabía lo que tenía que hacer, independientemente de que en Sheller Down II saliese un circo romano o la tumba de Gengis Kan. Ese sistema era un desastre. Además el nombre del yacimiento no le había gustado. ¿Sería la conciencia? Ya no había vuelta atrás. Además a Bowman le había parecido bien el nombre que Lancaster le había dado, y eso tenía que respetarlo. A lo lejos ya visionaba el edificio de Method. Mientras tanto, debía pensar qué hacer hasta el final de la excavación. Lo que sí sabía era que para su joven técnico iba a suponer un varapalo muy duro, si después del esfuerzo el yacimiento era arrasado. De eso sabía Edgar un rato…

***

Los días pasaban y la intervención iba dando sus frutos. Si en el frente norte aparecían múltiples fondos no iba a ser menos el frente sur, donde Fowler, Makar e Ivanovic trataban de documentar distintos conjuntos de piedras. Asomaban por la superficie, inconexos y sin un orden aparente. Dichos grupos al principio no configuraban ninguna forma, pero con el paso de los días y con la retirada de varias unidades estratigráficas de relleno, estas formaciones empezaban a tener sentido. Primero se retiraron las piedras voladas. Estas se denominan así porque se apoyan directamente sobre un sedimento de relleno. Solía decirse que estaban rodadas, es decir, que se han desplazado desde su posición original. Habitualmente suele ser consecuencia de un rodamiento, bien por efecto natural, bien por acción del hombre. El caso es que solían despistar bastante a los arqueólogos, pues de una formación de piedras de más de tres metros de diámetro al final quedaban grupos que raramente superaban el metro y medio. En cualquier caso Fowler se había esmerado en retirar cuidadosamente las capas superficiales, a fin de distinguir las piedras correctas de las alteradas. El resultado era que, de los seis montículos de tres metros de diámetro cada uno, habían quedado ocho grupos de un metro y veinte centímetros. Todo esto había entusiasmado a Lancaster, ya que todo ellos formaban un espacio central semi-circular delimitado por estos grupos de piedras. Cada auxiliar comenzó a recordar singulares parajes arqueológicos, a cual más parecido a Sheller Down II. Así por ejemplo Fowler no pudo evitar relacionar esas formaciones con los conjuntos llamados Cromlech de la Bretaña francesa o de Cornualles. Ashmid, por su parte, veía en esos grupos de piedras una clara simbología ritual, al igual que se había documentado en el yacimiento almorávide de Aghmat. Por su parte Ivanovic decía que en las estepas de Escitia existían ejemplos muy similares, vinculados a zonas de caza. Nadie podía evitar buscar un paralelo en el mundo. Lancaster disfrutaba como nadie escuchando tan enriquecedor foro de opiniones. Estaba seguro de que todos tenían parte de razón. Sin embargo, era imprescindible continuar con la documentación y excavar todo el conjunto. No creía necesario hacer secciones de los conjuntos, como proponía Tobías. "Esto no es una trinchera de la guerra, amigo", le decía con humor a su auxiliar mientras le daba un fuerte abrazo.

La zona central del yacimiento tampoco se libraba de las novedades. En este sector Lancaster había localizado una gigantesca acumulación de material arqueológico, algo inusual que había que documentar. Con el tiempo el grupo formado por Sasha, Lily y Chiesa había retirado buena parte de las piezas que aparecían, en su mayoría huesos de animal y fragmentos de sílex. Chiesa tenía la impresión de que se trataba de una zona de descarne, es decir, un punto del asentamiento en el que se deshuesaban los animales destinados al consumo. Esta idea no emocionaba demasiado a Lancaster, aunque tampoco descartaba esa opción. Los materiales se acumulaban en tal cantidad que era difícil mantener tanta pieza a la vista. El sistema era aparentemente sencillo. Cada pieza localizada debía dejarse en el lugar en el que se encontraba, y sin moverla del sitio realizar una batida de fotografías. Tras esto las piezas eran topografiadas, con el objetivo de conocer aspectos como su orientación, su inclinación o su relación con las restantes. Este método parecía sencillo y así era al principio. Sin embargo, dejaba de serlo cuando Lily hubo inventariado más de cien piezas en poco más de un metro cuadrado.

Todas ellas se apoyaban sobre un nivel de arcillas naturales que descendía por el borde, aparentando ser un enorme fondo empleado como basurero. Los fondos se denominaban así por ser la base de una cabaña, un pozo de extracción de arcillas o un simple agujero en el que tirar los desechos y las basuras. Aún era pronto para crear teorías. No obstante, tanto para Lancaster como para algunos auxiliares, era un placer observar cómo brillaban las piezas de sílex con el reflejo del sol. Parecía literalmente un campo de estrellas. Los sílex eran de distintos colores. Los había rosáceos, blancos e incluso de una tonalidad de azul. Había algunos completamente negros, probablemente por haber sido quemados. Por otro lado, era un espectáculo ver cómo Lily sorteaba las piezas para adentrarse en la mancha y fotografiar las nuevas apariciones. Daba pequeños saltos con la punta de los pies, evitando a toda costa desplazar las láminas de sílex y los huesos. Desde lejos parecía estar bailando la danza escocesa del "reel". Nadie quería perderse ese ritual, algo que a la pobre Lily le ponía especialmente nerviosa.

***

- ¡Henry, me alegro de verte de nuevo!

- ¿Cómo estas, viejo amigo? Cuanto tiempo…

Una tarde cualquiera Lancaster había recibido la llamada de Henry Catania. Hacía ya varias semanas que no sabía nada de él, por lo que decidieron quedar en una céntrica cervecería, cita a la que tampoco podía faltar Mac Allister.

- Novedades, Lancaster. Queremos novedades… -Preguntó con sumo interés el italiano.

- Pues poco puedo contaros después de este tiempo. Hemos retirado las capas superficiales, muy removidas y alteradas por los arados y las máquinas. La planimetría es cuestión de dos días intensivos. Y en cuanto a las fotos de inicio, como también sabréis, es cosa de no pillar el día con nubes y de que la cámara no nos haga un boicot –Argumentó Lancaster mientras comía una especie de almendras que la camarera les había puesto de acompañamiento.

- Déjate de tonterías, Lancaster… Lo que queremos saber es cuántas arqueólogas de buen ver hay en esa ciénaga que llamas yacimiento –Recriminó Mac Allister al momento, acercándose bruscamente a su amigo.

- Bueno, habla por ti, irlandés degenerado. Además lo bueno debe estar por llegar, después del jaleo que montaste con el jefe de obra –Aseveró Catania entre carcajadas.

- ¿Con el jefe de obra? No se de qué me hablas.

- Claro que sabes de qué hablo. ¿Acaso no te enzarzaste con el jefe de obra? Os llamasteis de todo. ¡Si lo sabe todo el sector! A mí me lo contaron en el yacimiento de un colega del Norte. Me dijo que se había difundido en una reunión del colectivo de profesionales, la semana pasada –Contestó Henry a las dudas de Lancaster.

- ¡Pero eso es absurdo! Yo no me he peleado con el jefe de obra. Yo sólo tuve una pequeña trifulca con Lionel Chambers, que es el jefe de producción. Y no pasó de un simple cruce de palabras malsonantes y ya está. ¿Pero quién inventa esas tonterías? –Replicó Lancaster cariacontecido y con claros gestos de enfado.

- Pues no lo sé, amigo, pero ya sabes cómo es este sector… -Respondió Mac Allister tratando de calmar a su amigo.

***

- Corina, yo no sé si lo que estamos haciendo está bien. A mí me parece que estamos metiendo la pata…

- No, Cooper. ¡Estamos haciendo lo correcto!…

La mañana había empezado demasiado bien para Corina. Un par de semanas de desmontes y varios días de desbroces negativos habían dado paso a una intensa mañana de zanjeos y pozos cerca de dos arroyos. Esas zanjas estaban destinadas a albergar unos tubos de desagüe, a fin de evitar que la futura carretera se inundase. En ese punto y a ambos lados de los arroyos se posicionaban varios grupos de árboles de ribera. Al principio ni Lancaster ni Corina habían encontrado nada raro en la zona. Sin embargo les esperaba una gran sorpresa. Tras la tala y la poda de esas arboladas habían aparecido a la vista varios muros de mampostería. Tras comunicar a Bowman el descubrimiento, éste pidió a Corina que detuviese los trabajos hasta que él le dijese lo contrario. Él mismo se encargaría de comunicar al jefe de obra Martins la novedad, y más aún después del encontronazo de Chambers con Lancaster. Dicho y hecho, Corina mandó retirar las máquinas que estaban a punto de entrar en la zona.

- Tenemos que balizar esto. No sé lo que es pero tiene toda la pinta de ser alguna estructura de trabajo en el campo. Tal vez sea un pozo, una paridera, o algo por el estilo – Comentaba Corina a Thomas mientras fotografiaba los alzados.

- ¿Una paridera? Por dios, lo que hay que oír… - Barruntaba el capataz.

A los lados de los mampuestos se acumulaban numerosos fragmentos de cerámica. El conjunto tenía unos siete metros de largo por seis de ancho y una altura de aproximadamente metro y medio desde el suelo. El interior se encontraba sepultado por raíces, maderas y abundante basura moderna. Corina distinguía perfectamente la parte superior de una lavadora y varios neumáticos de varios tamaños. En cualquier caso parecía que la estructura estaba hueca por dentro. A los lados del edificio se alzaban los muros hasta dos metros más, dejando visibles varios mechinales. Éstos estaban huecos donde debían de ir encajadas las vigas de madera. Los huecos tenían una sección circular, y por debajo conservaban restos de maderas hundidos en el interior del edificio. Mientras recogía algunas piezas y retiraba varios ramajes para las fotos, por un instante los ojos de la arqueóloga brillaron como hacía tiempo no lo hacían. No era un pozo, aunque no iba mal encaminada. Parte de la estructura de madera hundida tenía una sección circular, es decir, no eran vigas cuadradas como las que se hacían para las techumbres. Una de ellas, de un grosor considerable, la había identificado con el eje que debía mover una rueda.

- ¡Cooper, es una noria! –Gritó Corina mientras fotografiaba con emoción el interior.

- ¿Cómo las de las ferias? ¿No es un poco pequeña? –Contestó el geólogo al otro lado del edificio.

- ¡No hombre! Es una noria de agua. No me lo puedo creer –Seguía diciendo la arqueóloga, mientras fotografiaba sin control y a punto de despeñarse al interior de la estructura.

Cada uno de los vasos cerámicos que extraían el agua se llamaban canjilones, cuyos restos se encontraban en las manos de Corina… Para ella suponía un auténtico placer el encontrar un resto como ese, y no porque fuese a cobrar más, ni siquiera por la satisfacción de hacer la puñeta a la constructora. El placer venía de la posibilidad de documentar una estructura ciertamente escasa en toda la zona. Y si las previsiones se cumplían, probablemente el resto de canjilones, así como la rueda, los travesaños, los tirantes y el canal de recogida, debían de encontrarse en el fondo del aljibe. No quiso demorar la espera y llamó a Lancaster para darle las buenas nuevas.

- ¿En serio? Pero bueno, no has tardado ni un mes para que te dé la enhorabuena –Espetó Lancaster al otro lado del teléfono.

- Te lo agradezco, Lancaster, en serio. Además tengo la certeza de que es una noria de manual. ¿Te imaginas? ¡Una noria en esta región! Vamos, si se lo cuento a mi tutor le da un pasmo… -Balbuceaba Corina mientras embolsaba todas las piezas cerámicas que encontraba a su alrededor.

- Bueno, estate tranquila. ¿Quieres que te eche una mano o todo está controlado? – Preguntaba Lancaster.

- No, no, tranquilo, todo está bajo control. Además estoy esperando a que me llame Edgar. Quería informar personalmente al Jefe de obra, después de ti…. Bueno, ya sabes, lo que te pasó con Chambers.

- Tranquila Corina, si ya estoy curado en salud… -Respondió Lancaster entre risas.

- ¡Lancaster, te dejo! Me está llamando Bowman por la otra línea…

- Vale, vale…

Mientras Corina hablaba con Lancaster, Edgar Bowman estaba tratando de contactar con su joven técnico. Tras colgar a su compañero escuchó la voz melódica de su jefe. Corina trató de explicarle las novedades del descubrimiento, antes incluso de que Bowman le informase de su charla con el Jefe de obra. Tras escucharlas Bowman sólo pudo felicitar a Corina por su deducción.

- Créeme que soy la primera sorprendida. Nunca pensé en encontrar una noria. ¡Una noria, Edgar! ¿Sabes lo que eso significa? – Comentaba la arqueóloga sin poder contener su risa nerviosa.

- Lo sé, Corina, lo sé perfectamente. Y vamos a actuar en cuanto lo vea el Jefe de obra. Le he contado lo que había salido y ha decidido ir a verlo personalmente. Pero estate tranquila. No ha puesto muchos impedimentos. Sólo quiere tener controlada la obra, ya lo sabes…

- Bueno, no hay problema. ¡Pero el balizamiento ya está puesto! –Insistió Corina.

- Sí, sí, claro. Tú no te preocupes. Cuando se haya marchado me cuentas. Yo voy preparando la comunicación del hallazgo.

Lejos de tranquilizarla, la charla con Bowman la había puesto mucho más nerviosa. A la tensión del hallazgo se le unía que el Jefe de obra la visitaría para ver qué era exactamente lo que había salido. Tenía poco tiempo. Debía dejar el balizamiento puesto y el reportaje fotográfico terminado. Mientras Cooper le retiraba los ramajes, ella fotografiaba los alzados de los muros, los detalles de su fábrica y la distribución de los maderos. Todo debía quedar bien documentado, ya que la Dirección General así se lo iba a pedir. Además, nunca debía dejarse un resto nuevo sin documentar. No sería la primera vez que una constructora se salta el dictamen del Director arqueólogo.

Mientras terminaba la documentación fotográfica de los muros, observó Corina que la mampostería combinaba sillarejo y aparejo de ladrillo. "Maravilloso", se decía para sí misma mientras retiraba parte del ramaje que aún cubría el edificio, ante la atenta mirada de Cooper. Al poco de terminar las fotos y de recoger la mayor parte de las piezas, hacía aparición el todoterreno del Jefe de obra. Con la esperanza de que no apareciese Chambers, Corina dejaba las bolsas bien cerradas y guardaba la cámara en su bolsa. Ella estaba tranquila, sobre todo tras hablar con Bowman y ante la facilidad que le habían dado a Lancaster para excavar en Sheller Down II. Había tenido tiempo antes de su llegada y tiempo de revisar los planos de la obra, comprobando cómo el trazado de la carretera pasaba justo por encima de ese punto. No había otra alternativa más que documentar el complejo hidráulico.

- Buenos días, ¿qué tal? Me llamo Martins y soy el jefe de obra –Dijo éste mientras saludaba cordialmente a la técnica.

- Hola, creo que ha hablado usted con el director de la intervención –Respondió Corina.

- Sí, he hablado con él y lo cierto es que me estoy divirtiendo mucho con vosotros, pero, ¿no podríais sacar vuestras "cositas" en la obra de enfrente? –Comentó Martins con cierto tono de broma.

Corina no había entendido bien la broma del ingeniero. Tal vez por los nervios y la emoción del hallazgo, creyó leer en las palabras de Martins una amenaza, un aviso o una advertencia, algo que no le sentó nada bien a la joven arqueóloga.

- Nosotros sólo hacemos nuestro trabajo –Advirtió Corina con gesto serio.

- No lo he puesto en duda. Y nosotros también hacemos el nuestro –Replicó Martins.

- Claro, pero como a ustedes se les ocurre construir en zonas como esta, pues se arriesgan a que salgan cosas como Sheller Down II.

- Bueno, por nuestra parte estamos respetando el trabajo que hacéis... -Comentó Martins tratando de quitarle hierro al asunto.

- No se justifique. Ustedes deberían tomarse más en serio los estudios previos, digo yo. Ah, y por cierto, nosotros también nos estamos divirtiendo con ustedes…

El último comentario de Corina no había hecho ni pizca de gracia a Martins, para quien el trato entre el personal de obra debía de ser correcto. Corina no sólo no se había presentado, sino que además se había mofado de una situación que en absoluto era motivo de tal. Además, las formas de Corina eran más toscas de lo normal. Tal vez fuese por su seguridad inquebrantable, o tal vez ante la evidencia arqueológica que tenía entre manos, lo cierto es que la visita de Martins a Corina iba a marcar el devenir de las relaciones entre Martins y los arqueólogos. Sin quererlo, Corina estaba a punto de crear una brecha institucional difícilmente superable.

- Al principio no nos habíamos percatado pero después de que sus muchachos talasen despiadadamente los árboles que aquí se asentaban, apareció esta mampostería… -Consignó Corina señalando a los muros del edificio.

- ¿Pero esto no es muy moderno? Parece de hace dos días –Replicó Martins al ver la factura de los ladrillos.

- Bueno, por ejemplo su todoterreno es moderno, así como las máquinas podadoras que han hecho este estropicio… -Respondió la arqueóloga, ya sin disimular su hostilidad.

- Estropicio sin el cual no habrías encontrado esto –Volvió a responder el Jefe de obra.

- Ya, lo que no me queda muy claro es por qué hay que talar si en este punto va un paso superior y los apoyos quedan a veinte metros de aquí –Continuó Corina subiendo ligeramente el tono de voz.

- Vamos a ver, no te alteres, porque yo sólo estoy preguntando. Me da la impresión de que hemos empezado mal. Te sugiero que eches un vistazo a los árboles que hemos talado. Te habrás dado cuenta de que se trataba de dos hayas jóvenes que habrían muerto durante la ejecución del paso superior. Incluso en el proyecto se incluye un hayedo que vamos a replantar no lejos de aquí…

- ¡Claro! Ustedes lo solucionan todo rápidamente replantando, reintegrando y reconstruyendo las cosas, lo había olvidado –Recriminó Corina al Jefe de obra, interrumpiendo su discurso.

- Oye guapa, que yo no te he interrumpido. Yo sólo te estoy explicando que las cosas se hacen conforme a lo que dicta la memoria técnica. ¿Sabes lo que es una memoria técnica? Pues nos tenemos que ceñir a ella. Además no tengo por qué darle explicaciones a un técnico de asistencia, ¡qué demonios! –Recriminó Martins a la vez que daba dos pasos atrás.

- Bueno, pues esto es lo que hay. Ya ha visto usted la noria, y por aquí viene su carretera. Afección directa, lo siento –Contestó Corina ya con un tono de soberbia.

El Jefe de obra decidió entonces no seguir con la visita. Sin perder la educación se despidió de Corina y con mal gesto miró a los restos que se levantaban frente a su vehículo. Mientras tanto, Corina escribía en su cuaderno mientras esbozaba una sutil sonrisa, de la que estaba siendo testigo el propio Martins. Había elegido un mal momento para reivindicarse. A pocos metros Cooper, que no había querido involucrarse, observaba la escena con cierta preocupación. Sin embargo, para la arqueóloga no había pasado nada. Tan sólo había sido una dura conversación sobre lo que debía de hacerse y lo que no debía hacerse. Ella no pretendía en absoluto denigrar al Jefe de obra, o al menos de forma directa. Corina tenía la experiencia suficiente como para saber que el papel de la asistencia arqueológica era la de asesorar a la constructora. En ningún caso pensaba que hubiera podido ofender a Martins, para quien la arqueología era sólo una obligación legal. Al poco de marcharse, Martins se acercó a Thomas, quien también había permanecido en un segundo plano, durante el enfrentamiento entre ambos.

- Si me permites un comentario, Corina, no creo que te beneficie lo que acaba de pasar… - Explicaba el encargado.

- ¿Qué es lo que ha pasado? No sé a qué te refieres…

- ¡Vamos, chica! ¿No me digas que lo que ha pasado te parece normal? –Volvió a preguntar el encargado.

- A ver, Thomas. Que quede claro que yo tengo algo de carácter, eso no lo niego. Pero yo sólo he tratado de defender mi postura frente a la de él. Y que yo sepa ha sido el Jefe de obra el que ha empezado por mofarse de nuestro trabajo, ¿no? –Respondió Corina, mientras terminaba de recoger los jalones y de guardar la cámara en su bolsa.

- Mujer, mofarse, lo que es mofarse… -Dijo el encargado mirando a Cooper, buscando su confirmación.

Restándole importancia a lo que había pasado Corina prosiguió retirando ramajes y limpiando los muros. Según pasaban los minutos su emoción se disparaba ante lo que podría ser una estructura casi completa, salvo la rueda principal. Ésta se habría degradado y lo normal es que las piezas metálicas se hubiesen amortizado con el paso del tiempo. Después de recoger más de cinco bolsas de material decidió llamar a Bowman para contarle cómo había sido la visita de Martins. Tras narrarle su propia visión de los hechos Bowman quedó, obviamente, satisfecho. Corina debía entonces ir a la oficina para llevar el material, fotografiarlo y adjuntar las fotos a la comunicación de hallazgo que estaban preparando en Method.

***

Lancaster no salía de su asombro. Tras varias semanas de intervención continuaban las sorpresas en el yacimiento de Sheller Down II. Ivanovic había metido la quinta marcha y su ritmo apenas podía ser seguido por Ashmid y Fowler. Afortunadamente tanto Sasha como Lily eran un prodigio con la topografía, a la vez que Erika y Tobías almacenaban el material como si no hubiese un mañana. Por fortuna todos los engranajes funcionaban con precisión aritmética, y a ese ritmo no sólo cumplirían el plazo, sino que habría posibilidad de ampliar el área arqueológica. La intervención iba tan bien que incluso apenas se percató de una visita sorpresa. Eran la restauradora Elle Alexanderson y los arqueólogos

Stefan y Andrews. Hacía ya semanas que no sabía nada de ellos, pero al tiempo agradeció la visita y el interés. Incluso agradeció la visita de Alexanderson, a pesar de no guardar buena relación. Era una situación excepcional, tan excepcional que incluso percibió en Elle cierta actitud conciliadora para con el arqueólogo.

- Te traigo bolsas y etiquetas. Y procura no gastarlas en tonterías, haz el favor –Replicó Elle en cuanto estuvo junto a Lancaster.

- Lo que tú ordenes, Elle. Pero que sepas que igual es el último viaje que haces. Llevamos un ritmo de trabajo abrumador. Y además todo documentado. Las fotos ya están hechas, las fichas están terminadas. Las piezas, todas embolsadas. ¡No me digas que no estás sorprendida! – Contestó Lancaster con buen humor.

- Sí, vamos, estoy llena de satisfacción... -Contestó fríamente la restauradora.

- Elle, anda, sonríeme un poco. Estoy convencido de que detrás de esa capa de resina epoxi y de esa mascarilla hay una mujer que disfruta de este trabajo.

Ante semejante arrebato de amistad Elle decidió cortar de raíz la conversación.

- Te responderé cuando tú me digas si estás borracho, drogado o enamorado, porque esta actitud tuya ni me gusta ni me convence. Y por cierto, a lo lejos se acerca un coche a cien por hora, de modo que quítate el traje de amabilidad porque creo que es de la constructora... -Concluyó Elle mientras descargaba su furgoneta.

Efectivamente era un todoterreno y en concreto el vehículo de Chambers. Desde el desafortunado incidente no habían vuelto a cruzar palabra alguna. Sólo habían cruzado sus miradas y no habían sido de amor precisamente. No obstante en ningún caso los comentarios del jefe de producción iban a estropear el estado de ánimo de Lancaster. Sabía que la finalidad de Chambers era la de ejecutar la obra al precio que fuese, y si de paso se mofaba del trabajo de los arqueólogos, mejor aún.

No todos los miembros del personal de obra se comportaban de igual manera, ni siquiera todos los jefes de producción. Lancaster tampoco iba a pasarse todo el día preguntándose por qué esa animadversión hacia su persona y su empleo.

- Lionel, buenos días –Dijo secamente el arqueólogo.

- Buenos días. ¿Qué tal la previsión de los trabajos? –Respondió Chambers.

- Va por buen camino. En realidad a este ritmo, y si el tiempo lo permite, yo calculo que en tres semanas he terminado la excavación. Incluso me podría permitir un día o dos para tomar las fotografías –Respondió Lancaster con palabras amables al que había sido su archienemigo.

Después de un par de preguntas interesándose por el ritmo de trabajo, Chambers se posicionó en lo alto del yacimiento para observar las diferentes estructuras que habían salido. En su rostro ya no se atisbaba ningún gesto de arrogancia ni de hostilidad hacia los arqueólogos. Era extraño, en opinión de Lancaster, porque tampoco había pasado mucho tiempo ni le habían dado razones para cambiar de opinión. Nadie podía suponer lo que estaba sucediendo, o lo que estaba provocando semejante estado de tranquilidad en el Jefe de producción.

- Tengo la impresión de que aún no sabes nada. Creo que el plazo con el que cuentas no es del todo exacto –Dijo de repente Chambers, dejando estupefactos a Lancaster y a cuantos auxiliares pudieron escuchar el comentario.

- Claro, claro. E imagino que mañana tendré que irme y dejar el yacimiento tal cual está, para que las máquinas hagan el resto, ¿verdad? –Contestó Lancaster entre carcajadas.

- Mañana no, pero el lunes que viene sí. Figúrate que hoy mismo lo han apalabrado tu jefe y el mío, y claro, ¡cómo no me iba a ofrecer a contártelo! –Finalizó Chambers tratando de no romper a reír, y sin disimular la satisfacción interna que le desbordaba.

Unos segundos se mantuvo Lancaster delante de Chambers. Éste comenzó a recular hacia su coche, despacio y sin quitar la mirada en el yacimiento. El arqueólogo no se movía de su sitio, a la par que Ashmid, Sasha, Fowler e Ivanovic habían dejado de picar tras escuchar la noticia. Entró en el coche y arrancó el motor, y mientras bajaba la ventanilla se escuchó una profunda risa de dentro. No se había despedido del grupo, pero no le importaba. Mientras el coche de Chambers se alejaba de la zona, una máquina se aproximaba a Sheller Down II por el Norte. Era la máquina de Hammer y, sin mediar palabra, se colocó en el mismo borde del yacimiento. Lancaster no daba crédito a lo que estaba pasando y acudió a toda prisa a la cabina de la máquina, para pedirle explicaciones al operario.

- Hammer, ¿me puedes decir qué es lo que haces aquí? ¿No irás a empezar la excavación hacia el norte? Ya sabes que hay que avisar a Corina. Ella tiene que estar vigilando la excavación.

- Creo que no hará falta que venga, chico. No es para empezar una nueva excavación, sino para continuar lo que ya se había empezado… -Contestó Hammer con miedo a la respuesta que pudiese regalarle el técnico.

- ¿Continuar? ¿Qué excavación?

- La excavación de tu yacimiento, chico, ¡la de tu yacimiento! Quieren que esté aquí para cuando terminéis, poder demoler las estructuras y seguir con el desmonte.

- ¡Pero eso es una locura! ¡Eso no lo pueden hacer! Primero hay que esperar a que la Dirección General lea la documentación, luego hay que sopesar el valor de los restos, y como mínimo esperar a que salga una resolución… Por no decir que tendrás que esperar a que terminemos de excavar, ¿qué demonios vas a hacer mientras tanto? –Respondió Lancaster muy alterado.

- Chaval, cálmate que yo no soy quien da las órdenes. Me han dicho que venga aquí para estar preparado, aunque…

- ¿Aunque qué?

- Mira, creo que Chambers sólo pretende intimidaros –Expuso Hammer desde la cabina.

- ¡Lancaster, llama a Bowman! –Gritó de pronto Sasha, quien estaba siguiendo la conversación desde lejos.

- ¡Sasha y los demás, seguid con vuestro trabajo, por favor! –Respondió Lancaster a grito pelado y con la voz entrecortada.

En cualquier caso Sasha tenía razón. Era el momento de que el director le diese explicaciones a su grupo, o en el caso de que no supiese nada, era el momento de informarle de semejante noticia. La opinión que tenía Lancaster de su jefe no había variado ni un ápice, ni siquiera cuando Bowman le dijo que tendría que empezar la excavación sin el permiso correspondiente. Era su primer trabajo en el mundo de la arqueología preventiva y, a diferencia de lo que le habían contado de otros casos, Method se había comportado correctamente. Si de Bowman se trataba, el trato siempre había sido correcto, a pesar de alguna que otra discrepancia. ¿Cómo iban a restarle dos semanas de trabajo? Dos semanas en arqueología son un mundo. Es la diferencia entre poder documentar correctamente unos cincuenta metros cuadrados o dejarlos sin excavar. Y cincuenta metros cuadrados es una superficie considerable, muy considerable... Lancaster dio dos ordenes más a los auxiliares y echó mano al teléfono.

- Edgar, perdona que te moleste. Soy Lancaster.

- No me molestas, tranquilo. Precisamente iba a llamarte ahora, en un rato....

- ¿Y cuál iba a ser el motivo de la llamada? ¿no sería tal vez que el lunes que viene se me acaba el plazo para excavar? –Preguntó muy molesto Lancaster.

- Vaya, veo que ya te has enterado. Antes de que digas nada quiero que sepas que yo no he tomado esa decisión.

- ¿Cómo que no has tomado tú la decisión? ¡pero si eres el maldito director! ¿y quién la ha tomado? No me digas que el jefe de obra o algún otro cerebro de la constructora, porque entonces, ¿qué mierdas estamos haciendo nosotros aquí? –Replicó con dureza Lancaster.

- A ver, Lancaster, que las cosas no son así de sencillas. Ha sido una decisión unánime tomada por la Dirección General, la constructora y la asistencia arqueológica. Además el yacimiento lo tienes ya prácticamente excavado, ¿cuánto?, ¿un noventa y cinco por ciento?

- Bueno, sí, está muy adelantado, pero...

- Yo creo que es un porcentaje más que razonable.

- ¿Razonable dices? ¿quiénes somos nosotros para desechar ese cinco por ciento? Y aunque sea un dos por ciento el que reste, no estoy dispuesto a deshacerme de las piezas que queden en ese cinco por ciento, Bowman –Volvió a responder Lancaster, cada vez más alterado.

- Pero vamos a ver, Lancaster. Si ya has documentado todas las estancias, las manchas y los fondos.

- ¿Y qué? ¿dónde está la medida? ¿cómo podemos negarnos a excavar una parte sin documentar? ¿y las piezas, qué hacemos con ellas?

- A estas alturas llevaremos más de veinte mil piezas, y de aquí a una semana podrás documentar otras mil más, ¿crees que a estas alturas vamos a dejarnos una pieza única en apenas esos treinta metros cuadrados? Por favor, no seas presuntuoso... -Respondió Bowman tratando de hacer entrar en razón a su técnico.

Mientras director y técnico mantenían una cada vez más acalorada discusión, los auxiliares observaban de reojo la situación y escuchaban con detalle las palabras de Lancaster. No podían oír lo que decía Bowman, pero se lo podían imaginar.

- ¿Y qué será de nosotros? –Preguntó de repente Tobías.

- Lo que sucede en estos casos –Le respondió de inmediato Ivanovic.

- A mí lo que me preocupa es lo que pueda pasar con este yacimiento. Llamadme idealista si queréis, pero es así –Comentó Chiesa, a la vez que lanzaba su pala a varios metros de distancia.

- No se trata de ser idealista o no. Se trata de que este sistema nunca ha funcionado ni nunca funcionará. Y de esto hace ya veinte años –volvió a comentar Ivanovic.

- Y si el sistema no funciona, ¿por qué lo mantienen? –Preguntó Chiesa con curiosidad.

- Pues porque algo hay que hacer. Además piensa que siempre sale alguien beneficiado cuando algo no funciona. Constructoras, promotoras e incluso arqueólogos sin escrúpulos se benefician de este sistema de negocio... ¡Caramba, esto sí que es una sorpresa! –Argumentó Ashmid, al tanto que se quedaba quieto frente a una mancha que estaba excavando.

- ¿Qué sucede? ¿Has encontrado algo? –Preguntó Lily al ver cómo Ashmid se distraía con algo que estaba limpiando.

- ¡Precioso, en serio! –Dijo el auxiliar mientras sostenía algo entre las manos.

Del interior de uno de los silos había localizado una pieza excepcional. Se trataba de un cuenco de pequeñas dimensiones, en cuyo interior se veían claramente varios pegotes de una especie de pasta color claro, similar a unas oxidaciones. "Es ocre", aseveró rápidamente Ashmid, quien había visto mucho material de ese tipo en el Atlas marroquí. El ocre, según explicó a los compañeros que le rodeaban en ese momento, era empleado sobre todo en rituales funerarios. Lo raro era encontrarlo sobre un recipiente de esas características. Sasha se ofreció a limpiar el cuenco cuidadosamente. Por fuera aparentaba estar sin ninguna decoración, pero, al retirar parte de la tierra que tenía, comenzaron a aparecer líneas curvas y rectas, las cuales formaban dibujos figurativos de lo más espectacular. Todos los auxiliares se quedaron atónitos. Ninguno tenía intención de continuar con su trabajo hasta que no se hubiera limpiado del todo el cuenco. Querían ser testigos presenciales de tan bonita escena. Ni siquiera prestaban atención a la conversación de Lancaster con Bowman, quienes seguían discutiendo por teléfono. Sin embargo, el técnico sí que se había percatado del nuevo hallazgo, y acudió al corrillo para ver qué estaba sucediendo. Aún seguía con el teléfono en la oreja cuando llegó al lado de Sasha.

- Mira, Edgar, qué casualidad. Estoy precisamente delante de una pieza excepcional que acaban de sacar. ¿Y si hubiera más como ésta? ¿quedan descartadas?

- Eso no lo sabemos, Lancaster. Y por mucha intuición que tengas no puedo arriesgarme... -Respondió Bowman al otro lado del teléfono.

- ¡Tampoco sabemos lo contrario!

- Me da igual. Esto funciona así y por desgracia no somos los únicos en opinar al respecto.

- Esto es increíble, de verdad que no me puedo creer lo que estoy escuchando. Además, creo que tendrías que habérmelo dicho antes de que el estúpido de Chambers se hubiese deleitado contándome esto –Aseveró Lancaster a la vez que daba una contundente patada a una piedra que se encontraba junto a él.

- Eso es cierto y te pido disculpas. Pero te juro que no ha transcurrido ni una hora desde que he hablado con el Jefe de obra.

"Pero qué pedazo de mal nacido es", pensó para sí mismo Lancaster, mientras le venía a la mente la imagen de Chambers con esa estúpida sonrisa, bajando de su vehículo. Había pensado por un momento que el jefe de producción habría cambiado de parecer y de carácter para con los arqueólogos. Pero no era así. Todo lo contrario, se había esmerado para agudizar la tensa relación. Se había dado prisa para dar él mismo antes que nadie, la fatídica noticia. Bowman trataba de justificarse, pero lo cierto es que no tenía ninguna culpa de la existencia de un individuo como Chambers.

- Después del percance con Corina me ha llamado, y nos hemos reunido con Bakerline para tratar este asunto –Prosiguió Bowman.

- ¿Percance? ¿de qué percance me hablas? ¿y qué tengo yo que ver con ese percance? –Le cuestionó Lancaster.

- Nada que no se pueda solucionar, no te preocupes. Y en cuanto a ti espero que con el tiempo puedas comprender que estas cosas son complicadas.

No era la primera vez que Edgar le hacía ese comentario, y la verdad es que a Lancaster comenzaba a crisparle. "Las cosas son complicadas", "aún eres joven", o "a veces es difícil tomar decisiones así", eran coletillas que había escuchado no menos de veinte veces. Escuchar una vez más la frasecita le había sentado especialmente mal, y más en la situación en la que se encontraban. Lancaster no pudo reprimir su malestar.

- Es decir, que has vendido el yacimiento… -Reprochó Lancaster a Bowman.

Edgar se tomó unos segundos para responder. Era obvio que no le había hecho ni pizca de gracia el comentario de su técnico.

- Mira, lo primero es que el director soy yo y por lo tanto yo tomo las decisiones. Y lo segundo es que no tengo por qué darte explicaciones de mis decisiones. ¿Quién demonios eres tú para acusarme de haber vendido el yacimiento?

- Pero… -Trató de intervenir Lancaster.

- ¡No he terminado! Tú eres un recién llegado a este mundo. Eso es lo que eres, y por cierto, recuerda que estás aquí porque Method te ha brindado la posibilidad. Ah, una última cosa: a partir de ahora no quiero que tomes ni una sola decisión sin consultármelo. Como si quieres cambiar el color de las palas, me lo consultas. ¿Te ha quedado claro, Williams? –Respondió Bowman con un volumen de voz tal que incluso los auxiliares pudieron escuchar lo que decía al otro lado del teléfono.

- Sí… muy claro.

- Pues la conversación ha terminado. El lunes que viene terminas y el martes te quiero en la oficina. Adiós –concluyó Bowman alzando más aún la voz y cortando la llamada de golpe.

Durante un rato largo Lancaster se quedó perplejo, mirando a ningún sitio y a todos a la vez. Iba dando pequeñas patadas a algunas piedras del suelo. No muy lejos los auxiliares le miraban con desconcierto. Sólo Fowler hizo un comentario: "vamos, compañeros, sigamos trabajando". Lancaster fue acercándose al borde del talud dejado por la máquina de Thomas, hacía ya un par de meses. Desde el borde podía ver perfectamente unos dos kilómetros de la obra ya ejecutada. A lo lejos las asfaltadoras remataban la plataforma, mientras que por delante de éstas las máquinas la compactaban. A los lados y por delante los peones remataban los bordes y los arcenes, mientras que la maquinaria grande desmontaba los laterales por donde deberían ir las variantes. Justo en ese punto pudo distinguir, a lo lejos, a su compañera Corina. Fue en ese momento cuando se preguntó qué es lo que habría sucedido con ella y en qué forma le habría afectado a él.

Retrocediendo en sus pasos seguía dándole vueltas a lo sucedido. No se podía creer que Bowman le hubiese vendido de esa manera. En realidad la Dirección General debió fiarse del criterio de Bowman. El hecho de que Bakerline hubiese recortado el plazo dos semanas de intervención era porque el director así lo había sugerido. Y por supuesto, la constructora no iba a poner ningún impedimento, todo lo contrario. Sin embargo, también se había caído otro mito para Lancaster: el del Jefe de obra Martins. Su buen talante al inicio de la excavación quedaba empañado con esta nueva puñalada, aunque siendo sinceros nadie en la obra creía en su filantropía, si estaba por en medio la terminación de la obra.

¿Qué pasaría a partir de ahora? La excavación terminaría pero habría que hacer primero un informe preliminar en el que resumir los resultados. Durante ese periodo las máquinas aún no podrían entrar en Sheller Down II. Aún quedaba mucho trámite por pasar, ¿serían capaces de respetarlo? Porque incluso habiendo visto el informe habría que evaluar si el yacimiento es salvable o no. Mientras observaba la explanada arqueológica Lancaster no pudo evitar darle vueltas a las alternativas que podrían tener. Veía la carretera aproximarse y justo en medio de la traza, Sheller Down II. A los lados se alzaban algunas lomas. En su opinión la carretera se podía desviar por el sur, eso sí, por lo menos tres o cuatro kilómetros desde su trazado original, a fin de no topar con alguna zona vinculada con el yacimiento. Eso suponía perder al menos medio kilómetro de traza que ya estaba asfaltada. ¿Cuánto podría suponer en términos económicos? Y aun siendo una cuantiosa cantidad de dinero, ¿por qué tendrían que cuantificarlo? La cultura no debería ser cuantificada. Un yacimiento así no debería ponerse en la misma balanza que medio kilómetro de carretera. ¿Por qué nos obligan a pensar así?

Mientras divagaba en esos y otros muchos dilemas, Lancaster llegó al borde oriental del yacimiento. A su lado se aposentaba la máquina que debía de proseguir los desmontes. Pero no fue eso lo que atrajo su atención. Ni siquiera fue el cortejo al que estaba sometiendo Ivanovic a Lily, sin demasiado éxito. No era nada de eso. Era el yacimiento en sí. Tal vez por el trajín de trabajo, o tal vez por los últimos acontecimientos desagradables, Lancaster no se había percatado de la belleza del paraje. Sheller Down II era simplemente espectacular. Los fondos de cabañas se situaban en la parte central del asentamiento. Eran un total de siete grandes fondos, similares a las "longhouse" centroeuropeas, formando una sola hilada y con los agujeros de poste rematando el perímetro.

A pocos metros aparecían varias filas de silos, dejando entre éstos y las cabañas una especie de calle abierta que moría en la zona de los basureros. Entre medias dos pozos de extracción quedaban a los lados del complejo. En conjunto, las estructuras formaban un rectángulo casi perfecto, dejando guarnecidas las estancias por las suaves lomas del oriente. Por delante de éstas, la zona de producción, con los silos y un par de hogueras. Al lado de las hogueras se aposentaban varios fondos en los que se había encontrado mucho hueso y fragmentos de lítica. Quizá la teoría de que fuese una zona de despiece de animales no era tan descabellada, al fin y al cabo.

A todo este panorama, a este deleite de la vista, se le unía el inventario de cerámicas que habían recuperado. Aunque no había tenido tiempo de revisarlo, Lancaster estaba seguro de que eran pocos los yacimientos con un repertorio cerámico como ese. Ni siquiera el yacimiento de Sheller Down se acercaba a la cantidad y a la calidad de su tocayo. Por si no fuese suficiente, la extensión intervenida superaba con creces a la de muchos otros yacimientos de la misma cronología. Lancaster no podía dejar de pensar en todas esas características para que, tal vez, la Dirección General tuviese en cuenta una futura conservación. En el caso contrario, siempre quedaría la alternativa de que quedase fuera de afección, bien soterrado, bien cubierto por geotextil. Tan ensimismado estaba con sus pensamientos que no se había percatado de la visita de Corina, con quien tenía un par de conversaciones pendientes. Al mismo tiempo llegaba también Bull, el maquinista, al que no veía desde hacía un mes.

- ¿Venís en pareja por algún motivo? –Comentó Lancaster nada más tenerlos a su lado.

- La verdad es que no sabía que ella estaría por aquí. Tranquilo, jefe, que sólo vengo a darle unos partes a Hammer, ¡y en son de paz! –Contestó Bull sonriendo al arqueólogo.

- Yo sólo vengo para hablar contigo, Lancaster. Me ha llamado Bowman muy alterado y me lo ha contado todo. No se qué decir –Aseveró Corina cogiendo del hombro a su compañero.

Lancaster no podía reprocharle nada a Corina. ¿Qué habría hecho ella para que la situación se hubiese torcido tanto? Apenas la conocía pero estaba convencido de que existían otras causas del malentendido con Bowman. Sin embargo, no podía reprimir su malestar con la arqueóloga, la cual había llegado con cara de circunstancias.

- Pues me parece muy bien, Corina, porque tienes que darme muchas explicaciones. Lo último que sé es que encontraste una noria y punto –Comentó Lancaster mucho más sosegado de lo que Corina podía suponer.

- Sí, sí, pero no se me ocurre nada que te haya podido afectar. Edgar y yo mandamos la comunicación del hallazgo y hasta ahora no sabemos nada. Sólo tuve un pequeño encontronazo con el jefe de obra… -Replicó la arqueóloga.

- ¿Pequeño dices? ¡Pero si llegó a las oficinas como un morlaco desatado! – Comentó Bull entre carcajadas.

- No fue para tanto, Bull. Además, ¿por qué tengo que cambiar yo mi forma de expresar las cosas? Y soy así, no lo hago con maldad –Respondió Corina nuevamente.

- Ya, chica, pero es el Jefe de obra. Hay que ser un poco flexible. Pensad que vuestro trabajo se hace a costa de que mucha gente esté parada. Y eso es dinero –Dijo Bull mientras ojeaba una piedra del suelo.

- Bull, no trates de explicarme cuál es mi trabajo en la obra porque lo conozco de memoria. Te puedo recordar a ti que si afectáis un yacimiento arqueológico tenéis que acatar lo que las leyes dicen. ¡Y si dicen que hay que excavar, pues se excava! –Argumentó Corina, cada vez más alterada.

- ¿Pero eso se hace siempre? Mira que no se destruirán cosas y nadie hace nada –Recriminó Bull a la arqueóloga.

- Sí, naturalmente. Pero el hecho de que no se hagan las cosas no significa que no deban hacerse en el resto del mundo –Volvió a contestar

Corina, ya visiblemente afectada, sabiendo ya que su actitud había afectado directamente al devenir de la intervención de Sheller Down II.

- Tranquila, Corina, no pasa nada. Son cosas que suceden –Alentó Lancaster a su compañera, ya venida abajo definitivamente.

Después de dar un largo abrazo a Corina, Lancaster dio dos pasos atrás de donde se encontraban la arqueóloga y el maquinista. Como ya se conocía bastante bien el tema de conversación había decidido desconectar del intenso debate que mantenían acaloradamente entre ambos. El técnico aún seguía aturdido desde que Chambers le había dado la fatal noticia. Ya había hecho a la idea de que le quedaba una semana de trabajo y su mente estaba programando los trabajos para tan poco tiempo. Mientras observaba cómo Corina gesticulaba bruscamente y Bull soltaba efusivas carcajadas, también oteaba a lo lejos los trabajos de los chicos. Su ánimo también había decaído y eso era fácil de dilucidar. Lily acostumbraba a tararear cancioncillas en francés pero ya no se escuchaban las estrofas de Piaff o Martí. Tampoco se oía a Fowler, quien regalaba a sus compañeros chistes sobre alemanes y franceses. Ni mucho menos se oían los gritos procedentes de Makar e Ivanovic, acostumbrados a mantener acalorados debates sobre el procesualismo y el marxismo en la arqueología. Todos trabajaban al buen ritmo de siempre, pero era visible que sus mentes se encontraban en otro sitio. La de Ivanovic, como después confesó, se encontraba sumergiendo el cuerpo moribundo de Chambers en el río Drava, con una piedra en los pies. Nada volvería a ser igual. Todos sabían que terminarían en algún momento. Sin embargo, las formas no habían sido las más deseadas.

- Con vuestro permiso, voy a terminar de dar un par de instrucciones. Nos queda media hora de jornada y la tengo que aprovechar –Comentó Lancaster a Bull y Corina, mientras se dirigía a la zona de excavación.

- ¿Te acompaño y te echo una mano? –Preguntó Corina, cogiéndole del brazo.

- No, gracias. No es necesario.

VIII. La resolución no resuelve

- ¿Qué tal? ¿Cómo te encuentras?

- Bueno, pensaba que estaría peor. Pero las cosas son como vienen. Había que terminar y hemos terminado.

- Mira, esto no es lo que suele pasar siempre. Pero tienes que acostumbrarte a que este negocio, en ocasiones, es poco agradecido.

- Lo has llamado negocio, Neill, y eso es lo que más me escuece. No lo vuelvas a mencionar, por favor...

- No lo haré, tranquilo. Ahora bebamos y olvidemos nuestros problemas.

La tarde de un martes cualquiera Lancaster y Neill se encontraban tomando unas cervezas en su lugar de reunión. Podría haber sido una tarde cualquiera, pero fue precisamente esa tarde. Era la tarde del último día de excavación en Sheller Down II. Era la tarde de las horas posteriores a abandonar definitivamente el yacimiento que habría de consagrar a Lancaster. Era la tarde de la reflexión después de tres días de absoluto infarto. Los últimos tres días los iba a recordar Lancaster en todo su esplendor, no sólo por lo que había sucedido en el yacimiento, sino también por lo que había sucedido en la obra con Martins y Corina, en la Dirección General con Bakerline, en Method con Bowman... Incluso Neill, el parlanchín Mac Allister, sabía que no era el momento de ser sarcástico ni irónico con Lancaster. Habían sido tres días agotadores. Durante setenta y dos horas Lancaster había intentado hacer las cosas bien, pero con una octava parte del tiempo necesario. Mientras daba largos tragos de cerveza, y mientras Neill comenzaba una conversación con una esplendorosa rubia, Lancaster empezaba a recordar cómo habían sido esos últimos momentos en Sheller Down II.

***

- Lily, ¿me puedes decir qué puñetas estás haciendo?

- ¡Ay, perdón! No me di cuenta…

Después de limpiar por completo la basta extensión del yacimiento, era el momento de hacer una serie de cien fotos de todos los detalles. Ese proceso se había hecho en apenas dos horas, un verdadero éxito en términos arqueológicos. Tras documentar las estructuras principales tocaba rebajar el primer nivel de ocupación del yacimiento. Una semana antes, y después de raspar toda la superficie, habían aparecido por fin los primeros indicios de haber encontrado el suelo geológico. En arqueología el hecho de encontrar el nivel geológico supone que realmente se llega a la cota más baja, por lo que no sería necesario seguir excavando, siempre y cuando el suelo geológico se mantenga horizontal. A priori esa era una buena noticia. Nada más lejos de la realidad. En el centro del yacimiento y para desesperación de Lancaster, el nivel geológico formaba un profundo escalón y comenzaba a bajar más de lo normal, generando una especie de foso cuyo fondo se encontraba plagado de vasijas y de huesos. Ya se lo había dicho en una ocasión el Dr. Hoover: "lo mejor, o lo más desesperante, siempre aparece los últimos días". Lancaster pensó que eran paparruchas, ya que las excavaciones son muy largas. Pero en ese instante, y viendo que el nivel arqueológico profundizaba hasta los mismísimos infiernos, sólo podía imaginar a su viejo tutor partiéndose de risa en su sillón de cuero.

Lancaster no era conocido por sus enfados ni por sus broncas, a excepción de su encontronazo con Chambers. A decir verdad nunca había abroncado a ninguno de los chicos de la excavación, y no porque no le diesen motivos. Lo cierto es que siempre trataba de reprimir su carácter cuando surgían problemas, o cuando las cosas se ponían complicadas. Eso le llevaba a veces a actuar de forma grotesca e ilógica, causando incluso las risas de quienes le acompañaban. No obstante gracias a su buen estar y a su carácter jovial se había ganado el respeto de todos. Sin embargo, no podía evitar que, en situaciones extremas, acabase por provocar sonoras carcajadas de sus allegados como Cooper, Bull e incluso de los auxiliares. Todo el mundo se estaba partiendo el espinazo para poder terminar la excavación, más después de recortar los plazos de finalización. Lancaster no quería terminar de cualquier forma, y eso mismo les transmitía a todos cuando notaba prisas o ansias por terminar un estrato. Se trataba de terminar como debe terminarse, documentando todo, absolutamente todo, con fotografías, con topografía, con la recogida del material…

Precisamente el material era uno de los aspectos que más le preocupaban, porque las cerámicas no se podían guardar con los huesos. Incluso dentro de las cerámicas, muchas de ellas debían guardarse seleccionando por un lado las piezas selectas de las no selectas. Las piezas selectas, si estaban pintadas, debían ir en una bolsa especial, para evitar que se pudiesen deteriorar. Era todo un protocolo que, por desgracia para los arqueólogos, provocaba las risas de cuanta gente de la obra les visitaba. Por fortuna Bowman había mandado a Mariela y a Clarence Pettersen, el encargado del almacén de Method, a ayudar en las últimas fases de excavación. Clarence era todo un espectáculo. Verle picar, palear o llevar una carretilla era digno de cualquier manual de arqueología. Eso sí, prefería abstenerse de las tareas que llamaba "finas", como fotografiar o hacer fichas. Eso sí, como buen aficionado a la música celta y en exceso a la cerveza, manejaba los inventarios de materiales como nadie. Sabía perfectamente cómo guardar las piezas, cómo disponer de las bolsas, de qué forma cerrarlas, cómo han de ser etiquetadas… Para Lancaster su presencia en Sheller Down II era simplemente el remedio a uno de los males que le perturbaban. En cuanto a Mariela, ella sabía perfectamente que Lancaster la necesitaba en esos complicados momentos.

Los días ya no transcurrían. Ahora eran las horas las que pasaban demasiado deprisa para Lancaster, quien veía cómo se le escapaba de las manos el yacimiento. Lo había llevado todo atado y bien atado, hasta que le comunicaron que contaba con menos tiempo. Fue entonces cuando la maquinaria humana entró en barrena. Era en ese momento en el que Lancaster pasaba de ser un hombre formal y metódico a convertirse en un despropósito. Tropiezos, descuidos e incluso momentos de mal humor, le convertían en el motivo de soltar alguna carcajada que otra.

- Mariela, necesito que pongas un poco de orden en el grupo de Lily. Ha hecho una batida de treinta fotos y no se ha dado cuenta de que tenía puesto el protector del objetivo. ¡Yo me la cargo!... -Comentaba Lancaster mientras escribía a gran velocidad en su libreta.

- Tranquilo, que yo me encargo –Respondió Mariela, tratando de aguantar a cualquier precio la risa.

Dicho por otra persona podría haber dado pie a una sonora bronca, pero Lancaster no era así. Prefería desesperarse antes que enfadarse con la gente. Además, su manera de expresar las situaciones provocaba la risa de sus compañeros. Eso fue lo que caracterizó la excavación durante tres largos días. La situación crítica a causa del plazo de finalización generaba constantemente situaciones cómicas que difícilmente se podían disimular. Afortunadamente, Lancaster tenía demasiadas cosas que hacer como para sentirse molesto, y más aún cuando estaban trabajando a un gran ritmo. Sin embargo, las situaciones más cómicas se producían cuando alguno de los auxiliares, en su absoluto e inocente desconocimiento, planteaba cuestiones absurdas que desesperaban al propio Lancaster.

- Lancaster, ¿qué hago con esto? –Preguntó Sasha mostrándole un enorme hueso.

- ¿Está fotografiado, Sasha?

- Sí, y tomadas las cotas.

- Pues ¿a ti que te parece? ¿hacemos un caldo? –Preguntó el técnico mirando fijamente a la pobre auxiliar.

- Comprendido... ¿A una bolsa? –Volvió a preguntar Sasha con curiosidad.

- No hija, no... métolo en una caja blindada, que es un fémur de Chambers... -Contestó Lancaster casi sollozando, por no poder estar a todo.

Mientras Mariela no daba a basto con las piezas que salían en el centro del yacimiento, Clarence intentaba poner orden en el galimatías que se había producido en pocos minutos. Ashmid, sin intención alguna, había golpeado a Tobías en la cabeza, provocándole una contundente brecha. Al parecer a Erika no le sentaba demasiado bien ver sangre, por lo que se había desplomado sobre la mesa de Lancaster al ver la cabeza de Tobías. En apenas cinco minutos, dos miembros de la campaña estaban fuera de juego, mientras un tercero trataba de frenar una hemorragia y un cuarto, Ivanovic, intentaba recoger las hojas que se habían desparramado por el yacimiento, tras el desplome de la pobre Erika. Si la situación no era para reírse, nada podía ya serlo. Mientras tanto Lancaster, lejos de enfadarse, se preocupaba del estado de Erika y de Tobías, mientras se echaba las manos a la cabeza y repetía una y otra vez: "qué desastre"…

Uno de los trabajadores a quien más aprecio tenía Lancaster era precisamente Tobías. Quizá por su juventud, o tal vez por su desparpajo, Lancaster trataba de aconsejarle constantemente en cómo describir las unidades estratigráficas, sobre cómo dibujar a escala e incluso sobre cómo debía agarrar la azada. Sin embargo, lo que más le impresionaba a Lancaster de Tobías era su sorprendente capacidad para caerse, golpearse, dañarse, herirse y magullarse de las formas más ilógicas. Sus torpezas eran consecuencia quizá de una mente demasiado ocupada en cien asuntos.

- ¡Jefe, creo que tenemos un pequeño problema! –Gritó Tobías desde el otro extremo del yacimiento.

- ¡Ay, Dios! –Susurró Lancaster mientras se encaminaba a la situación del chico.

- Espera, voy contigo –Dijo Clarence posicionándose junto a Lancaster.

- ¿Pero qué ha pasado aquí? –Preguntó a gritos Lancaster, observando atónito la escena.

Lo que había sucedido era dantesco. Resulta que como consecuencia de las lluvias, el terraplén norte del yacimiento había cedido por su lado más endeble. Como los desmontes se habían detenido en el borde de Sheller Down II, la parte inferior había quedado en el aire. En concreto se había despeñado el borde de una colina de media altura por cuyo fondo discurría un arroyo de poco porte, pero cuyos márgenes eran de gravas muy poco compactas. Como la máquina de Bull se había aposentado en el borde y el terreno apenas tenía consistencia, el pie de apoyo había cedido loma abajo, precipitando al fondo la maquinaria, así como parte de la mesa de control del yacimiento. A las lamentaciones de Bull por ver cómo su máquina, "Margarita", viajaba loma abajo se le unía la desesperación de Lancaster, quien veía cómo un nivel topográfico, dos cámaras, una mesa, dos sillas, tres cuadernos y media docena de bolígrafos y lapiceros se precipitaban junto a "Margarita". Tanto la máquina como parte de material de Lancaster generaron un gran estruendo al llegar al fondo, llamando la atención de un surtido grupo de trabajadores.

Mientras todos miraban los restos en el fondo del valle, al arqueólogo le dio por reír, algo que al maquinista no le gustó en absoluto, y eso que la risa sonaba a desánimo y a desesperación. Tras dar parte del incidente y tras rellenar una pila de documentos, Lancaster dio órdenes a Ashmid para que prosiguiesen los trabajos a un ritmo más rápido.

- Mariela, me voy a las oficinas a llevar a Clarence y a por materiales. Ya sabes lo que hay que hacer.

- Vete tranquilo, ya me encargo yo de esto –Aseguró Mariela mientras tomaba fotografías de la cabaña número siete.

- Aprovecharemos para llevarnos una tanda de bolsas de material. ¡Chicos, a cargar bolsas!

Para Lancaster no suponía ningún problema dejar el yacimiento, ya que dejaba al mando a Mariela. No era un secreto que tenía total confianza en la restauradora, buena conocedora tanto del yacimiento como de las técnicas de excavación. Además y en el caso de duda, también estaban Ashmid, Fowler e Ivanovic, a la postre los más expertos del grupo. Como no pretendía dejar al grupo sin vehículo, Lancaster decidió llamar a Cooper para que les acercase a las oficinas. Cargaron las bolsas con el material que pudieron y salieron a todo gas de la obra.

La entrada en las oficinas le resultó más extraña de lo que pensaba. Lancaster quería aprovechar esa visita, entre otras cosas, para limar asperezas con Bowman. Desde el último encontronazo no había tenido la ocasión de charlar con el gerente sobre lo sucedido. En realidad Lancaster no estaba en absoluto arrepentido de todo lo que le dijo a Edgar. Seguía convencido de que la excavación necesitaba, por lo menos, un mes más de intervención, por lo que el plazo de una semana era insultante para terminarla decentemente. Ya de paso pretendía saber cuáles podrían ser las intenciones y la estrategia de Bowman en cuanto a Sheller Down II. Nadie en absoluto discutía la importancia del yacimiento ni de los datos que estaba aportando. Incluso el propio Le Febvre había reconocido semanas atrás que el yacimiento era más "curioso" de lo que se preveía. Henry Catania le había confesado unos días antes que Method tenía la intención de presentar sendas comunicaciones en el Congreso Nacional de Arqueología. Eso era buena señal.

A medio camino del pasillo entre la entrada y el despacho de Edgar comenzaba a escucharse una conversación subida de tono…

- ¿Cómo puedes hacerme esto? ¿Cómo has sido capaz de darme esta puñalada?

- ¡Yo no te he dejado vendida, Corina! Haz el favor de calmarte…

A pocos metros de la puerta del despacho de Edgar, Lancaster pudo escuchar una conversación a gritos que se estaba produciendo entre Bowman y Corina. Lo cierto es que incluso desde la entrada a las oficinas se podía mascar la tensión que se estaba viviendo. Andrews y Stefan vieron llegar a Lancaster, saludándole desde la lejanía y haciendo gestos de peligro desde el despacho de Bowman. Ellos se encontraban en las habitaciones aledañas y estaban siendo testigos del griterío existente mientras se miraban unos a otros con estupor. Lancaster no tenía ni idea del motivo de la discusión, pero tendría que ser algo muy serio para que Corina saltase de esa manera, y más delante de Edgar, a quien tenía en un pedestal. Obviamente no era el momento de entrar a charlar con Bowman, por lo que el arqueólogo se sentó en el recibidor.

Ni siquiera se planteó entrar en los despachos de Andrews y Stefan. Desde la butaca en la que estaba se podía escuchar perfectamente la conversación, aunque daba la impresión de que se encontraba en su fase terminal. No le dio tiempo a coger una de las revistas que había, cuando la puerta del despacho de Edgar se abrió de golpe. Corina salió del habitáculo con los ojos rojos y cual toro bravo embistiendo, se dirigió hacia la salida sin detenerse ante nada ni nadie.

- Corina, ¿todo bien? –Dijo Lancaster al encontrársela de frente.

- Todo va estupendamente –Contestó la arqueóloga si detenerse y abriéndose paso hacia la puerta.

No era el mejor momento pero sí era necesario hablar con Edgar. Debía entrar en ese despacho, eso lo sabía Lancaster y cualquiera en su situación. No debía hacerlo por él, sino por el yacimiento. Tampoco tendría que suceder nada malo. En su caso, Lancaster era portador de buenas noticias. Tan sólo iba a ponerle al tanto del estado de la excavación, a un par de días de terminarla. No sabía cuál había sido el motivo de su discusión con Corina, pero en realidad ese no era su problema y no tenía por qué preguntar al respecto.

- Buenos días, Edgar. ¿Es buen momento?

- Claro, Lancaster. Pasa y acomódate.

Una discreta ojeada a la mesa de Bowman era suficiente para saber que las cosas no estaban yendo precisamente bien. Lo normal en la mesa de un director o de un gerente era encontrar no sólo expedientes, memorias y documentos varios, sino también facturas, pagarés y recibos de pagos, todo en una proporción equilibrada. Sin embargo en la mesa de Bowman sólo se veían facturas y recibos de material. El único documento relacionado con alguna intervención era la resolución de un hallazgo que se había producido en la obra de Lancaster. Eso lo sabía porque se conocía de memoria el número del expediente de su obra y, claro está, coincidía con la del documento. Sin embargo se percató en pocos segundos de que no se trataba de Sheller Down II, sino de una estructura hidráulica encontrada en el kilómetro dos y trescientos. ¡Era la noria de Corina! No podía ser otra cosa. ¿Acaso había sido ese el motivo por el que discutieron ambos?

- Bueno, amigo mío. Cuéntame algo que me pueda animar, porque lo necesito –Comentó Edgar mientras retiraba varios papeles de encima de la mesa.

- La verdad es que a pocas horas de terminar la excavación poco puedo comentarte. Hemos encontrado una fosa central en la que se acumula una gran cantidad de material arqueológico –afirmó Lancaster a la vez que le mostraba algunas fotos que había traído para mostrárselas al director.

- ¿No está el suelo geológico? Pero si estaba prácticamente delimitado –Preguntó Edgar con cara de asombro.

- Sí, eso era lo que pensábamos todos, pero no… Hay una fosa cuya profundidad desconocemos. Tampoco sabemos lo que nos vamos a encontrar abajo, ¿cerámica? ¿Huesos? ¿Enterramientos?

- Bueno, documentadlo con calma. En algún momento llegaréis al fondo.

- Y todo esto con el percance que hemos tenido con una máquina. Se ha desplomado colina abajo y se ha llevado por delante nuestro puesto de mando. En el patio te he dejado lo que antes era el nivel topográfico

- ¿Qué dices? Pero no ha habido heridos, ¿no? –Preguntó Bowman, alterado por la noticia.

- No, no, tranquilo, te habría llamado. Sólo ha sido el susto y las consecuencias. Por eso he venido también. Necesito material nuevo para terminar. Te he traído también una remesa de bolsas de material para que podáis ir limpiando las piezas. Se me había ocurrido, si no te parece mal, que empecemos ya mismo con el inventario, para no demorarlo demasiado. Tal vez podría traerte a alguien de la excavación para que pueda ir lavándolo… -Comentó Lancaster a su director.

- Me parece buena idea. Escoge tú mismo a los que creas convenientes —Respondió Bowman.

La idea de que los auxiliares de la excavación limpiasen el material era algo que ya se le había pasado por la cabeza. Es más, ya lo habían hablado Lancaster y Mariela en Sheller Down II, nada más saber que les quedaban pocos días de excavación. Como quedaban pocas jornadas para finalizar sus contratos habían propuesto la posibilidad de que ellos mismos realizasen la fase de limpieza y el inventariado. Sólo había un inconveniente: la elección de un grupo de no más de cuatro personas. La decisión de quiénes irían a las oficinas de Method recaía en Lancaster. Edgar apenas les conocía y, por consiguiente, no sabía quienes eran mejores o peores en función de las tareas a realizar. Mariela había estado pocos días en el yacimiento, al igual de Cooper y Pettersen. Descartados todos sólo quedaba el técnico de campo. Sería una decisión complicada, ya que todos deseaban ver terminada la excavación. Aún todavía en el despacho de Bowman, Lancaster ya sopesaba quiénes podrían ser los afortunados o los damnificados.

- Lo dicho. Me mandas a cuatro mañana por la mañana. ¿Podrás apañarte con los que te dejo? —Preguntó Bowman.

- Sí, yo creo que con cinco auxiliares, más Mariela y yo, será suficiente. Siempre puedo llamar a Corina para que me eche una mano, si a ti te parece bien.

- Sinceramente no creo que puedas contar con Corina. Mañana es su último día.

- ¿No fastidies? Pero ¿qué ha pasado? —Apuntó Lancaster con cara de no saber nada del asunto.

- Pues ha sido ella quien ha decidido dejar la intervención. Hemos tenido ciertas diferencias con respecto a la noria que localizó.

- E imagino que las diferencias pasan por que la noria sea conservada o no, ¿verdad? —Volvió a preguntar Lancaster, no sin cierto sarcasmo.

Bowman, que mientras hablaba con Lancaster estaba ojeando un anejo fotográfico, dejó de hacerlo en ese mismo instante. Cerró de golpe el documento y clavó su mirada en la de Lancaster. De repente al técnico le recordó la última charla que mantuvo en ese mismo lugar, cara a cara, con el director de la empresa. Y no era un recuerdo agradable, precisamente. Tras varios segundos de espera Lancaster deseó no haber hecho ese comentario, a sabiendas de la que se le podía venir encima.

- Vamos a ver, Lancaster. En todo este tiempo que lleváis trabajando para Method no habéis aprendido nada en absoluto. Contigo ya tuve una conversación muy dura sobre tu yacimiento. ¿Pensabais que esto es sencillo? ¿Acaso creéis que a mí no se me revuelven las entrañas cada vez que se resuelve en contra?

- Discúlpame, no quería…

- ¡Por favor, no he terminado! Ya a estas alturas, todo me da lo mismo, lo que pensáis vosotros, lo que piensa la constructora. Hasta lo que piense la Dirección General me lo paso por el forro, la verdad… -Comentaba Bowman lanzando el expediente de la noria frente a Lancaster, y haciendo volar varios papeles por los aires.

- Estoy seguro de que no es fácil, pero algo más podremos hacer que cruzarnos de brazos y someternos a los dictámenes de…

- ¡Lee lo que pone aquí, anda! "Visto el informe remitido por la dirección arqueológica se dictaminan libres las zonas colindantes al hallazgo de una posible estructura hidráulica. No habiendo datos suficientes se permite la continuación de los desmontes bajo la supervisión de un arqueólogo". ¿Acaso yo leo cosas distintas que vosotros? – Concluyó Bowman tras leer el último párrafo de la resolución remitida por el Sr. Fellows.

Todo estaba siendo surrealista. Para empezar le recortan dos semanas a Lancaster y el hallazgo de Corina, única noria en más de cien kilómetros a la redonda, no tiene indicios ni para ser documentada. Se arrasa sin más. Mientras Bowman hablaba sobre la dificultad de manejar una empresa como Method, Lancaster se había permitido el lujo de desconectar del mundo para echar una ojeada al informe de la noria, documento que aún se mantenía frente a él, sobre la mesa. La primera parte del informe correspondía a los datos que Corina aportaba sobre el hallazgo, dimensiones, cronología y situación geográfica. Una segunda parte correspondía con el criterio del director arqueólogo, en este caso Bowman, quien en su dictamen recomendaba la modificación del trazado de la carretera en vista de la importancia del hallazgo. "Qué menos", pensaba Lancaster. Finalmente, y en la última parte del informe, aparecía la explicación de la empresa constructora para con la obra. Esa explicación resultaba francamente sorprendente, por no decir que sonaba a broma de mal gusto. La zona en donde había aparecido la noria efectivamente quedaba dentro de la superficie por la que debía discurrir la carretera. Según los planos, dicha noria estaba en el centro mismo de los cuatro carriles, por lo que quedaba demostrado que el trabajo de Corina estaba justificado. No obstante, y era aquí donde saltaba la sorpresa de Lancaster, la constructora había indicado que la cota topográfica de la noria quedaba muy por debajo de la cota de la carretera. Es decir, y en resumen, no iba a ser necesario desmontar tierras sino aportar. Para que se entienda, la noria iría soterrada por debajo de la plataforma, de tal modo que la estructura iba a quedar bajo varias toneladas de tierra, sin necesidad de destruirla. En conclusión, el jefe de obras Martins se atrevía a concluir que la afección no existía, ya que la noria iba a quedar sepultada bajo la carretera, y no la iban a tocar de ninguna forma.

¿Realmente no es dantesco e hipócrita? La noria no queda afectada porque no la destruimos, pero la dejamos sepultada durante miles de años debajo de una carretera. "¿De verdad eso lo pienso yo, porque soy demasiado ortodoxo, o es algo que pensaría cualquier persona?" Lancaster daba vueltas una y otra vez al texto del expediente, y cada vez se sorprendía más. No obstante aún no había leído lo mejor. Mientras Bowman continuaba con su discurso de defensa de Method, Lancaster pudo ojear un párrafo acerca de la reflexión que hacía la Dirección General. No sabía si quería leerlo. En cualquier caso imaginaba que el dictamen del director habría tenido su peso.

No obstante era el concepto de "afección" y "no afección" lo que le taladraba el cerebro. Lancaster recordaba a la perfección que en los planos iniciales debía ir una fuerte excavación de más de tres metros de profundidad, justo en el punto donde Corina había encontrado la noria. Por lo tanto, la explicación era que tras el descubrimiento de Corina debieron reunirse los ingenieros de la constructora y modificar el proyecto, de tal forma que el resto arqueológico iba a quedar afectado de una manera más "económica" para los promotores, pero de similar grado de destrucción. Este asunto crispaba a Lancaster, hasta el punto de que tuvo que atender un par de segundos a su jefe, para evitar ser pillado en plena reflexión. Pensaba que si la resolución de la Dirección General iba a ser negativa en cuanto a documentar arqueológicamente la noria, supondría un precedente muy peligroso para el futuro de los seguimientos arqueológicos. No lo pudo evitar. Tenía que preguntarle a Edgar si era cierto lo que ponía en los papeles de su mesa. De hacerlo, Edgar descubriría que no le había prestado atención ninguna en su discurso, pero para Lancaster era más importante saber, en ese momento, si Method estaba actuando ética y profesionalmente en la obra.

- Edgar, ¿es cierto lo que he leído de la afección? –Dijo el técnico cortando de raíz el monólogo de su jefe.

Bowman volvió a clavar sus profundos ojos en la cara de Lancaster. Efectivamente se percató de que su técnico no había hecho ni caso de las explicaciones que le estaba dando desde hacía cinco minutos. No se alteró ni mostró síntomas de enfado. Giró el informe para que ambos pudiesen leerlo bien y tras esbozar una tenue sonrisa, continuó hablando.

- Sí, tan cierto como que está firmado por la Dirección de Obra y el Director General –Respondió el director.

- ¿Entonces…?

- Entonces veo que no has llegado a la parte de la resolución. Tampoco parece preocuparte que Corina haya decidido dejar este trabajo. Sólo espero que puedas asumir su labor con más cabeza que tu compañera.

- Pero yo tengo que terminar la excavación –Exclamó Lancaster al escuchar la propuesta.

- Sí, pero Martins te quiere también en el seguimiento. Tendrás que organizarte. Y ahora, lee el dictamen… -Concluyó Bowman abriendo el informe por la página correspondiente.

Casi con pánico se saltó Lancaster varios capítulos hasta leer el dictamen de la Dirección General. No hacía falta ser muy listo para saber que si Corina dejaba Method era porque no estaba de acuerdo con la resolución. Quedaba por saber en qué manera iban a dejarles investigar la noria y en qué grado de deterioro quedaría si no se hacía una modificación del trazado. No obstante, pensaba Lancaster que de haberse resuelto una modificación del trazado la cara de Bowman sería otra y Corina estaría invitando a todos a unas cervezas en el bar de la esquina. Por fin estaba ante el capítulo firmado por Michael Fellows, Director General de Patrimonio. Unos segundos de pausa bastaron para la lectura. Ambos, Lancaster y Edgar, lo leyeron casi al unísono: "Los restos no son de interés".

A la vuelta de las oficinas y aún con el reciente shock del dictamen, Lancaster llegó al yacimiento acompañado por Cooper. Debía finalizar, ese era el objetivo. Le quedaban por excavar no menos de sesenta metros cuadrados y una profundidad de al menos dos metros en algunos puntos. En el yacimiento le recibieron con una buena noticia. El foso central del que no se sabía su profundidad, estaba casi acabado. Entre Ashmid, Ivanovic, Tobías y Fowler lo habían excavado, documentando cerca de doscientas piezas y tres niveles arqueológicos distintos. Tal vez era una premonición de las buenas noticias. En cualquier caso, Lancaster pudo ver cómo la máquina de Bull, "Margarita", ya estaba remolcada desde el fondo del barranco hasta su posición inicial. A pesar de ser la gran amenaza de Sheller Down II, se alegraba de ver ese armatoste en su sitio. Antes de concluir la jornada Lancaster tenía que decidir quiénes terminaban la intervención y quiénes se irían a las oficinas de Method, a limpiar e inventariar los materiales. La decisión estaba tomada. Mariela aconsejó que se llevase a Chiesa y Lily, ya que estaban menos acostumbradas al

trabajo de campo. Además ambas contaban con sobrada experiencia en el trabajo de gabinete. Por su parte, Lancaster decidió prescindir de Fowler y Tobías. No había ningún motivo en concreto, pero creía que con los demás podría terminar la excavación sin problemas. Al terminar la jornada las despedidas fueron amargas. Siempre suelen serlo, pero en esta ocasión estaba justificado. Lily no paró de llorar hasta la salida de la obra. Fowler apenas se inmutó quizá por la experiencia que atesoraba. Tobías fue quien más problemas puso, ya que insistía en quedarse para poder ver el resultado final. Entre Ivanovic y Ashmid le convencieron de que "no quedaba nada por ver". Una vez más Lancaster agradeció a Method el haberle proporcionado tan buenos arqueólogos, no sólo en lo profesional, sino también en lo personal. Durante ese mal rato de despedidas se acordaba de las palabras de sus tutores, la Dra. Lyan y el Dr. Hoover, quienes le insistieron en que nunca se hacen buenas amistades en arqueología. Era la primera vez en su vida que Lancaster estaba en total desacuerdo con ellos.

***

Habían pasado ya varios meses desde que finalizó la excavación de Sheller Down II. Nada sabía Lancaster de Ivanovic, de Sasha, de Lily y del resto del grupo. Sólo había mantenido algún contacto con Fowler y con Tobías, ya que ellos se habían comprometido con Method para terminar el estudio de los materiales. También estaba al corriente de la vida de Mariela Ducatti. Ambos habían quedado en un par de ocasiones para intercambiar impresiones sobre lo que había sucedido en Sheller Down II. Después de terminar su vínculo con Method, Mariela comenzó un trabajo de restauración en la catedral de San Pablo de Londres. Un par de días antes de viajar a Inglaterra quedó con Lancaster. Nada sabía del resto del equipo y de los que habían sido sus compañeros durante meses, salvo las informaciones indirectas que le contaban Catania o Pettersen. Por ejemplo Cooper había encontrado trabajo en una empresa de geotecnia en Argentina. También le llegaron noticias de que había empezado una nueva aventura en un grupo de música. Obviamente mal no le podría ir, ya que eran precisamente las dos cosas con las que soñaba desde hacía años.

En cuanto al resto de la plantilla de la obra, imaginaba que tanto Bull como Hammer, Thomas e incluso Chambers habrían sido destinados a alguna otra obra en la que hacer la vida imposible a arqueólogos, geólogos, ambientalistas o topógrafos. En ese momento a Lancaster ya le daba igual todo, los malos momentos pasados con Chambers, la ambigüedad del jefe de obra Martins e incluso la inocencia natural de Corina.

Cierto día, después de hacer unos trámites en la universidad, Lancaster conducía por la autovía estatal, en dirección al centro de la ciudad. Había estado de visita en el bufete de abogados de Máirtín O´Connell, un amigo de Neill Mac Allister, situado a las afueras. A lo lejos, como por arte de magia, pudo ver el cartel de desvío desde la autovía por la que circulaba hacia la carretera que él mismo había estado controlando meses atrás. Dando un peligroso volantazo cambió de carril tres veces y se dirigió hacia dicha carretera. Tres kilómetros después entró en una serie de rotondas que finalmente le llevaron al tramo de la carretera.

"Autovía de Sheller Down". Así lo indicaba el cartel, justo a la entrada del vial. Pasada una gasolinera vio que se había construido una zona de descanso para conductores. Esta área no quedaba demasiado lejos de la situación del yacimiento de Sheller Down II. Detuvo su coche en uno de los estacionamientos y salió del vehículo. "Han llamado a la carretera Sheller Down, vaya narices tienen", iba pensando mientras atravesaba toda la explanada de aparcamientos, en dirección al borde de la carretera. Allí, en un lateral de la cuneta, pudo observar algo que le era familiar. Varias terreras se alzaban a los lados, terreras de un color oscuro en contraste con los colores anaranjados de las arcillas naturales. Sobre la terrera se levantaba un objeto. Era el mango de una azada que Ashmid partió al segundo mes de intervención. Ivanovic y Sasha decidieron clavarlo en el montículo de tierra, como si de su bandera se tratase. De pronto Lancaster sintió un nudo en el estómago. Siguió andando por el borde de la carretera, percatándose de que no viniera ningún vehículo. En realidad apenas había circulación por ese vial. Unos meses después de abrirlo al tráfico se proyectó una segunda carretera más al Sur, la cual ahorraba en más de media hora el trayecto al centro de la ciudad. Por esta carretera de Sheller Down apenas sí viajaban camiones y algún que otro vehículo de reparto. Era el colmo de la desgracia.

Mientras paseaba por esa zona comenzaron a venirle a la memoria algunos buenos y malos recuerdos. Recordando los buenos momentos junto a Mariela en la excavación, o con Bull en los desbroces, poco a poco se le iba esbozando una sonrisa en la cara. Sin embargo, comenzó a recordar también, con mucha amargura, los peores momentos. Recordaba el día en que fue entregado el informe final al Sr. Fellows. Recordaba también el día que recogieron los materiales de trabajo de Sheller Down II, la última jornada en la que Ivanovic llevó un licor de su país para celebrar el fin de campaña. Algunas piezas aún se podían apreciar desparramadas por el suelo. Eran piezas muy pequeñas, apenas imperceptibles y que no aportaban información. Según las iba viendo le venía a la mente el joven Tobías, la inquieta Chiesa y el disciplinado Ashmid. Siempre recordará sus canturreos beréberes a media mañana.

El talud por el que se había despeñado "Margarita" estaba ya ocupado con plantas y arbustos. Quiso Lancaster echar una ojeada a la zona donde Corina había encontrado la noria. En su lugar discurría un carril de desvío, adaptado al terreno con un pequeño viaducto que salvaba la vaguada de los arroyos. Dos metros por encima del terreno se alzaba el desvío. Dos metros por debajo se encontraba la noria. Cruzó la carretera, viendo que no pasaba nadie, y en el perfil frente al desvío se podían apreciar algunos ladrillos procedentes de la mampostería del edificio. "Cuánta razón tenías, Corina". Supo unas semanas después que Corina había acudido a los tribunales. Había interpuesto una demanda tanto a la constructora como a la Dirección General por mala praxis. Para la causa, Corina se había puesto en contacto precisamente con Máirtín O´Connell, un abogado de cierto renombre y bien conocido por Neill Mac Allister. Además de ser paisanos, habían coincidido en un par de congresos sobre la legislación del Patrimonio Cultural. Precisamente el abogado estaba especializado en estos asuntos legales. Poco antes de que se hiciese pública la sentencia de la demanda de Corina, Lancaster tuvo ocasión de conocer al letrado.

- ¿De modo que tú eres el artífice del hallazgo? Me descubro ante ti, amigo –Comentó Máirtín mientras chocaba la mano con Lancaster.

- No le des mucha coba, que luego se lo cree demasiado –interrumpió Neill portando las tres cervezas.

- La verdad es que el mérito es de todos los que trabajábamos en el yacimiento.

Máirtín era un hombre de baja complexión y ciertamente pelirrojo, como buen irlandés que se precie. Sorprendió a Lancaster la cordialidad que demostraba, a diferencia de su amigo Neill, a quien no soportó durante los primeros meses de convivencia. Máirtín había coincidido con Neill en la escuela, y tras varios años desubicados habían sabido de su existencia tras una reunión de antiguos alumnos.

- Este es el picapleitos que debería llevar el caso Sheller Down II –Confesó Neill ante la atenta mirada de sus acompañantes.

- Ahora que lo pienso, no se si puedes saber los detalles de la causa de Corina, la verdad –Comentó Máirtín a continuación.

- Yo ya lo sabía, no te preocupes. De todas formas mi relación con Method lleva rota varias semanas, de modo que no tienes por qué preocuparte. Por cierto, curioso nombre el tuyo… –Preguntó Lancaster tratando de cortar el tema de raíz.

- Es una derivación de Martín, pero en irlandés.

- ¡Eres un pedante hasta para el nombre! ¿No te das cuenta de que tenemos que infiltrarnos en la sociedad continental? Que así llamas la atención… –Comentaba entre risas Neill.

- Lo cierto es que vuestra amiga lo tiene bastante mal. No quiero aburriros con el tema, pero no tiene pruebas suficientes para la demanda –Aseveraba O´Connell, tras beber de su cerveza.

- Ya ni me importa, la verdad… -Confesó Lancaster, mostrando su cara más amarga.

- Eso es lo que quería escuchar de ti. La vida sigue… -Dijo Neill dando un par de palmadas en la espalda de su amigo.

Después de ese comentario no hablaron nada más del asunto. Unos días después del encuentro Máirtín llamó a Lancaster. Neill había sido el que le había dado su teléfono. O´Connell quería que hablase con Corina, ya que la sentencia había sido favorable a la Dirección General y Corina había entrado en una profunda depresión. Lancaster pudo hablar en persona con ella un par de veces, hasta que se marchó a los Estados Unidos, convencida por el arqueólogo de que tenía que pasar página. Al tiempo que ella se marchaba, Lancaster hacía muy buena amistad con O´Connell.

***

- ¿En qué piensas?

- Bah, intento darle un par de vueltas a este asunto…

- ¿Sigues con el mismo expediente? Creía recordar que ya habías agotado todas las vías legales.

- Y lo hice, sí. El último recurso lo descartaron hace dos semanas. Es sólo que no me cabe la cabeza que esto no haya prosperado. ¿Qué es lo que estamos haciendo mal?

- Nosotros sólo interpretamos la ley existente. No te tortures, Máirtín.

A esas horas el bufete de abogados estaba ya casi vacío. Sólo quedaban los despachos encendidos de Michael Morrison y de Máirtín O´Connell. El resto del personal se había marchado a sus casas, en vísperas de un largo puente. Había sido una semana complicada. Además de las ya abundantes demandas que habían gestionado, el bufete M&M Legacy se había visto inmiscuido en un asunto turbio. El bufete lo componía una docena de abogados especializados en Derecho Mercantil, Derecho Internacional y en legislación relacionada con el Patrimonio Histórico y Natural. Desde hacía más de seis años había adquirido un gran prestigio a nivel europeo. Entre sus clientes se encontraban tanto instituciones públicas como gobiernos de naciones y personas de la alta sociedad. Todos acudían a M&M Legacy a fin de obtener asesoramiento legal para herencias, compra y venta de antigüedades o tramitaciones legales ordinarias. Máirtín llevaba tres años trabajando para Morrison. De padre irlandés y de madre italiana, terminó sus estudios en Dublín y emigró en busca de trabajo. Durante unas conferencias sobre Derecho Internacional en Lile conoció a Michael Morrison. Desde entonces había trabajado para su bufete como asesor en todo tipo de actuaciones legales. No se sentía impresionado por los casos que le llegaban a sus manos, ni siquiera cuando eran los gobiernos los que solicitaban su ayuda. Había defendido a más de un país por la custodia de pecios submarinos, por los derechos sobre tesoros robados durante la Segunda Guerra Mundial e incluso tuvo que defender a un propietario privado que pretendía vender, de forma legal, unas piezas de oro de la cultura mogol, heredadas de su familia, y que el gobierno de Turquía reclamaba. Eran muchos y variados los casos que pasaban por sus manos.

El bufete se encontraba situado en una de las mejores zonas de la capital. Desde este despacho se gestionaban más de cien expedientes a la semana. Algunos expedientes se cerraban en dos o tres días, pero otros podían durar incluso años. Máirtín no vivía lejos. Su casa se encontraba en un barrio residencial del Norte, y apenas tardaba treinta minutos en bus en llegar a su despacho, un verdadero logro, según su opinión. Echaba de menos la tranquilidad de su tierra y de su pequeño pueblo a las afueras de Dublín. Incluso la capital le parecía de lo más tranquila, a diferencia de su actual residencia. Ese sentimiento era palpable en su despacho, adornado con algunos objetos que se había traído de su Irlanda.

- ¿Necesitas alguna cosa? Yo ya me marcho.

- Nada en absoluto, muchas gracias, Michael –Respondió Máirtín a su jefe, mientras éste recogía su abrigo del perchero situado dentro del despacho.

- Te recomiendo que no le des más vueltas. Lo hecho, hecho está. Así son las cosas, ya lo sabes –Aseveró Michael mientras cerraba su maletín.

- Lo sé, pero es que no entiendo que no se hagan cosas para cambiar esta situación –Continuó Máirtín.

- A mí tampoco me gustan muchos veredictos que leo. Y no hablo sólo de perder o ganar, ni hablo de la facturación. Pero las cosas son así, y hay que acatarlo. Vete a casa, tómate una copa y mañana lo verás de otra manera.

- Me quedo cinco minutos y me voy, no te preocupes… -Finalizó Máirtín mientras ojeaba unas cuartillas sobre su escritorio.

Su dedicación a tan complejo sector legal le obligaba a conocer al dedillo casi todas las leyes vigentes en el mundo. Al enorme vacío legal de muchos países se le unía la subjetividad de los acuerdos y concordatos internacionales, que muchos países no cumplían. Las legislaciones nacionales, en muchas ocasiones, inducían a la controversia entre administraciones, derivando a complejos casos legales. Era en ese momento cuando los clientes acudían a Máirtín y a su buffet. Con todo, a lo largo de su carrera había sido testigo de innumerables decisiones, algunas justas y otras, en su opinión, desproporcionadas. El caso del yacimiento de Sheller Down II fue uno de los más sonados. El abogado recordaba tan importante yacimiento con sabor agridulce, así como el día que recibió la visita inesperada de Lancaster Williams.

- ¿Estas seguro de que quieres hacer eso? –Preguntó Máirtín fijando sus ojos en los de su potencial cliente.

- Absolutamente…

Una mañana fría de Noviembre el buffet M&M Legacy recibió la visita de Lancaster. El arqueólogo había tomado una decisión, difícil, pero necesaria.

- Conozco bien la obra, la contrata y hasta a los arqueólogos. El caso de Corina lo estudié a fondo. Sin embargo, Lancaster, debo peguntarte nuevamente: ¿estás seguro? –Retomó la pregunta el abogado.

- De nuevo te respondo que sí, absolutamente –Respondió Lancaster con total seguridad.

Máirtín ojeaba los papeles que le había traído el arqueólogo, mientras éste observaba con discreción el despacho del letrado. La sobriedad de la decoración del interior se truncaba con varias instantáneas de diferentes lugares pintorescos de Irlanda. La mesa era de grandes dimensiones. Sobre ella, y junto al ordenador, una foto de familia y una figura similar a los exvotos prehistóricos europeos. Junto a la silla se alzaba una planta de grandes dimensiones, y en el lado opuesto, un perchero antiguo con la gabardina de Máirtín. Las paredes de madera sostenían muchos títulos y conmemoraciones al buffet. En la pared central, de mayores dimensiones que las demás, un enorme plano de la ciudad de Brujas de 1879. Lancaster no pudo evitar retorcer su cuello para poder ver las fotos que adornaban la pared posterior. Dos fotos, la primera de una procesión de Semana Santa española, y una segunda de las afueras de Galway, coronaban el dintel de la puerta.

- Por lo que veo, el director de la intervención era Edgar Bowman, ¿verdad? –Preguntó Máirtín a la vez que seguía leyendo la documentación.

- Exacto.

- ¿Y tú fuiste el técnico de campo en el yacimiento desde el primer día? –Preguntó nuevamente el abogado.

- Comencé en la obra como técnico de seguimiento. Después pasé a ser el técnico de la excavación de Sheller Down II y me sustituyó Corina –Respondió el arqueólogo.

- Entiendo… entonces tú firmaste el contrato como técnico de seguimiento pero, ¿firmaste un segundo contrato como técnico de excavación?

- Pues… no, la verdad es que no.

Acto seguido, Lancaster comenzó a contarle a Máirtín el discurrir de la intervención y de la obra. Le contó los enfrentamientos con Chambers, la postura tomada por Method con respecto a Corina, e incluso el caos que se encontró en el museo el día de la visita. Al joven doctor todo le parecía relevante. Sin embargo, la cara del abogado parecía decir lo contrario.

- Mira, Lancaster, te voy a ser franco. Tú quieres justicia, y comprendo que te sientas dolido. Ha sido tu yacimiento e imagino que habrá sido mucho esfuerzo el destinado a la excavación. Entiendo que después de tus enfrentamientos con la constructora sientas cierto resquemor y quieras venganza. Y si me apuras, hasta creo que podría ponerte en contacto con algún colectivo para hacer alguna presión social. Sin embargo, creo que las circunstancias no te son favorables…

- Aprecio tu sinceridad, pero te equivocas. Primero no es mi yacimiento. Ningún yacimiento es de nadie. Es verdad que fue mucho esfuerzo el que destinamos, pero no fue ni la mitad del que requería la situación –Respondió Lancaster con firmeza.

Unos segundos le bastaron a Máirtín para comprobar en los ojos de su amigo de que iba completamente en serio y a por todas. Tras una pausa prosiguió hablando.

- Sí, sí, sí, te comprendo, pero, ¿es útil lo que vas a hacer?

Lancaster cogió aire. Sabía que en las palabras de Máirtín no había mal alguno, pero notó cómo la tensión que durante horas, días y semanas se había acumulado en su interior, de repente pretendía salir. Le vinieron a la mente un sinfín de escenas que le habían marcado durante meses. De pronto recordó el día de su defensa de tesis, las duras palabras de la Dra. Lyan, la mañana en que conoció a Bowman, e incluso las mañanas agradables que pasó con Cooper escuchando a Frankling.

- ¿Útil, dices? ¿quieres escuchar la historia real de un arqueólogo ficticio? Yo te la cuento. Uno comienza a hacer lo que más quiere en esta vida. Dedica los mejores años de su juventud estudiando una carrera. Después hace una tesis doctoral cojonuda, con la que te dicen que vas a comerte el mundo. ¿El mundo, dicen? El mundo te da la espalda. Las universidades no precisan de tus servicios y tus estudios no resultan "alentadores". Entonces acudes a los museos. ¡Oh, divinos templos del saber son los museos! Pero los museos ese día te dicen que tampoco precisan de tus servicios, salvo para vender llaveros y "merchandaising" en las tiendas, o para colgar los abrigos de los visitantes en el ropero. Entonces uno decide perfeccionarse como profesional. Se apunta a uno, dos, tres y hasta veinte cursos de todo tipo. Uno adquiere conocimientos en topografía, en informática, en fotografía o en técnicas de laboratorio. ¡Demonios, si hasta podría montar mi propia farmacia! Entonces uno está preparado para ser un profesional cualificado, ¿verdad? Además uno confía en que el sistema no se encuentra podrido hasta el corazón y piensa: ¿qué demonios? Vamos a practicar este tipo de arqueología. Entras en este negocio y con el tiempo te das cuenta que políticos y empresas de construcción hacen y deshacen a su voluntad.

Máirtín no daba crédito a lo que estaba escuchando. No se atrevía a mover ni un músculo a la vez que su amigo se desahogaba.

- ¿Y qué hay de los convenios europeos? La Valetta, Atenas, Lisboa… ¿Es que ya no se respetan? ¿y las leyes nacionales de protección? Entonces, ¿para qué nos formamos? ¿para qué se gasta el estado el dinero en leyes de protección o en planes preventivos? Me has preguntado si mi decisión es útil. Realmente pregunto si nosotros somos los útiles… Corina descubre, haciendo su trabajo de forma exhaustiva, una noria única en la región. Hay alternativas, pero más caras, ¿y sabes lo que deciden hacer? ¡Llevársela por delante! Sale un yacimiento espectacular, del que apenas hay otro referente, en condiciones de conservación óptimas y con posibilidades de futuro. Y la Dirección General decide que no tiene interés… ¡Si la ley me ampara, Máirtín! ¿Qué es lo que hay que hacer para que en este jodido país se interesen por la arqueología?

Un nuevo silencio se apoderaba del despacho de O´Connell, al tiempo que poco a poco Lancaster se va agotando de tan acalorado discurso. Bruscamente, el arqueólogo se calla…

- Haré lo que haga falta –Susurró el arqueólogo.

- Y yo haré lo que esté en mi mano, amigo. Te ayudaré… -Contestó Máirtín, sintiendo mucha pena ante el ánimo de Lancaster.

Sin mediar palabra alguna y tras escuchar al abogado, Lancaster se levantó de la silla y se dirigió a la puerta, con la intención de salir de la habitación. Claramente afectado, y con signos de agotamiento, abrió la puerta y se dirigió a Máirtín por última vez

- En tiempo de paz nadie se gana la medalla del mérito. Haré lo que sea, ¿comprendes? Lo que sea…

***

El litigio duró varios meses. Lancaster consiguió llegar a las más altas estancias judiciales del país. Incluso los medios de comunicación se hicieron eco de la polémica generada. Durante un tiempo, radios y televisiones mostraron la cara más sombría del caso Sheller Down, como así lo denominaron. Incluso el propio Henry Catania creó una plataforma de apoyo al yacimiento, antes incluso del boom mediático. Después de un año, y con la causa aún abierta, Máirtín y el buffet de bogados albergaban muchas esperanzas para proteger legalmente el yacimiento. En ese tiempo Lancaster recibió el apoyo de mucha gente. Mientras Máirtín leía nuevamente el veredicto recordaba, no sin nostalgia, los papeleos y la recogida de firmas de un sinfín de asociaciones, plataformas e instituciones privadas. Era el momento de hacer presión. Recordaba a Lancaster con la moral intacta, buscando apoyos en la universidad, en el museo e incluso en los círculos culturales.

Sin embargo, poco a poco el tema fue perdiendo fuelle. Uno de los principales escollos con los que se encontró Lancaster fue que el propio Edgar Bowman le había negado la firma y el apoyo a su iniciativa. Ese acontecimiento cayó como un jarro de agua fría en las inspiraciones del joven arqueólogo. De hecho, la propia constructora se aprovechó de ello para utilizarlo en su contra. Entonces los medios de comunicación se centraron en las personalidades más visibles e importantes. Una segunda puñalada, casi mortal, le vino de su querida Dra. Lyan. En una entrevista ofrecida por una cadena nacional, la profesora de la universidad insinuó que cualquier iniciativa era inútil, ya que el yacimiento había sido excavado por medios de dudosa rigurosidad. Su pupilo no se lo esperaba. Un par de intereses creados por la constructora con el Gobierno, así como una partida económica en el aire, terminaron por dinamitar la iniciativa, junto con los ánimos de Lancaster, de Catania y de cuantos apoyaron la iniciativa. El remate final vino de la mano del Sr. Fellows, quien certificó que un yacimiento sin interés como Sheller Down II dificultaba el crecimiento de la región y el progreso de la nación…

Máirtín apagó la luz de su despacho y salió de él, no sin antes echarle un último vistazo a las fotos que tenía a la salida del hall. A ambos lados de un largo pasillo Morrison había puesto fotos de diferentes monumentos y tesoros de las Historia. Ahí estaban las fotos de la Gran Muralla china, de las pirámides de Gizé, de los templos de Bangkok o del Taj Majal. Mientras los observaba y discurría por el pasillo se imaginaba cómo podía ser el yacimiento de Sheller Down II. Nunca había tenido la oportunidad de visitarlo. Tan sólo había visto una foto que le mandó en cierta ocasión Lancaster. La foto era tremenda, pues unas seis máquinas excavadoras estaban dando fin a la existencia del yacimiento. Pensaba el abogado, a punto de salir de la oficina, ¿acaso tienen más derecho de existir la Gran Muralla, la Alhambra o el Coliseo de Roma? Cierto es que hay grandes diferencias, pero no dejan de ser vestigios del pasado, de nuestros antepasados, de nuestra Historia. Tantas horas estudiando una cultura, tantos siglos bajo tierra resguardada, y aniquilada en cuestión de horas… No es justo…

"Máirtín O´Connell, no lo has conseguido", pensaba el abogado al cerrar la puerta de las oficinas.

***

Mientras paseaba por lo que había sido Sheller Down II le vino a la mente la pobre Corina. Había hecho su trabajo, había peleado hasta el final para que su trabajo sirviese de algo, y le habían dado la espalda. Cuando Lancaster pudo hablar con ella le dijo textualmente que deseaba abandonar la arqueología. Quizá eso fuese lo mejor. ¿Para qué tanto trabajo? ¿Para qué tanto esfuerzo? Al final iban a tener razón sus viejos tutores, la Dra. Lyan y el Dr. Hoover. Esta arqueología no llevaba a ningún lado.

Al cabo de un buen rato Lancaster ya notaba el frío en sus huesos. Había estado recordando tantos buenos momentos que no se percató del viento gélido del Norte. Alcanzando la mediana de la carretera, por la que aún no había pasado ni un solo vehículo desde que llegó al yacimiento, vislumbró en los perfiles parte del nivel arqueológico que él mismo había estado excavando. Efectivamente, ese nivel se metía por los perfiles y continuaba más allá de la carretera. Así se lo quiso hacer ver tanto al Sr. Fellows como al resto del comisionado que se reunió para decidir el futuro de Sheller Down II. No les dieron ninguna opción. Bowman acudió porque era el director de la excavación. Quiso que Lancaster acudiese también como invitado. En mal día le dijo que sí acudiría a la reunión. Aquello fue una merienda de negros, en la que la constructora, la dirección de obra y la Dirección General

decidieron unilateralmente que el yacimiento estaba lo suficientemente documentado. Ese día Lancaster quiso morir. En aquella reunión de sabios y eruditos, en la sala catorce del museo, dictaminaron la muerte de Sheller Down II. De nada sirvieron las súplicas de Edgar Bowman, quien instó a los responsables de que desviasen la carretera. De nada sirvieron las treinta y cuatro mil piezas recuperadas. De nada sirvió que el primer Sheller Down fuese arrasado, para vergüenza del colectivo y de la sociedad. De nada sirvió que Lancaster presenciara ese circo…

A punto de coger el camino que le iba a llevar a su coche, un ciclista paró frente al arqueólogo. Había sido el único vehículo de ruedas que había circulado por la carretera desde que Lancaster bajó de su coche. El ciclista, un joven de mediana edad, se había parado justo en frente del yacimiento, para descansar y observar el paisaje.

- Bonito atardecer, ¿verdad? –Dijo, de repente, el ciclista.

- Muy cierto, y más en esta época y en este bonito paraje –Respondió Lancaster.

- ¡Uy!, pues este paraje es mucho más de lo que usted cree. Aquí había un poblado de esos, muy antiguo –Espetó el ciclista, mientras apuntaba hacia el centro del yacimiento.

- ¿De verdad? Vaya, que curioso –Volvió a responder Lancaster, poniendo cara de sorpresa y haciendo como si no supiese nada.

- Pues sí. Aquí estuvieron trabajando los arqueólogos bastante tiempo. Yo les veía desde la bicicleta, por detrás de las lomas. Luego ya se marcharon…

- Terminarían su trabajo aquí, digo yo, ¿no?

- No lo creo. Y si no, fíjese. Consintieron que lo destrozasen todo. Eso no es terminar el trabajo...

Esa frase fue una losa para Lancaster. Se quedó postrado frente al ciclista, quien no sin esfuerzo volvió a montar en la bicicleta para retomar su ruta. Tras despedirse, el arqueólogo seguía postrado sin moverse un solo centímetro, con la boca entreabierta y las manos caídas. El remate final lo dio el ciclista, quien tras dar varios pedaleos giró la cabeza y soltó un último comentario.

- ¡Eso no es terminar el trabajo! ¡Ni siquiera es empezarlo!

IX. Algo debe cambiar

- ¿Qué estás leyendo?

- Un monográfico de excavaciones de principios de siglo.

- ¿De arqueología?

- No, de la Huerta murciana… ¡Pues claro! Es un resumen de todas las intervenciones desarrolladas a lo largo de un año.

Adolfo y Rafael estudiaban arqueología en una universidad del Sur de España. Ambos tenían clara su vocación desde muy temprana edad. Aunque se conocían desde primer curso habían coincidido durante todo el periodo de exámenes en la segunda planta de la facultad, donde cursaban cuarto de carrera y donde estaba habilitada una sala de estudio bastante decente. Una mañana de septiembre, con poca gente a su alrededor, pudieron conversar acerca de algunos manuales que Adolfo había conseguido de los fondos antiguos de la biblioteca. El monográfico que estaba leyendo Adolfo recopilaba más de trescientas excavaciones e intervenciones de todo tipo, que se habían desarrollado durante un año entero. Era una fuente de documentación importante, ya que ahondaba en muchos detalles que se pasaban por alto en las publicaciones posteriores. La edición pertenecía al museo mientras que los derechos sobre los textos pertenecían a los diferentes directores arqueólogos.

- ¿De qué te examinas mañana? –Preguntó Rafael mientras ojeaba con desgana un libro de Egiptología.

- De Métodos y Técnicas de Investigación. Tengo que presentar un trabajo sobre la metodología arqueológica del siglo XXI.

- ¡Qué pesadilla! –Aseveró Rafael mientras escogía varios volúmenes de una estantería.

- No te creas. Además me evalúan con un trabajo que debo presentar.

- ¿Sobre qué tema?

- Sobre la Arqueología Preventiva.

- Buf, qué pesadilla de trabajo… -Suspiró el estudiante.

Mientras Rafael seguía ojeando libros a su libre albedrío, Alfredo se detuvo bruscamente frente a un ejemplar que le llamó poderosamente la atención. Se trataba de un libro de pastas de color rojo y con el canto bastante deteriorado. Las hojas habían amarilleado con el tiempo.

- Ese ejemplar tiene que ser muy interesante para que se te quede esa cara de tonto, niño… -Comentaba Rafael después de ver el interés de su amigo.

- Ya lo creo, fíjate en este "tocho".

Ambos se sentaron en una de las mesas que había en la biblioteca. Una de ellas la habían ocupado con un sinfín de libros antiguos, apilados junto a sus ordenadores personales. Mientras Alfredo ojeaba la portada y la contraportada, Rafael se dispuso a buscar en la red los datos concretos de ese singular ejemplar.

- ¿Te has dado cuenta de que tiene sesenta años? –Preguntó nuevamente Rafael.

- Sí, sesenta, ni más ni menos…

- ¿Y el autor? –Volvió a preguntar Rafael.

- Era un reputado arqueólogo de…, de… espera, ¿de dónde era este fulano?. Bueno, se llamaba Lancaster Williams…

Ambos estuvieron mirando la portada del libro durante más de cinco minutos. Era necesario. El ejemplar había sido encuadernado en una editorial especializada en temas como la Arqueología, la Historia o la Etnografía. Había sido sutilmente encuadernado con pastas de piel curtida, al más puro estilo rústico. En la portada principal sólo se leía el título: *El Hallazgo*.

- Aún no se muy bien qué te atrae de esta reliquia... -Comentaba Rafael ojeando las primeras páginas.

No se si te has dado cuenta de quién es el autor –Respondió Adolfo mientras buscaba desesperadamente algo en el monográfico que había leído con anterioridad.

- Pues no, la verdad es que no caigo.

- Mira este capítulo del monográfico de excavaciones: "Memoria de intervención arqueológica en el yacimiento de Sheller Down II". El autor es...

- ¡Lancaster Williams! ¿Era el director de la excavación? –Preguntó Rafael ya con gran interés en el asunto.

- No, parece ser que era uno de los técnicos de campo.

Rafael estaba decidido a leer con atención las actas de la excavación, al tanto que Adolfo comenzaba la lectura pormenorizada de los primeros capítulos del libro. El origen de Lancaster se situaba en una familia humilde de artesanos. Sus estudios habían sido brillantes, con una tesis de renombre en una de las universidades más prestigiosas. Tras defender su trabajo no obtuvo ninguna beca ni ayuda que le permitiese continuar con su investigación. La necesidad de buscarse la vida le llevó a empezar a trabajar en una empresa de arqueología.

- ¡Esto me va a venir de perlas, ya lo verás! –Comentó Adolfo exaltado ante lo que estaba leyendo.

- La verdad es que en la excavación no lo hicieron nada mal... estoy leyendo lo que descubrieron en el yacimiento ese, Shelled Down II, creo que se llamaba, y es para quitarse la gorra. Aún no se muy bien cuál fue el desenlace final que se produjo.

- Antes las cosas se hacían de otra manera, Rafa –Reflexionó Adolfo.

Los dos amigos prosiguieron leyendo. Mientras Rafael se deleitaba con los resultados expuestos en el monográfico, Adolfo quedaba boquiabierto con los datos que detallaba Lancaster Williams en su libro. Éste lo había empezado a redactar tres meses después de terminar la excavación de Sheller Down II, y un mes después de entregar la Memoria Final de la intervención, que era lo que estaba leyendo Rafael a medio metro de su amigo.

- Este yacimiento es formidable, por no decir otro improperio –aseveró Rafael mientras observaba las piezas dibujadas.

- Querrás decir "era". El yacimiento fue arrasado unos meses después de terminar la excavación –Comentó Adolfo con un tono más apesadumbrado.

- Parece mentira que hace poco más de medio siglo se permitiesen cosas como estas, ¿verdad?

- Sí… Por fortuna las cosas han cambiado… -Concluyó nuevamente Adolfo, sin quitarle el ojo al libro de Williams.

Mientras ambos ojeaban los documentos pensaban en lo mucho que habían cambiado las cosas. Si el yacimiento de Sheller Down II hubiese aparecido en ese mismo momento de la historia, hoy formaría parte del pequeño repertorio de yacimientos musealizados que se han conservado en el país. Ambos prosiguieron la lectura de los textos, complementando la información que pudiese faltar en una u otra obra. Conocieron el nombre de las personas que formaban el equipo que había participado e incluso supieron de la existencia de un caso jurídico.

- ¡Con esto consigo yo un trabajo de diez! –Se regocijaba Adolfo entre risas contenidas.

- Es una pena no haber podido hablar con él. Fíjate en la fecha, falleció hace tres años al norte de Escocia –dijo Rafael mientras observaba la ficha de Lancaster Williams en la base de datos de la universidad.

- Nos habría dicho lo mismo que pone en el libro, Rafa.

Adolfo se detuvo en una página central del libro.

- Escucha lo que pone aquí: "La filantropía y el ánimo de lucro tienen muy mala mezcla en la coctelera. El sistema falla. Las empresas tienen los medios necesarios para hacer un trabajo excepcional, pero se ven cegadas por las necesidades de subsistencia. No pasa nada si el cliente es una empresa privada, siempre y cuando se respeten los expedientes. Pero, ¿qué pasa cuanto es la propia administración la que no respeta el expediente? Entonces nada se puede hacer. Ni siquiera cuando el arqueólogo profesa una actitud correcta y moral. El sistema no son sólo las leyes. El sistema lo componen también los administradores de la ley y los ejecutores, que son los arqueólogos. Qué difícil es que funcionen todos los engranajes…"

- Tremendo… -Comentó Rafael con desánimo al escuchar las palabras leídas de su amigo.

- Espera, que tienes que escuchar lo que sigue: "Cuando planteas las necesidades de cambio todos te dan la espalda. Te la da la administración, por supuesto, porque hay otras prioridades. Te la da la empresa privada por razones obvias. Te la dan los estamentos científicos, porque en este mundo es más importante el currículo personal y los sexenios que la salvaguarda general del Patrimonio Histórico. Y te la dan tus propios compañeros, porque no quieren labrarse enemigos irreconciliables. ¿Qué nos queda entonces?"

- ¿La política? –Preguntó de repente Rafael cortando la lectura de su amigo.

- ¿La política, dices? Eso no ha cambiado de antes a ahora, Rafa. Sólo tras la Segunda Guerra Mundial los países decidieron aprobar leyes de protección del Patrimonio Cultural. ¿De verdad crees que fue la filantropía lo que motivó esas leyes?

- Ya sabes que yo siempre he sido un confiado enfermizo… -Contestó Rafael a carcajadas.

Por un rato ambos callaron y prosiguieron leyendo sus respectivos textos. Ni uno ni otro hicieron comentario alguno durante más de veinte minutos. Las caras mostraban dos situaciones bien diferentes. Por un lado Rafael se deleitaba con los detalles de la excavación. Más de cien páginas describían desde los trámites iniciales hasta las últimas conclusiones. Por el medio se mostraban las notas tomadas a puño y letra por Lancaster Williams, por Mariela Ducatti e incluso por algunos auxiliares como Erika Masters o Tobías Lockte. Impresionantes eran también los cortes geológicos de Lewis Cooper, o los dibujos de las estructuras y de las piezas que habían aparecido. Esas maravillosas piezas dormían ahora tranquilas en el Museo Provincial, pero se presentaban frente a Rafael como magníficos cuencos, jarras y ollas, que bien podrían haber sido sacados del mismísimo Egipto.

- Chico, este yacimiento es brutal… Perdón, quería decir que era brutal… -Comentaba Rafael tras terminar la lectura del capítulo.

- Lo sé. En su libro hace una descripción pormenorizada de lo que encontraron.

- Y digo yo, ¿por qué este tipo consintió que se hiciese esa atrocidad?

- No creo que tuviese alternativa –Respondió Adolfo con desánimo.

- ¡Siempre hay alternativa! ¡Eso no me vale! Yo habría tomado otros caminos con tal de evitar su demolición. Por ejemplo, habría acudido a los medios de comunicación. Por ejemplo, habría pedido ayuda al colectivo de profesionales, al museo, ¡qué se yo! Lo que fuese necesario con tal de evitar esa catástrofe.

- ¿Acaso crees que no lo intentó? Vente, vamos a indagar… -Concluyó Adolfo agarrando de la solapa a su amigo.

Ambos se levantaron de la mesa. Adolfo iba por delante de Rafael, más pausado y menos nervioso que su amigo de facultad. Descendieron por unas escaleras de peldaños de madera, dejando a ambos lados centenares de libros apilados en el suelo. Al llegar al segundo sótano el aire se volvió más intenso y el ambiente se llenó de humedad. Rafael encendió una pequeña luz a la izquierda. Ante ambos se abría un enorme pasillo con estanterías a los lados. Era la famosa hemeroteca de la universidad, a la que habían acudido infinidad de investigadores del mundo. Allí se encontraban las publicaciones diarias desde 1890 hasta esos días. Había periódicos de toda Europa. Los ejemplares de América y Asia se encontraban al fondo, en unos estantes de gran tamaño. Los diarios digitales se podían consultar en un viejo ordenador de principios del siglo XXI. A la derecha se almacenaba la prensa africana y la transoceánica, mientras que a la izquierda se guardaban panfletos locales y diarios de pequeño tamaño.

Antes de acceder al pasillo principal consultaron con la archivera el lugar de la documentación que pretendían consultar.

- Pasillo C, estantes 19 al 22 –Les dijo la archivera, tras bajarse las gafas hasta el extremo de la nariz.

- Muchas gracias.

Después de investigar las muchas dificultades por las que habría pasado el Dr. Williams tuvieron la idea de consultar las noticias que acaecieron durante la intervención del yacimiento de Sheller Down II.

Con más razón analizarían las noticias que se produjeran tras finalizar la excavación, buscando algún indicio de información por parte de los medios. Como también tenían acceso a la base de datos de los medios interactivos, podían acceder a la base de datos de audio y vídeo de las televisiones nacionales y locales.

- Pasillo C, estantes 19 al 22. Esta sección se corresponde con las publicaciones nacionales y locales de las fechas entre el inicio de la excavación y tres meses después del final de la excavación.

- ¿Sólo tres meses? ¿Será suficiente? –Preguntó Adolfo, mientras miraba otros estantes cercanos.

- Sí, porque coincide con las fechas de las publicaciones del anuario de intervenciones y del inicio del libro que el Dr. Lancaster escribió.

- De todas formas, Rafa, podríamos ampliar la búsqueda a unos meses después…

- Sí, no te preocupes que no se nos va a escapar –Dijo Rafael tratando de tranquilizar a su compañero.

Durante más de una hora ambos estuvieron revisando las publicaciones de prensa. Revisaron primero las publicaciones en medios nacionales, sin obtener ningún resultado, salvo una entrevista bastante descafeinada de un tal Henrich Bakerline, director del Museo Provincial, entrevista en la que "agradecía a grandes rasgos el trabajo incesante de los técnicos de campo, un trabajo muy desagradecido pero necesario en cualquier caso".

- ¿Este fulano no fue denunciado por el colectivo de profesionales? –Preguntó Rafael mirando fijamente la pantalla de la televisión.

- Sí, pero fue absuelto. A cambio dimitió de su cargo y se metió en política, el pobre… -Comentaba Adolfo mientras ojeaba un ejemplar.

Tras completar la revisión de la prensa nacional más importante, Rafael y Adolfo comenzaron a revisar todas la publicaciones locales, tanto del municipio como de la comarca y de las poblaciones cercanas de mayor importancia. Empezaron por revisar primero la prensa del partido judicial. En este caso sí encontraron algunas noticias relacionadas con la construcción de la carretera en la que había aparecido el yacimiento.

- Atento a lo que pone en este ejemplar: "El proyecto de la nueva carretera de acceso a la autovía estatal comienza con ilusión" –Leyó Rafael de una noticia que había encontrado.

- Desde esa fecha en adelante deben pasar por lo menos seis meses… -Calculaba con los dedos Adolfo, a la vez que apuntaba los meses transcurridos.

- Sí, hay que contar desde el inicio del control arqueológico hasta el final de la excavación, por lo menos. Descartando el tiempo transcurrido hasta el hallazgo, a lo sumo deben pasar unos cuatro meses hasta que se localiza el yacimiento. Es a partir de ahí cuando deberíamos revisar con detalle las noticias.

- Eso está hecho…

Para facilitar el trabajo de investigación habían ocupado una segunda mesa de casi tres metros de largo. A lo largo de ésta quedaban extendidos los ejemplares de periódicos que debían ser revisados con minuciosidad. En el extremo derecho de la mesa quedaban los periódicos sin noticias interesantes, mientras que a la izquierda se acumulaban tres y hasta cuatro torres de ejemplares por revisar.

- Necesito una cerveza… -Aseveraba Rafael mientras se frotaba los ojos tras quitarse las gafas.

- Yo también, pero dudo que la señorita Aurora nos permita bajar bebidas aquí –Respondió Adolfo con tono apesadumbrado.

Pasó más de media hora hasta que Rafael alertó a su compañero de la aparición de una noticia que podría ser de interés.

- Escucha esto. Es de tres semanas después de la aparición de los primeros restos: "Restos arqueológicos de culturas prehistóricas retrasan la finalización de las obras de la nueva carretera" –Leyó el joven estudiante.

- ¿Has dicho "retrasan"? –Preguntó con perplejidad Adolfo.

- Sí, sí. Dice aquí y digo yo "retrasan".

- ¿Qué periódico es? –Volvió a preguntar perplejo.

- Es una tirada del News of Nation, un diario nacional con distintas sedes locales. Digamos que es un periódico "gubernamental".

- Ah, qué curioso… -Concluyó Adolfo retirando ese ejemplar al lado de la mesa con los artículos interesantes.

Con el tiempo, y según se iban acercando al plazo de los seis meses tras el inicio de la vigilancia arqueológica, curiosamente los artículos sobre el yacimiento de Sheller Down II eran cada vez más habituales. Tras revisar cien días de publicaciones se percataron de que cada cuatro días salía una noticia nueva sobre la intervención.

- ¡Pero si no habían terminado de excavar! ¿Quién mandaba esta información a la prensa? –Preguntó con un par de gritos Adolfo.

- No tengo ni idea. Y no te puedes imaginar el tono que usan para dar la información. Escucha esto: "Un yacimiento sin interés bloquea el avance de una obra imprescindible". Y este otro: "La constructora asegura que los restos carecen de importancia". Y aún hay otro más: "Los técnicos evalúan el desvío de la carretera aún costando el triple de lo estipulado"… ¡Esto es un despropósito! –Decía Rafael con cara de asombro.

- Vaya lucha que debieron mantener. ¡Pero si el yacimiento era espectacular!, ¿quién les informaba de esas patrañas?

Tras unos segundos de tranquilidad, Rafael irrumpió en el silencio de la sala con una potente exclamación.

- ¡Impresionante!

-¿Qué pasa? –Le preguntó su amigo con intriga.

- Atento a esto. Es de un mes después de finalizar la excavación. Te ha quedado claro, ¿verdad? Un mes después, y dice así: "El Director

General de Patrimonio, Michael Fellows, desvela que el yacimiento de Sheller Down II es uno más de tantos". Y prosigue: "Hay que agradecer el trabajo de los técnicos de campo, pero en este caso su exceso de celo ha impedido la culminación de una obra importante y ha perjudicado la imagen de los arqueólogos del país".

Ambos estudiantes se quedaron atónitos durante unos minutos tras la lectura del titular. No daban crédito de lo que estaban leyendo, mucho menos tras haber leído el monográfico de las intervenciones anuales y el libro del Dr. Williams, en la que se detallaban las características de Sheller Down II. De golpe y porrazo, Adolfo saltó de la silla como un resorte.

- ¿A que no adivinas quién es el editor principal del monográfico de intervenciones? –Preguntó Adolfo a su compañero.

- Déjame que lo adivine: la Dirección General de Patrimonio Arqueológico –Respondió Rafael al momento.

- Correcto, y además en colaboración con el Museo Provincial.

- ¿Pero quién le dio vela en ese entierro a este personaje? Vamos a ver, que yo quiero hacer cálculos en este asunto… -Comentaba Rafael mientras cogía papel y lápiz.

Tras recopilar los noticiarios en los que aparecían noticias diversas sobre el yacimiento empezaron a hacer cálculos con un calendario que habían dibujado en una hoja con publicidad de un concesionario de vehículos.

- Resulta que tres semanas después de empezar la intervención la prensa ya informa de la existencia del yacimiento, ¿verdad?

- Sí, hasta ahí te sigo –Comentó Adolfo mientras se sentaba de nuevo junto a su amigo.

- Vale, pues resulta que hasta que termina la intervención hay un total de catorce noticias sobre retrasos, pérdida de dinero, exceso de celo, bla, bla, y etcétera. Eso sucede a lo largo de dos meses, más o menos. Pasado un mes de finalizar la intervención el Director General aparece diciendo que el yacimiento no sólo no es interesante, sino todo lo contrario. Y digo yo: ¡pero si aún no se ha entregado la Memoria Final! ¿Cómo puede este tipo saber nada de los resultados?

- Te lo voy a decir yo ahora mismo. Mira lo que pone en este periódico, aquí, en la portada…

Adolfo había visto el titular de un ejemplar de prensa en el que no había reparado hasta ese mismo instante. Tras ponerlo frente a la cara de Rafael, no pudo contener una sonora carcajada que se escuchó en toda la planta.

- "Arranca la campaña de elecciones municipales" –Leyó en voz alta Rafael.

- Ahora todo tiene explicación… -Concluyó Adolfo con un desánimo aparente.

Prosiguieron la búsqueda de noticias relacionadas con el yacimiento de Sheller Down II. Cualquier noticia les valía. A partir del mes después de finalizar la intervención comenzaron a aparecer personajes en la prensa como la Dra. Lyan, el Sr. Fellows, Edgar Bowman en incluso un tal profesor Le Febvre. Llamó poderosamente la atención un artículo estrito por una arqueóloga llamada Corina Sunderland, quien en una carta abierta ponía de vuelta y media a la empresa Method. A su parecer esa empresa había consentido la demolición del yacimiento de Sheller Down II.

- ¿Esto era habitual hacerlo?

- ¿A qué te refieres?

- A que las empresas tuviesen la capacidad de decidir sobre el futuro de los yacimientos –Preguntó Rafael mientras ojeaba la noticia.

- Antes no se hacían las cosas como ahora. Nuestra nueva Ley de Patrimonio Cultural es tajante con esas entidades. Las antiguas leyes eran bochornosas. La organización administrativa de los departamentos de Cultura era lo más parecido a un circo… Los cargos superiores eran políticos, ni más ni menos. Los técnicos estaban desbordados de trabajo, y apenas tenían tiempo de inspeccionar las obras. Como consecuencia las constructoras campaban a sus anchas, contratando a muy bajo coste a empresas que tenían que sobrevivir a cualquier precio. Vamos, un cóctel de despropósitos… -Confesó Adolfo.

- Pero en ningún caso la empresa podía decidir qué hacer con un yacimiento, ¿o sí? –Se planteaba Rafael a la vez que jugueteaba con un lapicero.

- No, claro está que no. Eso queda en manos de la administración. Pero si los técnicos no se pasan por los yacimientos para evaluar, el Director General decide según lo que le diga el director arqueólogo.

- ¡Entonces el principal responsable es el director arqueólogo!

- Digamos que es el primer responsable, pero no el principal. Lo lógico sería que, a pesar del criterio del director arqueólogo, la Dirección General tuviese el empeño de ver los resultados reales. Más aún cuando se trata de un paraje arqueológico de interés, como es éste.

- Pues sí…

Adolfo retiró parte de los periódicos que ocupaban su espacio para apoyarse con los brazos sobre la mesa y descansar un poco la vista. Una vez cómodo prosiguió su argumento.

- Tú mismo recuerdas lo que sucedió en Roma, ¿no?

- ¿Lo del Foro de Trajano? Como para olvidarlo…

- Pues todo aquello sucedió bajo el amparo de las antiguas leyes. El foro quedó en estado ruinoso, provocando incluso un desprendimiento sobre una calle principal. Un cornisal mató a una mujer que paseaba por la zona, ¡figúrate! No tuvieron más remedio que demolerlo. Claro está, lo que aconteció después fue dantesco. Aprovecharon el vacío que dejaron los templos, los foros y las casas para construir varios bloques de pisos, ¿te lo crees?

- Lo recuerdo. Eso fue escandaloso —Aseveró Rafael.

-Y no hay que irse tan lejos. ¿Te suena de algo el yacimiento de Baelo Claudia, cerca de aquí, en la costa?

- Si, he leído alguna cosa.

- Pues era uno de los mejores yacimientos de España, con una zona de producción de salazones digna de visitar. Tenía en el centro un foro maravilloso y una calzada central con grandes losas. Era uno de los más visitados. Hoy se encuentra debajo de una refinería, ¡fíjate tú!

Unos segundos de silencio cortaron la conversación entre ambos.

- No entiendo muy bien cómo pudieron consentir esas cosas, de verdad —Prosiguió Rafael.

- Muy fácil. Por aquel entonces la situación económica de los estados era precaria. Leí en un monográfico que una empresa extranjera quería instalar la refinería en el municipio del mismo yacimiento. ¡Qué digo en el mismo municipio, en la misma posición que Baelo Claudia! —Argumentó Adolfo.

- ¡Por hacer la puñeta, digo yo!

- Que va. Era una refinería que se abastecía de unas bolsas de gas que estaban justo debajo, ¡tócate las narices!

- ¿Y se les permitió hacerlo?

- Naturalmente. El pueblo entero se volcó, salvo dos o tres colectivos que se negaron a aceptarlo. Pero al final las administraciones se doblegaron a las causas "económicas".

- ¿Y la ley de entonces lo permitió? —Volvió a preguntar Rafael, sin ocultar una sonrisa irónica.

- La ley sólo marcaba las pautas a seguir. Fueron los técnicos, quienes dieron el visto bueno, tras consultarlo, cómo no, con los políticos…

- Repugnante… -Concluyó Rafael.

A media mañana, y tras casi cuatro horas de intenso trabajo de documentación, decidieron parar para darse un merecido descanso. Habían acumulado no menos de cincuenta ejemplares de prensa con noticias relacionadas con el yacimiento de Sheller Down II. Junto a la pila de periódicos estaba el libro de Lancaster Williams, bien custodiado por Adolfo. En el otro extremo de la mesa también seguía con ellos el monográfico de actuaciones que había dado pie a esa vorágine investigadora. No tardaron mucho en reiniciar las lecturas de los ejemplares que les quedaba por revisar, no demasiados, ya que las estanterías 19 a la 22 quedaron prácticamente vacías de números.

- ¿Crees que encontraremos alguna desfachatez más? A mí me ha dejado perplejo lo del Director General –Previno Rafael a la vez que ojeaba la sección de deportes de un diario.

- Seguro que lo encontramos, pero no en esa sección que estás mirando, pirata…

- ¡Me estaba tomando un pequeño descanso mental! –Confesó Rafael cerrando de golpe el diario.

Mientras Adolfo explicaba las extravagancias del sistema de entonces, Rafael detuvo su mirada en un pequeño artículo aparecido en un diario local de poca tirada. Apenas era una columna de tres párrafos y estaba firmado por un tal L. Williams, arqueólogo.

- Acabo de encontrar a nuestro personaje: "Me siento desilusionado con la profesión".

"¡Así de rotundo!", pensó para sí mismo Adolfo mientras Rafael leía el texto. El Dr. Williams, todo un ilustre doctor en Arqueología, en una de las universidades más prestigiosas del sector, con estancias en el extranjero y con intervenciones en medio mundo, se muestra desilusionado. Por un breve instante se preguntaba Adolfo si no le podría suceder lo mismo a él una vez hubiese terminado sus estudios. Es cierto que las cosas habían cambiado en los últimos años. Aunque la competencia en materia de cultura seguía estando en manos de las administraciones, la nueva ley no consentía la contratación de empresas que no pasasen una certificación previa. Ello había provocado la desaparición de muchas entidades privadas. Una de las más damnificadas había sido Method. Adolfo ya había tenido la ocasión de leer un artículo al respecto. La nueva ley provocó un gran revuelo en el sector. Muchos arqueólogos acabaron en la calle, pero otros tantos se juntaron y crearon empresas con mayor número de trabajadores y mayor volumen de trabajo. Finalmente se redujo en una quinta parte el catálogo de empresas, es decir, aquellas que consiguieron la certificación. No obstante este acontecimiento fue el primer eslabón de una cadena de sucesos a gran escala. Los países comenzaron a cambiar sus leyes estatales, a la vez que los protocolos internacionales también cambiaban. Los cargos políticos desaparecieron de los puestos más relevantes. Con la nueva ley fueron nombrando directores generales a arqueólogos de renombre, como catedráticos de universidades o profesionales con más de veinte años de experiencia. Esto no aseguraba una efectividad excelsa. Sin embargo, el número de técnicos aumentó cuantiosamente, pasando en algunos casos de dos a siete por demarcación territorial.

En lo que respecta a la construcción, las empresas sólo podían contratar a entidades certificadas. Además se endurecieron los trámites iniciales, los estudios previos y las condiciones de ejecución. No se podía edificar en ningún punto a menos de trescientos metros de un perímetro arqueológico. Los expedientes con cierta relevancia pasaban directamente por el Ministerio, aun siendo competencia regional. Y las constructoras eran sometidas a constantes auditorías por parte del Estado. Adolfo recordaba también las dificultades por las que pasaban los arqueólogos para solicitar un permiso de intervención. Antes era normal que un arqueólogo tuviese hasta cuatro y cinco direcciones en un mismo territorio administrativo. A partir de la nueva ley se reducía a una dirección, independientemente del carácter de la actuación. Muchos arqueólogos, entre ellos Adolfo, estaban en contra de esta prerrogativa, ya que se cortaba las alas a numerosas investigaciones ajenas al sector empresarial. Pero es cierto que nadie estaba libre de culpa. Con el tiempo las propias universidades se hacían hueco en el campo empresarial, desarrollando cursos y especialidades en las que impartían formación a cambio de unas tasas desorbitadas. Las prácticas se ejercían en yacimientos cuyas direcciones no corrían a cargo de la universidad, sino de empresas privadas. La situación se había tornado dantesca. Lo recordaba Adolfo con tristeza y pena. Le venían a la memoria algunos profesores que ejercían la docencia, o al menos lo intentaban, a la vez que acaparaban direcciones y trabajos profesionales que nunca concluían. Estos casos no eran aislados. Compañeros y amigos de Francia, Polonia y Grecia afirmaban que estaba sucediendo lo mismo en medio mundo. Todo cambió gracias a la nueva ley.

- ¿Te acuerdas de Henrich Bakerline, el eminente responsable del Museo Provincial? –Preguntó Rafael a su amigo, tras ojear un periódico.

- Cómo olvidarlo. El mismo que hablaba del "trabajo responsable y eficaz de los arqueólogos de campo" –Respondió Adolfo tras un largo suspiro.

- Pues parece que unos meses después cambió de opinión. Escucha: "El Director del Museo Provincial advierte del peligro de las empresas privadas: la Arqueología no puede concebirse a golpe de maquinaria"

- ¿Eso dice el titular? ¡Con dos bemoles! –Dijo Adolfo a grito pelado.

Al fondo del pasillo, justo a la entrada del depósito, se escuchó un largo "¡silencio!", procedente de la archivera auxiliar, quien ya les había tenido que llamar la atención dos veces. Tras una pausa continuaron en silencio la conversación.

- ¿Eso crees? Pues vas a ver lo que viene a continuación, a ver si piensas lo mismo –Comentó Rafael al tiempo que abría las páginas centrales de una revista.

Casi un minuto tardó el arqueólogo español en encontrar el artículo. Al llevar tanto tiempo cerrado, las hojas se habían pegado unas a otras. Con cuidado, fue despegándolas, hasta alcanzar la deseada.

- Este artículo es una entrevista que le hacen a Bakerline porque, ¡casualmente!, se presenta al cargo de alcalde del municipio en el que apareció el yacimiento de Sheller Down II. ¿Te leo alguna de sus perlas?

- Por favor, no me dejes con la intriga… -Aseveró Adolfo.

- Pues dice así: "No se puede consentir que cuatro piedras entorpezcan el crecimiento de una sociedad con necesidades". También dice que "la Arqueología es para investigadores, no para especuladores" o que "los Museos son y serán el principal centro de investigación del país"… Y termina diciendo: "Parajes como Sheller Down I y II son fruto de la mala praxis de algunos arqueólogos, que quieren ver lo que no hay…". ¿Cómo te quedas?

- Me quedo con unas ganas enormes de abofetear a ese tipo… -Contestó Adolfo en voz baja.

- Perdonad, pero en media hora cerramos la biblioteca –Replicó la archivera desde su escritorio.

Mientras recogían sus cosas ambos amigos pensaban en cómo podían estar las cosas de mal para que un museo, una universidad e incluso la administración no apoyasen la causa de Lancaster Williams. Desde hacía unos años las cosas en Europa se habían tranquilizado en cuanto a delitos relacionados con el Patrimonio Cultural. La demolición de Sheller Down II o del Foro de Trajano en Roma no habían sido casos aislados. La prensa destapó numerosos escándalos vinculados con la especulación urbanística en zonas como en los alrededores de Montpellier, donde la recalificación de los terrenos había afectado a decenas de cuevas con pinturas rupestres. Poco después, la construcción de una central nuclear al norte de Alemania se había llevado por delante varias fortalezas medievales. En un año había desaparecido todo un complejo industrial del primer tercio del siglo XX a las afueras de Nuremberg, a la vez que varios oleoductos atravesaban cientos de yacimientos de las estepas rusas. Las noticias hablaron durante meses de escándalos y denuncias, hasta que la sociedad y los medios vieron a bien estas actividades delictivas, defendidas a ultranza por los promotores. Poco a poco, era habitual encontrar murallas empotradas en fachadas de edificios, yacimientos romanos arrasados por plantas industriales, cuevas convertidas en basureros o palacios góticos transformados en restaurantes de comida china. Y no sólo sucedía en yacimientos de pequeño tamaño o desconocidos para la sociedad. Al escándalo del Foro de Trajano hubo que unir la demolición de parte de las murallas de Siena, a favor de la ampliación de un centro comercial, o la destrucción de un cementerio godo durante la construcción de un aparcamiento a las afueras de Turín.

- Ni siquiera la vieja Pompeya se salvó del destrozo… -Aseguraba Rafael mientras guardaba sus pertenencias en una vieja bolsa de piel.

- Yo jamás pude llegar a verla. Es triste, ¿verdad?

- Pues sí. Hemos perdido tanto que no me apetece recordar lo que ya jamás seremos capaces de disfrutar –Concluyó nuevamente Rafael saliendo junto a su amigo de la sala de lectura.

Mientras transitaban por los pasillos de salida iban dejando a los lados las estanterías de los ejemplares más ejemplarizantes. Había actas de excavaciones de los primeros asentamientos griegos de la costa tunecina, monografías de los yacimientos del Cuerno de África o volúmenes narrando las culturas Mesoamericanas. Ya nada quedaba de eso, o apenas sí se podía visitar.

Nada quería saber la administración competente. Nada quisieron saber las universidades ni los museos sobre estos atropellos. ¿Qué podían hacer los colectivos profesionales? Si un yacimiento consiguió derrotar a un buen arqueólogo como Lancaster Williams, ¿qué podrían hacer ellos frente a tantas agresiones? ¿Cómo pedir ayuda y a quiénes? Afortunadamente, nada de eso ya podría suceder…

***

- ¿Y qué fue de Lancaster Williams? ¿Murió con las botas puestas? —Preguntó Adolfo con semblante serio, mientras se anudaba una vieja bufanda al cuello.

- En absoluto. En su biografía ponía que terminó trabajando en una floristería.

- Tremendo…

Salían ambos de la facultad con un sol radiante, el que Lancaster tuvo ocasión de disfrutar en sus muchos viajes a España. Adolfo y Rafael se detuvieron en la puerta, al tiempo que el primero se colocaba coquetamente el flequillo.

- ¿Qué vas a hacer ahora? —Preguntó Rafael a su amigo.

- No se tú, pero yo me voy a tomar una cerveza —Contestó rápidamente.

- Pues que sean dos…

Este libro se fraguó, se redactó y se corrigió
en las poblaciones de Madrid, Plasencia (Cáceres),
Las Pedroñeras y Mota del Cuervo (Cuenca),
finalizando su redacción definitiva el jueves
22 de Noviembre de 2012, día de Santa Cecilia.

ÍNDICE

I.	Empezar de nuevo	1
II.	Entrando en el capital	21
III.	Comienzan las obras	53
IV.	El hallazgo	81
V.	Que empiece la fiesta	135
VI.	La excavación	171
VII.	Problemas, problemas y más problemas	199
VIII.	La resolución no resuelve	237
IX.	Algo debe cambiar	267

EL AUTOR

Pablo Guerra García (Madrid, 1978) es licenciado en Historia por la Universidad Complutense de Madrid (2002). Desde 1999 viene participando en diferentes proyectos arqueológicos por toda España. Comenzó su andadura en este mundo una mañana de agosto, eso sí, cogiendo mal un pico y haciéndose una luxación, pero eso no le achantó y siguió excavando en yacimientos prehistóricos, romanos e incluso paleontológicos de Teruel, Murcia, Cáceres o las Islas Baleares. En el año 2003 comienza a trabajar como arqueólogo profesional, compaginando las excavaciones con sus propias investigaciones sobre la viaria romana, el paisaje antiguo o las técnicas y los materiales constructivos de la Antigüedad, algo que le lleva a iniciar en el 2010 su tesis doctoral en la Universidad Politécnica de Madrid. Ha escrito numerosos artículos y un libro sobre arqueología (2010) y participado en diferentes congresos, algunos de ellos internacionales (Portugal, 2004; Turquía, 2011). Sin embargo, de lo que siempre se ha sentido orgulloso es de conseguir lo que siempre había soñado, desde que sus abuelos Ángel y Pilar le llevaron a ver con nueve años el castro de Santa Tecla en La Guardia. Ese día quiso ser arqueólogo. Y lo ha conseguido.

¿TE HAS QUEDADO CON GANAS DE MÁS?

ENTONCES SIGUE LAS NOVEDADES DE LANCASTER WILLIAMS EN:

Facebook

    www.facebook.com/ElHallazgoLW

Twitter

    @ArqueoLancaster

Blogger

    eldiariodelancasterwilliams.blogspot.com